몽상夢想몽상의 시학

양병호 서정비평서
몽상몽상몽상의 시학

몽상夢想몽상의 시학

" 몽상은
희망을 시동 거는
엔진이다."

양병호 지음

전북대학교출판문화원

책머리에

인류의 가장 위대한 정신은 몽상이다. 인간에게 부여된 소중한 대표적 자질은 꿈꾸는 능력이다. 꿈은 갈팡질팡 혼돈을 키우는 힘이다. 꿈은 질서를 배격한다. 꿈은 좌충우돌 기성을 무너뜨린다. 꿈은 이성을 질투한다. 꿈은 엉망진창 정전을 헤집는다. 꿈은 갈 데까지 가보려는 막장이다. 꿈은 동굴 속에서 꾸어야 제 맛이다. 꿈은 어둠 속에서 빛나는 듯한 환각이다. 꿈은 중독성 짙은 마약이다.

꿈은 몽상, 상상, 환상, 공상, 망상, 허상, 명상을 포괄하는 사색이다. 꿈의 장자는 몽상이다. 몽상은 희망을 시동 거는 엔진이다. 몽상은 절망을 내던지는 닻이다. 몽상은 미래로 나아가는 신기루이다. 몽상은 절망 속에서 희망을 꽃 피우는 힘이다. 몽상은 희망 속에 절망을 수태하는 교합이다. 몽상은 무가치하고 부질없고 허무하고 비현실적이고 비효율적이며 초현실적이며 탈현실적인 사유이다. 그래서 몽상은 가치가 있다.

몽상은 현실로부터 탈출을 꿈꾼다. 현실은 가혹하고, 비정하고, 냉소적이다. 현실은 물질과 경쟁과 효율과 자본의 탐욕이 으르렁대는 밀림이다. 시인은 불온한 밀림에서 백일몽을 꿈꾸는 은둔자이다. 시인은 꿈꿀 자유를 인증하는 면허증을 교부받은 자이다. 시인은 현실을 몰각하도록 도움 주는 마취사이다. 시인은 몽롱한 삶, 마비된 현실을 교자상 차리는 셰프이다. 시인이 마련한 몽상의 숲에는 늘상 위안의 안개가 피어오른다.

시인이 건축한 몽상의 시집에 유숙하는 즐거움은 상쾌하고 순수하다. 시인이 현실의 어둠 속에서 꿈꾸는 몽상은 혼란한 인생의 길에서 작동하는 내비게이션이다. 시인의 몽상은 건방지다. 방랑자이다. 시인의 몽상은 기괴하다. 집시이다. 시인의 몽상은 초월이다. 아방가르드이다. 시인의 몽상은 미래를 설계한다. 정찰병이다. 시인의 몽상은 즐거운 허무이다. 예술가이다. 시인의 몽상은 무해유익하다. 몽상의 시집은 삶과 세계를 경작하는 일에 몰두한다.

이 책은 몽상의 시들이 이룩한 고독한 정신의 숲을 산책한 탐방기이다. 숲에는 소망의 새들이 울고, 좌절의 바람이 불고, 희망의 햇살이 빛나고, 절망의 눈보라가 치고, 허무의 노을이 지곤 했다. 나는 숲에서 몽상하는 정령들이 더없이 즐겁고 행복하기를 희구했다. 시의 정령들이 고군분투하며 꾼 몽상에 서정적으로 다가가고자 노력했다. 엄숙하고 근엄하게 무게 잡는 일은 예의가 아니라 생각했다. 따뜻한 인정이 넘실대는 글, 서정비평이기를 몽상했다.

2021. 11. 20.
양병호

CONTENTS

I

Ⅱ

I
CHAPTER

I-1 "바람이 분다 살아야겠다"의 시학

추억한다. 지중해 연안의 프로방스 탐방을. 환상으로 존재했던 니스와 칸느의 해변을 서성이며 프랑스 영화의 나른하고 게으른 읊조림을 재생한다. 아를에서 빈센트 반 고흐의 치열한 예술혼, 그 몸부림을 만난다. 사이프러스 나무의 열정적인 뒤틀림이 괴기스런 두려움으로 다가오고, "별이 빛나는 밤"에서 몽환적으로 쏟아지던 별빛의 여운이 삼삼하다. 지중해 바다는 찰싹찰싹 은물결을 부서뜨리며 무심하게 빛나고 있다. 멀리 하얀 요트가 어디에도 없는 길을 따라 고즈넉이 미끄러지고 있다. 잡목 듬성한 연안의 석회암 벼랑에는 산양이 위태롭게 풀을 뜯고 있다. 이 때 청동색 바람이 부드럽게 목덜미를 매만지고 사라진다.

마침내 해변의 묘지에 당도한다. 폴 발레리(Paul Valéry)가 환생한다. 바닷가에 자리잡은 묘지의 전망은 활달하고 상쾌하다. 하늘엔 정박한 뭉게구름 떼가 자울자울 명상 중이다. 십자가 형상의 묘비에는 망자의 젊었을 적 흐린 사진과 생몰연대가 흉터처럼 쓸쓸하다. 빼곡한 묘비들 사이 듬성듬성 시들은 꽃다발이 아지 못할 회한을 은은히 자극한다. 탐방객들이 묘비의 생몰연대를 읽으며 저들의 수명과 자신의 나이를 은밀하게 비교한다. 대체로 안도하는 표정을 감추지 않는다. 이윽고 내일의 운명을 생각하느라 잠시 우울해진다. 해변의 묘지에는 죽음과 삶의 경계가 바람에 지워지며 흔연스럽기만 하다. 그리하여 해변의 묘지에서는 죽음이 평화롭고 고요하고 그윽한 느낌마저 든다.

폴 발레리는 이러한 해변의 묘지를 바라보며 「해변의 묘지」에서 저 유명한 시구 "바람이 분다 살아야겠다"를 읊었다. 죽음을 배경으로 삶의 각오를 다진 것이다. 그리고 마침내 삶을 배경으로 죽음을 증명하였다. 발레리는 바람 부는 살아생전 내내 자아 존재의 순수를 시와 허공으로부터 추구하였다.

> 오 나 하나만을 위하여, 나 홀로, 내 자신 속에,
> 마음 곁에, 시의 원천에서,
> 허공과 순수한 도래 사이에서, 나는
> 기다린다, 내재하는 내 위대함의 반향을,
>
> 폴 발레리, 「해변의 묘지」 일부

오늘도 바람은 어디에선가 불어와 아지 못할 곳으로 불어간다. 마치 인생의 행로와 닮아 있다. 바람은 가변적이고 모순적인 특성을 지니고 있다. 이러한 속성이 인생의 불확정성과 불가해성을 드러낸다. 바람은 전통적으로 하늘의 기운 혹은 우주의 숨과 기운을 상징한다. 특히 우리의 단군신화에서 환웅이 거느리고 온 여러 신들 중에서 풍백(風伯)은 우사(雨師)와 운사(雲師)보다 앞자리에 놓인다. 이는 예전부터 바람이

자연과 삶에 끼치는 중요한 요소였음을 반증한다. 따라서 바람은 인간의 삶 뿐 아니라 문학에서도 상상력을 통해 매우 다양한 속성으로 변주되어 상징화되고 있다. 예컨대 바람은 가변성으로 인해 야성적이고 충동적인 힘, 모순, 정처 없음, 허무, 파괴, 폭력, 광기, 자유, 불구속, 무상, 시련, 재생, 불안, 번뇌 등을 상징한다. 장자(莊子)는 바람이란 모든 것에 영향을 주는 세상의 일이라 말한다. 이는 바람이 지닌 의미의 포용력과 상징의 다의성을 함축한다.

"바람 부는 대로 돛을 단다"는 속담은 자연의 이법에 순응하는 삶의 태도를 환기한다. 신라의 풍류도는 화랑도가 지향하는 이념이다. 화랑은 대자연에서 노닐며 몸과 마음을 닦는 일을 풍류라 하였다. 예컨대 바람의 흐름, 즉 자연의 섭리에 따르는 삶을 꿈꾸었던 것이다. "풍월을 읊는다"는 말도 화랑도의 생활태도를 일컫는 것으로 보인다. 여하튼 바람의 가변성에서 삶의 유연성을, 바람의 흐름에 순응한다는 측면에서 삶의 보편성을 인생관의 중심 가치로 삼고자 한 것이다. 한자의 바람 풍(風)이 민(民)과 속(俗)을 함의하고 있는 것으로 보아, 바람은 삶의 보편성을 상징하기도 한다.

현대에 이르러서도 여러 대중가요 가수들이 인생을 비롯하여 다양한 정서를 바람으로 비유하여 노래하고 있기도 하다. "나는 바람 바람이려오", "내 님은 바람이련가. 스치고 지나가는 바람, 그대 이름은 바람 바람 바람", "바람이 분다, 서러운 마음에 텅 빈 풍경이 불어온다" 등 바람을 소재 혹은 주제로 한 노래는 헤아릴 수 없이 다채롭다. 바람은 시에서도 다양하게 변주되어 시심을 표상한다. "내 눈에 눈물 없이 서녘 바람 소리는 듣지 못하네" (예이츠, 「서녘 바람」), "잎새에 이는 바람에도 나는 괴로워했다" (윤동주, 「서시」), "어둔 방은 우주로 통하고, 하늘에

선가 소리처럼 바람이 불어 온다" (윤동주, 「또 다른 고향」).

김규화 시인은 이미 『바람하늘지기』에서 바람을 소재로 한 연작시를 통해 '바람'을 집요하고 끈질기고 상세하게 천착한 바 있다. 그는 시집의 머리말에서 바람의 정체를 다음과 같이 말한다. "바람도 눈에 안 보이고 시간도 눈에 안 보인다. 그러나 바람이 불므로써 바람의 정체를 알 수 있고 생물과 무생물이 낳고 변화하고 죽으므로써 시간의 정체를 알 수 있다. 우주 만물은 시간에 이끌려 흘러가고 바람은 시간을 알리는 매체가 되어 지구상의 모든 사물을 어루만지고 있다." 예컨대 시인은 바람을 시간과 관련시켜 우주만물의 변화를 일으키는 동력원으로 파악한다. 바람은 우주를 주재하는 중심으로 작동하는 것이다.

바람이 불면 순간이 움직인다
바람이 여러 번 불면 순간이 순간으로 이어지고
끝없는 실이 되어 밤하늘로 날아간다

하얀 살갗이 검어지고
검은 머리가 희어진다

숨가쁘고 찡그린 얼굴이 금세 다가오고
숨고르며 웃는 얼굴이 금세 사라진다
실바람이 순간에 머물고
설악산 흔들바위는 숨죽인 채 엎드려 있다

바람을 많이 맞으면 바람맞은 병신이 된다
흔들바위 얼굴에 이끼를 피운다

멍멍이가 바위를 흔적도 없이 밟고 간다
발맞추는 시간이 많아지면 숨막히는 나의 탱고
다마스크 물결에 맞추어 춤을 추는

김규화, 「변화」 전문

이 시에서 바람은 시간을 작동하는 추동력으로 드러난다. 나아가 바람은 시간을 확인하고 증명하는 매체이기도 하다. 바람은 시간을 작동시켜 우주만물의 변화를 일으키는 역할을 한다. 어찌 보면 바람은 추상 개념인 시간을 구체화 하는 동인으로 작용한다. 따라서 시의 제목 "변화"는 바람이 불어 우주 삼라만상을 변용시키는 결과를 요약한 것이다.

1연 1행 "바람이 불면 순간이 움직인다"는 조건구문인 '바람이 불다'와 결과구문인 '순간이 움직인다'가 결합되어 있다. 추상 관념인 '시간'은 '바람'이라는 구체적 사물의 행위 조건을 통하여 그 존재성을 드러낸다. 그리하여 '순간'이라는 시간 단위는 바람의 작동으로 인하여 연속성과 동작성을 동시에 획득한다. 그 순간의 집적인 시간은 더욱 확장되어 "끝없는" 지속성과 영원성을 확보한다. 나아가 시간은 "밤하늘로 날아가는" 휘발성과 소멸성을 함의하고 있다.

2-4연은 바람의 부는 행위 동작으로 인해 변화하는 인간사의 구체적 현상을 병렬시키고 있다. 먼저 2연은 바람 부는 행위, 즉 시간의 경과로 인해 야기되는 육신의 변화상을 대조법을 통해 구체화 하고 있다. 비교 대상은 "살갗"과 "머리"인데, 시간의 경과에 따른 색깔의 변화가 대조를 이룬다. 예컨대 살갗의 하얀색은 검은색으로, 머리의 검은색은 하얀색으로 각각 변화한다. 이는 시간의 경과에 따른 인간 육체의 변화를 아이러니의 양상으로 인지한 결과이다.

3연 역시 "얼굴"이라는 시적 대상의 변화상을 대조적으로 제시하고 있다. 바람 부는 시간의 경과에 따라 긍정적인 모습의 얼굴은 사라지고, 부정적인 얼굴의 모습이 다가오는 것이다. 특히 주목할 부분은 "금세"라는 시간 부사어의 사용이다. 즉 청춘 시절의 "웃는 얼굴"이 사라지고 노년의 "찡그린 얼굴"이 다가오는 시간의 경과가 매우 급속도로 이루어지고 있다는 감각이다. 이는 화자의 시간 인지가 물리적 시간 단위가 아니라 심리적 단위를 통해 이루어지기 때문이다. 이어서 화자는 자신의 육체적 변화로부터 세계의 사물인 "설악산 흔들바위"로 시선을 이동한다. 무기체인 "흔들바위"조차 바람, 즉 시간의 소멸 작용을 두려워하며 "숨죽인 채 엎드려" 있는 형국이다. 이는 화자가 시간의 절대적 폭력성을 인지하고 있음을 표상한다.

4연은 바람의 절대적 폭력에 의해 유기체와 무기체 모두 변화할 수밖에 없는 상황을 제시한다. 유기체의 경우 "바람을 많이 맞으면", 즉 시간이 많이 지나면 "병신"으로 변화한다. 이는 시간/바람으로 인해 유기체가 훼손 혹은 불구가 되어 궁극적으로 소멸에 이른다는 자각에 다름 아니다. 또한 무기체인 흔들바위도 유기체와 마찬가지로 시간에 굴종하여 "이끼를 피우는" 대상이 된다.

마지막 5연은 시적 대상인 "멍멍이"와 "바위"와 "나"의 관계, 그리고 시간에 반응하는 화자의 태도가 드러나 있다. 첫 행은 유기물인 멍멍이가 무기물인 바위를 밟고 가는 행위의 묘사이다. 이는 바위에 흔적을 남기는 능동적 행위주체는 "바람" 혹은 "시간"이지, '멍멍이'는 행위대상일 뿐이라는 것을 의미한다. 2행의 "발맞추는 시간"은 그 맞춤의 대상이 생략되어 있다. 문맥을 고려하여 복원하면 그 대상은 바람이다. 예컨대 화자가 바람과 발맞추는 시간이 많아지면 삶의 긴장이 강화된다. 이는 바람 혹은 시간이 구속하는 화자의 삶의 태도를 드러낸다. 그리고 마지막 행에서 보이듯, 화자는 바람이 제공하는 "다마스크 물결"에 따라 삶을 이룰 수밖에 없는 피동적 존재이다.

이 시는 바람 혹은 시간의 굴레에 예속된 존재에 대해 말하고 있다. 인간 존재를 비롯한 우주의 만상은 시간의 흐름에 맞추어 삶을 영위한다. 더군다나 우주의 삼라만상은 바람의 풍화작용으로 인해 결국은 소멸할 수밖에 없는 운명을 지니고 있다. 시간의 한계를 극복할 수 없는 존재의 운명은 자연의 법칙에 따라 바람으로 인하여 바람과 함께 바람처럼 사라지게 되는 것이다.

> 내 안 카더나?
> 시간이란 건
> 존재하지 않는다고 안 카더나?
>
> 장맛비에 큰물 진 듯
> 생각이 넘칠 때
>
> 속지 마라
> 해 지고 뜨는 것에 속지 마라
>
> 다른 한 편
> 곰팡이처럼 방구석에 번지는
> 논리(論理)에 속지 마라
>
> 사람은 사람하고

무엇을 할 것이냐?

내 안 카더나?
스치는 것 밖에
다른 일 없었다 안 카더나?
그러고도 오래 오래 기다리고
생각나는 것밖에
다른 일 없었다 안 카더나?

강위석, 「사람은 사람하고」 전문

이 시도 역시 시간의 한계, 그리고 시간을 극복하는 방법을 형상화 하고 있다. 시인/화자는 극복할 수 없는 시간은 애써 무시하고, 차라리 사람과 사람 사이의 곡진한 관계 설정을 통해 삶의 의미 찾기를 강조한다. 특히 이 시는 '그렇다고 하지 않았나?'의 경상 방언 "안 카더나?"의 반복을 통해 자신의 언표를 강조하고 있다. 또한 이는 동일한 구문의 반복을 통해 리듬감 조성에 효과적으로 기여하고 있다.

화자는 시의 앞부분에서 "시간이란 건 존재하지 않는다"고 언명한다. 시간 존재에 대한 부정은 물리적 시간의 부정임과 동시에 과거 시간의 실효성에 대한 부정이다. 화자는 "해 지고 뜨는 것"이라는 자연의 물리적 시간도 부정한다. 이는 객관적 시간 개념의 부정이다. 그는 오로지 주관적이고 심리적인 시간 개념만이 소중하다고 주장한다. 또한 그는 "논리"에 대해서도 부정한다. 화자는 논리 역시 객관적 실체가 아니라 주관적인 것이므로 부정적인 입장을 보인다. 그는 '논리'를 "곰팡이처럼 방구석에 번지는" 대상으로 인지한다. 이는 '논리'에 대한 해악을 경계하는 수사에 다름 아니다.

화자는 인간이 극복할 수 없는 시간에 비해 더욱 중요한 것으로 사람과 사람 사이의 관계를 주목한다. 그러나 사람과 사람 사이의 관계도 "스치는 것 밖에 없다"는 단언을 통해 허무한 분위기를 드러낸다. 그러나 인간관계의 진수는 시간을 초월하여 오래도록 "생각나는 것 밖에" 없다는 반전을 통해 유심론적 인생관을 피력한다. 예컨대 화자는 사람과 사람 사이의 관계 맺음은 시간이나 논리를 초월하여 오래도록 기억하고 그리워하는 마음이 소중함을 강조하고 있다.

세월이 갈수록
삶의 바깥쪽에 홈을 판 그리움의 수나사가
추억의 암나사 골을 따라
홀레를 한다
깊은 골을 빙글빙글 서서히 내려가다가
언뜻언뜻 반짝이는 먼 추억을 만나
눈물을 주르륵 흘리기도 한다
어느 날부터는
골 깊은 암나사를 빠져나와
망각의 손톱으로 나사산을 움푹움푹 지운다

정순영, 「나사」 전문

이 시는 인생의 시간의 경과함에 따라 발생하는 지나온 삶에 대한 그리움과 추억을 '나사'라는 사물의 특성을 활용하여 형상화 하고 있다. 인생은 살아온 시간이 많을수록 지나온 삶의 사건, 상황, 기억들이 집적된다. 또한 인생의 노년에 이르면 새롭게 해야 할 일이 적어지고 단조롭게 반복되는 일상이 주요한 생활이 된다. 노년에 이르면 살아갈 날들보다 살아온 날들에 대한 비중과 질량이 높아지는 것이다. 노년의 단조롭고 무료한 일상을 해소하는 방법 중의 하나가 지나온 세월을 소환하는 것이다. 과거의 소환은 추억과 그리움의 정서로 표백되어 나타난다.

시인은 지나온 세월에 대한 그리움과 추억이 나사처럼 한몸으로 "홀레"를 한다고 인지한다. 이는 과거 삶에 대한 에로틱한 묘사이다. 시인이 과거 추억과 그리움을 매우 긍정적으로 인지하고 있기 때문이다. 그는 과거 상념에 빠져 "눈물을 주르륵 흘리기도" 하는 매우 감성적인 소양을 지니고 있다. 이는 과거의 추억과 그리움을 통해 비교되는 현실의 건조하고 단조로운 삶에 대한 서운함과 안타까움의 발로이다.

그런데 세월이 더욱 흘러 화자는 "망각"의 지경에 이른다. 안타깝게도 화자는 지나온 시간의 그리움과 추억마저 재생하거나 환기할 수 없는 기억 상실의 시기에 이른 것이다. 아름답고 행복했던 기억으로 축적된 과거의 삶이 조금씩 소실되어 가는 노년의 정신세계는 애잔한 연민의 정서를 불러일으킨다. 이 시는 나사의 암수 짝의 속성을 활용하여 그리움과 추억이 맞물려 이루는 행복한 과거에 대한 회상을 매우 유기적이고 감각적으로 그려내고 있다.

담부락 밑에 놀던 아이들 돌아간 나절가웃
바람도 심심했는지 슬그머니 대숲으로 기어들고
남은 삼동을 시나브로 다 파먹은 까치밥
달랑 감꼭지만 매달린 시린 가지 끝에
꼬리 잘린 연 하늘 가으로 떠도는 날
희끗희끗 눈 덮인 들녘 내리는 갈가마귀 떼

김석규, 「겨울날」 전문

이 시는 시골의 겨울 서정을 섬세한 서경 묘사를 통해 담백하게 표상하고 있다. 겨울은 추위로 인하여 생명체의 활동이 저하되어 묵상에 잠기는 계절이다. 상실과 소멸의 계절 겨울에는 헛헛한 분위기로 인하여 을씨년스럽고 우울한 심경에 잠긴다. 그리하여 이 시에서 겨울날의 풍경 중 화자에게 포착된 것은 상실과 공허의 이미지를 지닌 사물들이다. 시인은 겨울의 분위기를 환기하는 사물들에 대한 긴밀한 묘사를 통해 독자적인 겨울의 서정을 구축하는데 집중한다.

시인의 시선은 마을의 골목 공간을 응시한다. 골목은 담벼락 밑에서 재잘재잘 놀던 아이들이 집으로 돌아가고 난 뒤 비어 있는 공간으로 제시된다. 시간은 "나절가웃"이므로 오후 3-4시경으로 보인다. 예컨대 화자는 겨울날 오후의 인적 없는 마을의 고즈넉한 풍경 제시를 통해 쓸쓸한 정서를 불러일으킨다. 이어서 시선이 마을 뒤란의 대숲으로 이동한다. 텅 빈 골목의 허전한 분위기로 인하여 "바람" 역시 "대숲"으로 숨어든다. 이는 겨울바람이 불어 대숲이 뒤숭숭 서걱대는 것이 아니라, 바람이 잠잠하여 고요하고 잔잔한 분위기임을 환기한다.

다시 시선은 감나무로 이동하여 빈가지 끝에 성글게 매달려 있는 "까치밥"을 바라본다. 그 까치밥은 겨우내 까치들이 파먹어 흔적만이 남아있는 상태이다. 이 풍경은 겨울의 스산하고 울적한 분위기를 환기한다. 이어서 시선은 "달랑 감꼭지만 매달린 가지"로 이동한다. 역시 잎이 져버린 감나무의 앙상한 가지들은 겨울의 음산하고 쓸쓸한 분위기를 환기하는데 일조한다. 나아가 화자의 시선은 감나무 가지 끝에 매달린 "꼬리 잘린 연"을 바라본다. 이 연은 꼬리가 잘려 하늘가를 떠돌고 있는 상태이다. 이는 주체로부터의 단절감과 변방을 유랑하는 이미지를 조성한다.

화자의 시선은 들판으로 이동하여 "갈가마귀 떼"에 머문다. 들판은 눈이 내려 덮인 상황이어서 춥고 써클하고 쓸쓸한 분위기를 불러일으킨다. 그 들판에 내려앉는 갈가마귀 떼의 모습 역시 음산한 분위기를 조성한다. 까마귀 몸의 검은색과 불안감을 불러일으키는 형상 때문이다. 이 시는 가급적 화자의 감정을 억제하고 풍경의 묘사만을 통해 겨울의 쓸쓸하고 외로운 분위기를 환기하려는 의도를 지니고 있다. 즉 담담하고 집약적인 서경 묘사를 통해 의도한 서정을 구축하는데 성공하고 있다. 은은하고 정갈한 한 폭의 담채화 경지를 성취하고 있는 것이다.

담쟁이 넝쿨 열매가 점점 까맣게 쪼그라든다
천변의 억새가 하얗게 올을 풀어낸다
나뭇잎들이 수액을 버리기 시작한다
먹이를 보채던 새끼참새들이 어미와 구별되지 않는다

버지니아 울프가 주머니마다
돌멩이를 채워 넣고 강물 속으로 들어갈 때의 외로움처럼
살갗에 한기가 느껴진다

조금씩 낮 시간을 잘라내며
검은 산이 먹어치우는 햇덩이를 본다

어느 날인가 멈춘 채
전류를 잡고 있는 에어컨의 굳은 손을 뽑아 펴준다

오렌지 빛 하늘을 하얗게 긋고 가는 비행운처럼

날아가는 나뭇잎을 따라간다

거기엔 먼저 도착한 낙엽들이 모여 웅성거린다

김순호, 「10월」 전문

이 시는 10월에 맞이하는 가을의 서정을 풍경 묘사를 통해 형상화 하고 있다. 예컨대 가을에 변화하는 자연 사물을 정밀한 시선으로 포착하여 제시함으로써 서정적 분위기를 환기한다. 가을에 일어나는 다양한 풍경의 변화는 시심을 자극하고 인생의 의미를 사색하도록 요구한다. 이 시 역시 가을을 맞아 환기되는 쓸쓸함과 외로움의 정서를 표상하고 있다.

화자는 먼저 시선에 포착된 가을의 풍경을 다채롭게 제시한다. 그의 시선이 가닿는 자연 사물은 "담쟁이 넝쿨, 억새, 나뭇잎, 새끼참새" 등이다. 담쟁이 넝쿨은 쪼그라들고, 억새는 올을 풀어내고, 나뭇잎은 수액을 버린다. 이 자연 사물들은 상실과 소멸 지향의 공통항으로 범주화된다. 예컨대 가을에 자연 혹은 식물은 삶의 종착을 향하여 소멸의 길을 향한다. 다만 새끼 참새들은 무럭무럭 자라 어미와 동등한 성체가 된다. 화자는 가을을 맞아 시간의 경과에 따라 일어나는 자연의 다양한 변화에 착목한다.

2연에서 화자는 영국의 작가 버지니아 울프의 죽음을 통해 인생의 외로움을 드러낸다. 우울증과 정신질환에 시달리던 버지니아 울프가 강물에 투신하여 자살한 상황을 제시하면서 외로운 인생의 정서를 감각적으로 등치시키고 있다. 이어서 가을로 이행하면서 일조시간이 점점 줄어드는 자연 현상에 주목한다. 이러한 인지에는 활동의 역동적 시간이 감소하는 것에 대한 아쉬움과 안타까움의 정서가 잠복해 있다. 나아가 여름에 활발하게 역할을 발휘했던 "에어컨"이 기능을 멈춘 상황을 통해 가을이 당도했음을 부각시킨다.

마지막 연에서 화자는 나무에서 떨어져 휘날리는 "나뭇잎"을 따라 소멸의 길을 가는 자아 존재를 의식한다. 소멸의 이미지는 석양 비친 하늘에 하얀 금을 긋고 사라지는 비행운을 은유의 근원영역으로 삼아 부각된다. 화자가 나뭇잎을 따라 당도한 장소에는 이미 도착한 소멸의 낙엽들이 군집해 있다. 화자는 자신이 소멸할 수밖에 없는 존재 상황을 가을의 자연 사물들의 쇠락과 상실의 이미지에 투사하고 있는 것이다. 이 시는 가을에 빚어지는 상실과 소멸의 자연 현상을 빌려 인생의 존재 상황을 쓸쓸하고 외로운 서정으로 형상화 하고 있다.

생황 부는 사람은 제 몸을 캐낸다 상체 꺾어
몸 속 깊숙이 돌처럼 가라앉아 있는 것들
천천히 떠오르면 무늬가 되고
솟구치면 음악이 되는 것들을 뽑아내는 중이다

검은 대나무 줄기 잘라 만든
크고 작은 대통을 늑골처럼 한 덩어리로 묶어놨으니
거기서 빠져나오는 소리 컴컴하다
운다고 하고 흐느낀다 해도 놀랍지 않다

들숨과 날숨 사이
입술이 타는 건 정작 보는 사람이다
몸 속 깊은 곳에 칼을 넣어 정교하게 발골 하듯
귀에 닿는 순간

잘리고 후벼 파낸 뼈마디가 토해내는 것은 핏빛에 가깝다 잠시 눈 감으면
깎아내고 깎이는 쇳소리까지

내 안에 가라앉았던 불협화음도 고개 들어
바람에 서걱이는 댓잎처럼 마음은 얼마나 몸을 밀어냈던가
몸은 또얼마나 마음을 난도질했던가 아무도 모르게
두 손으로 늑골을 감싸 안았다 마침내
속을 파내고 말았다 텅텅 빈
공명통
댓잎의 무늬 닮은 악보가 떠오를 때
몸은 고음의 예민한 악기가 된다 가늘고 긴 관을 빠져나온 소리
폐부를 찌르고
마음이 가파르게 치달으면 몹시 아팠던

나는
입술을 자르고 돌처럼 가라앉은 사람을 본다

권미련, 「공명」 전문

이 시는 생황 연주를 통해 이루어지는 연주자와 시적 화자의 공감 형성을 "공명"의 차원으로 표상하고 있다. 공연 실황을 보는 듯한 사실감 있는 묘사와 공연에 반응하는 청자의 감흥이 매우 감각적으로 형상화 되고 있다. 연주자와 관객은 혼신을 다한 연주를 통해 동일화, 일체화의 희열에 함몰된다. 예컨대 훌륭한 공연을 통해 연주자와 관객 모두 물아일체를 이루고 나아가 무아지경의 엑스타시에 도달하는 상황이 제시되고 있다.

생황(笙簧)은 삼국시대부터 사용되어 온 우리나라 전통악기의 하나이다. 생황은 하모니카처럼 들숨과 날숨에서 각각 소리를 낼 수 있다. 한 번 불어서 여러 관대를 울릴 수 있기에 여러 음을 동시에 낼 수 있는 국악기이다. 일명 입으로 부는 오르간(mouth organ)으로 알려져 있다. 생황은 신비한 음색과 모습으로 인해 조선시대의 여러 그림에 많이 나타난다. 그러나 생황은 거문고만큼 보편적으로 쓰이지는 않았다. 하지만 고악보에 음악이 기록되어 전하는 것으로 보아 생황이 선비들의 풍류에 애호되는 악기였음을 알 수 있다.

이 시는 5연으로 구성되어 있다. 1,2연은 연주자의 연주 상황에 대한 묘사이다. 3,4연은 청자의 반응과 공감의 형성을 그리고 있다. 5연은 연주자와 청자의 소통으로 결구를 맺는다. 우선 1연은 생황 연주자의 연주 태도를 은유한다. 연주자는 "제 몸을 캐내는" 혼신을 다해 연주를 한다. 그는 심혈을 기울여 "몸 속 깊숙이 돌처럼 가라앉아 있는 것들"을 품어 올린다. 그 "돌"은 아마도 연주자의 고뇌와 열정이 응축된 예술혼일 것이다. 그 예술혼은 연주를 통해 발산 표현되어 공연장에 공감의 "무늬"로 확산된다. 소리의 시각화라는 공감적 은유로 인해 연주자와 청자가 이루는 공감의 합일 장면이 효과적으로 표상되고 있다.

2연은 생황의 제작 방법과 구조를 묘사한다. 나아가 생황의 소리/음색/음질의 특성을 통해 연주 상황을 묘사한다. 생황은 박에 열일곱 개의 구멍을 뚫어놓고, 거기에 길이가 각각 다른 대나무 관대를 꽂아 열여섯 가지 음을 내도록 만든 악기다. 생황의 전체적인 형상은 봄의 따사로운 햇빛을 받아 만물이 삐죽삐죽 돋아나는 모습을 상징한 것이라 한다. 화자는 생황의 관다발 모습을 인체의 늑골로 비유하여 연주자와 동일시하고 있다. 그리하여 생황에서 나오는 소리를 연주자의 늑골에서 나오는 소리로 치환한다. 따라서 연주자가 탄주하는 생황 소리는 그의 고뇌와 번민을 함축하므로 "컴컴한" 음질로 인지된다. 심지어 생황 소리는 격정적인 슬픈 감정을 토하는 울음으로까지 은유된다.

3연은 하모니카처럼 들숨과 날숨으로 연주하는 생황의 공연을 바라보는 화자의 "입술이 타는" 정도로 긴장한 태도가 표출되고 있다. 화자는 공연에 몰입하여 연주자와 일체화되는 지경에 이른다. 생황 소리는 화자의 육신을 "발골 하듯", 영혼을 "토해내는" 상황으로 은유된다. 생황 소리에 대한 감각적이고 섬세한 묘사는 화자의 연주에 대한 교감의 몰입 경지를 증명한다. 화자는 연주자의 "핏빛에 가까운" 열정적인 공연에 충분한 공감의 자세로 반응하고 있는 것이다.

4연에서 화자는 연주에 몰입하여 존재 변이 상황을 맞는다. 그는 자신의 삶 혹은 인생을 연주와 결부시켜 영육 사이의 갈등, 방황, 좌절과 같은 "불협화음"을 떠올린다. 이어서 생황 공연에 철저히 몰입하여 불완전한 자아를 몰각하고 무아지경의 혼몽지간에 이른 것이다. 생황의 연주 소리는 화자의 지나온 삶의 우여곡절을 모두 들추어낸 다음 마침내 몰아의 "텅텅 빈 공명통"으로 변성시킨다. 예컨대 화자는 연주를 들으며 "고음의 예민한 악기"인 생황과 동일화된다. 그리하여 자신의 "폐부"는 생황의 "긴 관"으로 전이된다. 생황의 연주와 자신의 인생이 경계를 허물어뜨리고 합일을 이루는 절대적인 공감의 상황이 선명하다.

5연은 생황 연주에 몰입하여 "마음이 가파르게 치달으면 몹시 아팠던" 화자가 공연이 끝난 이후의 상황을 확인하는 장면이 제시된다. 그가 바라보는 대상은 "입술을 자르고 돌처럼 가라앉은 사람"이다. 그런데 여기서 중의성이 발생한다. 이 "사람"은 연주자임과 동시에 화자 자신으로도 읽히기 때문이다. 예컨대 생황 연주를 마친 연주자가 "입술을 자르고" 진정한 상태를 표현한 것으로 볼 수 있다. 또한 연주자와 동일시된 화자가 흥분을 가라앉히고 정화된 자아를 각성하는 것으로 볼 수도 있다.

이 시는 형식 차원에서 행과 연 배열의 특이성이 발견된다. 행의 경우 응집력 있는 문장 단위의 시행 배열을 거부하고 의도적으로 행간걸침을 사용하고 있다. 이로 인해 각 연의 행의 길이가 일정한 등가성을 담보하지 않고 있다. 이는 생황의 들쭉날쭉한 형태와 상관성이 있다. 또한 이러한 불균형한 행의 길이는 생황 소리의 단음과 장음을 표상하는 것으로도 보인다. 연의 경우 역시 3연과 4연, 4연과 5연에 드러나는 형식적 단절이 통사구조상 엇갈림의 형태를 보인다. 이는 생황 연주의 끊일 듯 이어지는 소리 효과를 드러냄과 동시에 공연에 몰입하여 감정에 파동이 이는 상황을 함축하는 것으로 보인다. 그 결과 시의 형식과 의미 전개의 의도적인 결합이 독특한 형식미를 성취하고 있다.

오늘도 여지없이 바람이 분다. 바람 부는 벌판에 스스로 길을 내며 홀로 걸어가는 사람의 잔등이 허허로운 계절이다. 세상과 사람은 긴장하고 저항하고 순응하며 바람과 사귄다. 바람은 투쟁이며 연애이다. 바람은 기득을 들쑤시고, 아집을 흔들고, 정형을 무너뜨린다. 바람이 스쳐 지나간 자리는 기성의 폐허가 되고 신생의 들판이 된다. 이것이 세상의 이치이고 자연의 강령이다. 올해는 올해의 바람이 불고 내년에는 내년의 바람이 불 것이다. 연말연시를 맞아 푸근하고 낙낙하기보다 오히려 흉흉하기만 한 이 계절, 가고야 말 낡은 바람과 선선히 안녕하고, 신선하고 상쾌한 바람을 맞이할 설렘으로 충만한 날들이길 희망한다.

I-2 상실과 소멸의 계절에 空,虛를 읽다

겨울이다. 건조하다. 습기를 제거당한 산천초목이 쓸쓸하다. 갈대의 형해가 바스락거리는 신음을 토해낸다. 해가 짧은 산촌에는 기인 적막만이 을씨년스럽다. 인적 끊긴 마을의 굴뚝에 피어오르는 저녁연기가 한숨처럼 흩어진다. 탱탱한 추위를 머금은 공기가 쨍하게 차운 풍경을 어제처럼 투명하게 복사하고 있다. 흔쾌히 잎사귀를 떨군 나무들은 수도승마냥 묵묵히 겨울을 견디고 있다. 나부낄 것이 없어 심심한 바람은 허공을 헛발질하다 씨앙씨앙 욕지거리를 내뱉으며 사라진다. 비인 하늘을 가로지른 기다란 비행운이 외롭고 눈부시다.

겨울이다. 황량하다. 떠날 것들이 떠나고 남을 것들이 남은 들판엔 허허로운 고적만이 추적추적 쌓이고 있다. 저수지의 수면에 거울비친 산 그림자가 고요하고 정갈하다. 잔설 희끗희끗한 무덤가에 빛바랜 비석의 그림자가 허랑 허랑하기만 하다. 추수 끝난 논다랑이엔 단정하게 삭발한 벼 포기가 질서정연하게 봄을 기다리고 있다. 논밭 사이 졸졸 흐르는 도랑에는 민물가재가 웅크리고 숨어 있다. 군단처럼 포진한 비닐하우스는 무럭무럭 자라는 채소들의 숨가쁜 호흡으로 땀방울이 홍건하다. 그 들녘의 허공에 몇 마리 새떼가 산탄처럼 발사된다.

겨울이다. 메마르다. 코로나가 더욱 심각해진다. 마스크를 쓴 사람들이 게릴라처럼 잔뜩 웅크린 채 총총 귀가 길을 재촉한다. 도회지의 가로수는 사지를 절단당하고 묵상 중이다. 사거리의 신호등은 까닭 없이 고장 난 채로 깜빡깜빡 적색신호를 점멸하고 있다. 매급시 갈증이 난다. 시민들 사이의 접촉은 불륜을 저지르듯 은밀하게 이루어진다. 집안으로 제한된 자유는 답답하여 콜록콜록 재채기를 연신 남발한다. 미세먼지 자욱한 허공처럼 불확실한 미래가 일상의 소소한 행복을 소멸시키고 있다. 상실의 계절 겨울이 더욱 실감나는 요즈음 모두들 침묵한 채 내일을 향해 암중모색하고 있다.

겨울이다. 쓸쓸하다. 상실과 소멸의 계절 겨울을 맞아 너나없이 공허한 마음으로 울적하다. 남은 자들은 기꺼이 떠난 것들을 위하여 조용히 경배를 올린다. 특히 '집콕생활'로 인해 우수와 상념이 더욱 창창해진다. 공간 이동과 운동량이 적어지니 몽상과 상상력이 물을 맛난 물고기처럼 활발하게 작동한다. 시의 리듬과 은유가 새롭게 다가온다. 마음의 그림이 저절로 그려진다. 그렇다. 시는 마음의 그림이다. 아니 시는 세상의 일기도이다. 아니 시는 민심의 풍향계이다. 시는 자아와 타자와 세계가 교류하고 교감하며 공감을 이루는 한마당 광장이다. 시를 읽으며, 적으며, 코로나로 상심한 마음을 위로한다.

겨울이다. 공허하다. 전 지구가 불운한 오늘날 모두가 몸 아니면 마음이 아프다. 현재 아프거나 아니면 내일은 아플 것이라는 루머가 횡행한다. 세상의 온갖 미디어가 쏼라쏼라 불길한 내일을 타전한다. 불투명한 미래로 인해 세기말의식에 젖어 저으기 참담하다. 저 멀리 가물 가물거리는 등불 같은 백신을 기다리며 더듬더듬 하루를 지탱한다. 사소한 일상이 생략되거나 삭제되어 공식적인 일상만을 겨우겨우 수행한다. 사소한 것들의 소중함이 와락 부각된다. 이 때 서로의 상처를 격려하고 위로하는 연대감이 그나마 살아갈 기력을 고양시킨다. 상실과 소멸로 인한 공허감은 희망과 신생의 텃밭이다. 서로 어깨동무하고 쓸쓸하고 황량한 이 겨울의 숲에 놓인 허방을 허위허위 건너가야 한다.

무량사 마당 한구석에서 자란
달빛만을 솎아 내 아침 공양으로 쓰고
남은 것은
도량에다 옮겨 심어야지

속절없는 이별은
지는 낙엽에 덮어 두고
목탁 소리만 챙겨 나와

서둘러 저물어 가는 정거장에서
마지막 버스를 기다리는
염불에 굽어진 늙은 스님

손에 쥔 것이라고는
부처 뒤에 몰래 숨겨둔
노을 한 쪽

겨우 겨우
세상을 사기에는
힘에 부쳤던 모양

이복웅, 「무량사 이야기」 전문

이 시는 무량사 절의 풍광과 노스님의 삶을 통해 인생의 공허함을 표상한다. 그런데 그 공허함은 무욕의 삶으로 변전되어 욕망의 덧없음을 드러냄과 동시에 청빈한 삶의 구경을 형상화 하고 있다. 시의 화자는 함축적 화자로 설정되어 객관적 관찰 시선을 유지한다. 예컨대 이 시의 화자/시인은 "늙은 스님"의 행적을 관찰하여 묘사한 서술체계를 지니고 있다. 그리하여 1연의 "옮겨 심어야지"라는 의지를 드러내는 행위 주체는 화자가 아니라 '늙은 스님'이다.

이 시의 공간 배경은 "무량사"이다. 여기서 무량(無量)이라는 접두사는 불교의 광대무변한 진리와 깨달음의 세계를 상징한다. 즉 시인은 "무량사 이야기"라는 제목이 함축하는 바와 같이 불교의 깨달음을 통해 인생의 진리를 규명하려는 의지를 보인다. 1연은 스님의 안빈낙도하는 생활상과 자세가 표출되어 있다. 스님은 "달빛만을 솎아 아침 공양"으로 활용하는 청빈하며 친자연적인 삶의 태도를 유지한다. '달빛만을 공양'한다는 은유는 물욕이 제거된 스님의 무소유 가치관을 드러낸다. 역시 '달빛'은 "무량사 마당 한구석에서 자란" 생태환경을 지니고 있다. 이는 절의 중심이 아니라 주변부에서 생장한 소외의 이미지를 거느리고 있다. 한편 스님의 욕망 억제와 금기의 청빈한 삶의 자세는 "남은 것은 도량에다 옮겨 심어야지"라는 의지로 인해 더욱 낙낙한 분위기를 형성한다.

2연에서 스님은 살아오면서 다양한 이별의 사건을 겪는다. 그 중 육친들과 속세의 인연을 끊는 '출가'의 이별이 가장 심중할 것이다. 그러나 그 이별 역시 불가의 무량한 깨달음을 위하여 의도적으로 이루어진 것일 뿐 아니라 스스로 감내해야 하므로 "속절없는" 것으로 인지된다. 하여 속세와의 인연은 자연의 흐름이나 원리에 맡겨두고 깨달음의 진경을 향하여 정진해야 할 것이다. 이러한 삶의 자세는 불도의 정진을 위한 "목탁소리만 챙겨 나와"의 장면으로 더욱 강화 되고 있다.

3연은 마침내 "늙은 스님"의 현재의 행장이 드러난다. 그는 "서둘러 저물어 가는 정거장"에 서 있다. 여기서 부사어 "서둘러"는 스님의 행동 특성일 수 있으며, 또한 "저물어가는"을 수식하여 황급히 지나가는 시간의 특성을 나타내는 중의성을 지닌다. 여하튼 스님은 막차를 타기 위하여 정거장에 서 있다. 그런데 스님이 향하는 방향성이 제시되어 있지 않다. 예컨대 스님이 절로부터 세속으로 가기 위함인지, 아니면 속세로부터 절로 돌아가기 위함인지 분명하지 않다. 그러나 시의 결구에 이르면 절로 돌아가기 위한 방향성이 드러난다. 또한 스님은 절로 향하는 자세와 더불어 "염불에 굽어진" 양태를 보인다. 이는 불도에 용맹 정진한 결과로써 스님의 생애를 함축한다.

4연은 청빈한 스님의 무소유 삶을 역설적으로 표상한다. 즉 스님이 소유한 것은 "노을 한 쪽"에 불과하다. 이는 스님의 욕망 절제 태도와 아울러 자연의 이법에 따라 생활하는 자세를 함축하고 있다. 그런데 스님은 노을 한 쪽조차도 "부처 뒤에 몰래 숨겨둔" 태도를 보인다. 이는 친자연적인 삶의 자세까지도 욕망의 일단으로 생각하는 스님의 염결성을 드러낸다. 예컨대 스님은 완전무결한 무소유의 삶의 자세를 지향하고 있는 것이다.

마지막 연에서 스님이 노을을 부처 뒤에 감춘 이유가 해명되고 있다. 화자는 스님이 부끄러워하며 "숨겨둔 노을"이 "세상을 사기"에 역부족이라는 점을 간파하고 있다. 그런데 '세상을 사기'라는 표현은 이중적 의미를 유발한다. 불심을 전파하여 세상과 중생을 평화롭게 구제한다는 의미와 더불어 친자연적인 청빈한 삶을 통해 진정한 자아를 가꾼다는 의미를 동시에 표상하기 때문이다. 따라서 스님이 노을을 부처 뒤에 감춘 이유는 평생 불도에 정진했음에도 세상과 중생 구제, 그리고 진아(眞我)의 해탈에 역부족이라는 자책을 하고 있음을 드러낸다.

이 시는 '늙은 스님'의 행장을 관찰하여 불도에 정진하는 진지한 삶의 자세를 표상하고 있다. 스님은 평생 부처의 깨달음, 즉 해탈에 이르기 위하여 정진하지만 부족한 불심으로 인하여 자괴감을 노출한다. 그러나 역설적으로 스님의 청빈한 무소유 지향의 삶 자체가 이미 득도의 지경에 이르고 있다. 스님의 불심 부족에 대한 자책과 스님 자신은 자각하지 못하지만 이미 득도의 삶을 실천하고 있는 이율배반이 시적 재미를 고양시키고 있다. 특히 서정적이고 간명한 이미지 구축을 통하여 스님의 무소유 삶을 유머러스하게 드러낸 점이 돋보인다.

> 눈부신 초여름 아침 팔랑팔랑 허공에 향기로운 금을 그으며 이 꽃밭에서 저 꽃밭으로 홍겹게 날개 반짝이던 나비야 잠자리야 이름 모를 곤충아 나는 너희들이 건너온 눈물겹고도 신비한 생명의 고비 고비를 생각하며 잠시 너희들의 어둠 속으로 들어간다 그리고 나는 또 노래한다 죽은 나비야 죽은 잠자리야 죽은 벌레야 너희들은 지금 어둠의 그 쪽에서 무엇을 하고 있느냐? 무슨 신나는 꿈이라도 한 판 꾸고 있느냐?
>
> 심상운, 「죽은 나비야 잠자리야 벌레야」 전문

이 시는 생명과 죽음의 윤회라는 자연의 이법을 곤충의 생애를 통하여 형상화 하고 있다. 화자는 미물인 곤충들에게 질문의 방식을 사용하여 삶과 죽음의 숭고한 가치를 드러내고 있는 것이다. 먼저 화자는 생명의 환희와 열락을 누리는 "나비, 잠자리, 곤충"을 호명한다. 그들의 시간은 "눈부신 초여름 아침"으로 생명을 구가하기에 최적화 되어 있다. 그리하여 나비, 잠자리, 곤충은 "향기로운, 홍겹게, 반짝이던" 이라는 긍정적인 행동을 환기하는 수식을 통해 "이 꽃밭에서 저 꽃밭으로" 생명의 환희를 구가하며 공간 이동을 한다.

이어서 화자는 생명의 환희를 위하여 저들이 감당해야 했던 질곡의 "어둠"에 대해 생각한다. 그는 나비, 잠자리, 곤충이 견뎌낸 "눈물겹고도 신비한 생명의 고비"를 사유하는 것이다. 여기서 저들이 감당한 '고비'는 생명의 탄생을 위하여 거쳐야 하는 알-애벌레-번데기-성충-우화의 변태 과정이다. 이들은 약 보름간의 생명 기간을 위하여 여러 번의 탈바꿈이라는 고비를 감내한다. 화자는 저들의 생명에의 의지와 고난을 "어둠"의 준비기간으로 인지하는 것이다. 나아가 화자는 생명에의 외경심을 느끼고 저들의 삶에 동화되고 있다.

화자는 짧은 시간의 생명을 다하고 죽은 곤충들을 다시 호명한다. 그리고 죽음 이후의 과정에 대해 질문한다. 예컨대 "어둠 그 쪽"에서 어떤 삶을 이루고 있는지 궁금한 것이다. 화자가 미루어 짐작한 저들의 죽음 이후의 삶은 또 다시 탄생을 꿈꾸는 과정으로 드러난다. 그 과정은 "신나는 꿈 한 판"으로 상상된다. 마치 장자가 인생의 과정을 호접몽으로 설파한 것과 비슷한 사유로 보인다. 이 시는 비록 표면상 벌레의 삶과 죽음을 이야기하고 있지만 이면에 인간의 삶과 죽음을 알레고리로 표상하고 있다. 예컨대 인간의 삶 역시 짧은 생명을 살다 마감한다는 공허하고 허무한 상념을 형상화 하고 있는 것이다.

별이 없는 저녁이다

배롱나무, 작년에 내게로 와서
고운 정 들여놓더니
서둘러 떠나버렸다

빈 채로 둔 저녁은
적요한 서늘함이다

문득 생각나는 어머니 기도의 눈물이
성수가 되어
내 슬픔을 적신다

한동안 안 보이던
다년생 나무들이 보인다
말씀의 행간에 숨어 있는 우물이 보인다

마르지 않는 물에
내 지친 뿌리를 내린다

이철건, 「일 년 후」 전문

이 시는 정들었던 배롱나무를 상실한 화자가 다른 다년생 나무들로 인하여 공허한 마음을 다스린다는 의미구조를 지니고 있다. 화자는 애정을 가지고 기르던 배롱나무에 대한 상실감 때문에 암담하고 우울한 처지에 함몰되어 있다. 그리하여 그가 맞는 저녁은 "별이 없는" 상태로 인지된다. 삶의 의욕과 희망이 제거되어 상심한 마음은 별도 뜨지 않는 어둠의 공간인 것이다.

2연은 화자가 상심한 원인을 제시하고 있다. 예컨대 화자는 "고운 정"을 들인 "배롱나무"의 소멸로 인하여 우울한 심경에 빠져 있다. 3연은 상실된 배롱나무로 인한 화자의 정서가 표출되어 있다. 즉 소멸된 배롱나무로 인한 허전한 마음은 "적요한 서늘함"의 정서를 환기하는 것이다. 배롱나무의 상실과 소멸이 주는 공허함 마음은 '적요'한 분위기와 '서늘함'이라는 차가운 감각으로 인지된다.

4연에서 화자는 상심한 마음의 위로를 받는다. 문득 떠오르는 "어머니의 기도의 눈물"이 "성수"로 전이되어 위안을 제공하는 것이다. 화자는 배롱나무의 상실로 인한 "슬픔"을 어머니의 자식을 향한 기도로 치유 받는다. 모성으로 슬픔을 치유한 화자는 5연에서 애정을 제공할 타자를 발견한다. 평소 배롱나무에 애정을 쏟던 화자가 등한시했던 "다년생 나무들"이 새롭게 부각되는 것이다. 나아가 화자는 "말씀의 행간에 숨어 있는 우물"까지 보게 된다. 이는 자식의 행복과 안녕을 기원하는 어머니의 기도 말씀으로 읽힌다. 화자는 그 어머니의 기도 말씀에 은닉해 있는 "우물", 즉 생물을 살아가게 하는 생명수를 감지해내는 것이다.

마지막 연에서 화자는 어머니의 자식을 향한 염원의 생명수를 자신에게 투여함으로써 상실감을 치유한다. 어머니의 간절한 기도의 말씀은 영원히 "마르지 않는 물"로 작동한다. 이 시는 배롱나무의 소멸로 인한 공허한 정서를 어머니의 기도로 치유하고, 나아가 구원까지 받는 자아의 심경을 매우 서정적으로 표상하고 있다.

> 길가에 이름 모를 새 한 마리 죽어 있다
> 머뭇거리는 걸음으로

그늘에 가려진 사인을 들춰 본다
정지된 미래에는
오류를 빚어내는 추측만이 쌓인다

흔들리는 의자에 몸을 쑤셔 넣고
새들의 중얼거림을 흉내 낸다
수억 년을 가로지르는 허-밍
지지배배. 지지배배

모였다 흩어지는 혼(魂)들의
원초적 비행곡선
얼룩으로 채워진 골목의 울음이 쏟아진다
서툰 문법으로 받아 적는다

허공을 태우는 검은 연기

지문을 읽으며 지문을 지우며
헐거워진 문체들과 불면한다

깃털에 박힌 잔가지를 뽑아내며
나의 새로운 발자국을 찍기 위해
360도의 원판을 날아간다
천간과 지지의 행간에서
매번 실패하는 어지러운 낙하
또다시 허공

공허한 숲으로 들어간다
읽혀지지 않는 시어들이 수북이 쌓이는 곳

죽은 문장을 땅에 묻고 흔적 없이 돌아나온다

이영선, 「새의 단조」 전문

이 시는 새의 죽음에서 발상한 다음 화자 자신을 새에 투사하여 공허한 글쓰기 심경을 그리고 있다. 화자의 글쓰기는 새의 노래에 대응한다. 그런데 시의 제목 "새의 단조"가 암시하는 바와 같이 화자의 글쓰기는 서툴고 암울한 고행으로 드러난다. '단조'는 장조에 비해 어둡고 슬픈 느낌을 표현하기 때문이다. 화자는 죽은 새에 대한 애도로부터 시작하여 새의 울음에 동화되고, 나아가 새의 운명과 자신의 글쓰기 업보를 일체화시킨다. 다른 관점에서 '새'는 화자의 글쓰기를 상징하기도 한다.

화자는 우연히 길에서 죽어 있는 새와 마주친다. 그는 새가 죽은 이유를 궁금해 한다. 새의 죽음은 시간을 멈추게 하고, 새가 죽은 이유는 "추측"으로만 짐작할 수 있다. 모든 존재의 죽음은 "정지된 미래"로 인해 사인을 정확히 밝힐 수 없다. 그리하여 새의 사인은 "오류를 빚어내는 추측"으로만 남게 된다. 화자는 죽음의 이유를 짐작하다 오히려 "새들의 중얼거림"을 반복하여 재생한다. 새의 소리는 "수억 년" 동안 전승되어온 본질적, 본능적 속성을 지니고 있다. 새가 본능적으로 노래를 불러왔듯이 화자 역시 본질적인 노래를 부르고 싶은 욕망을 지니고 있다.

화자는 죽은 새들을 애도하기 위하여 노래 소리를 흉내 내며 그 소리를 관찰한다. 새들의 노래는 그들의 "혼(魂)"이 "모였다 흩어지며" 조화를 이루는 음악으로 표상된다. 나아가 그 음악은 시각적으로 "원초적 비행곡선"을 이룬다. 소리의 시각화를 통한 묘사이다. 말하자면 새들의 존재 속성은 원초적으로 비행하는 것과 노래 부르는 것이다. 새들의 죽음은 "골목의 울음"으로 변환된다. 화자는 새들의 존재 속성인 노래 소리를 "서툰 문법으로" 기록한다. 이는 애도의 기억이자 추모이며, 화자의 인생인 글쓰기를 함축한다.

새의 죽음과 화자의 글쓰기는 "허공을 태우는 검은 연기"로 표상된다. 이는 모두 공허하고 허무한 사라짐을 내포한다. 그럼에도 모든 존재가 죽음을 예비하고 살아가야 하듯이, 화자는 지속적으로 "지문을 읽으며 지문을 지우며" 불면의 밤을 지새우며 글쓰기를 수행한다. 어찌보면 새가 노래하고 화자가 글쓰기 하는 행위는 본질적이고 본능적인 삶의 숙명이다.

화자는 새와 동일화되어 자신의 비행, 즉 삶을 위하여 날개를 정비하고 "새로운 발자국"을 남기기 위해 "360도의 원판"을 비행한다. 이는 삶의 본질이 순환하는 것이라는 점을 암시한다. 새가 방향 없는 운명을 날며 삶을 영위하듯 인간/화자 역시 미지의 운명을 향해 살아가는 것이다. 그럼에도 인간의 삶은 천지간의 순환하는 운명처럼 실패와 실수의 연속으로 이루어진다. 이는 인간의 불완전하고 미성숙한 삶의 본질적 속성 때문이다. 그리하여 인간의 비행/삶은 매번 "허공"의 상황에 직면한다. 이는 인간의 삶이 지닌 허무하고 공허한 본질을 자각하는 장면으로 읽힌다.

화자는 비록 허무하고 허전한 인생/글쓰기일지라도 "공허한 숲"으로 들어갈 수밖에 없다. 그것이 바로 운명이기 때문이다. 그 숲에는 타자에게 읽히지 않는 "시어들"이 외롭게 축적되어 있을 뿐이다. 화자의 글쓰기/인생은 새의 비상처럼 자유를 향한 날갯짓을 함축한다. 그 비행이 언제나 낙하로 종결될지라도 운명처럼 수긍하며 공허한 숲을 향하여 날아가는 것이다. 그리고 화자의 인생은 마침내 "죽은 문장"과 조우한다. 화자뿐 아니라 새의 운명처럼 인간 역시 공허한 결말에 이르는 것이다. 이 시는 새와 화자, 비행과 글쓰기, 그리고 날갯짓과 인생을 중첩하여 삶의 허무를 복합적으로 구축하고 있다.

포물선은 지구가 허리를 굽힌 흔적이다
공이 휜다, 엄마의 등을 보고 알았다
삭아 내리고 있었다

사람의 이마에 줄이 하나씩 새겨지는 것이
휘어짐의 궤적이라는 것을 알았다
손가락이 말려 있는 것을 보고 소스라쳤다

킥을 연습하다 무언가를 따라 하고 있다는 느낌이 들었다
엄마를 패러디한 바나나 킥

골 맛을 보고 싶을 때 슬쩍 발목을 비튼다
아무도 모르게 발을 구기고 잔다
공의 궤도가 휘어 보였다
뭉개진 허리의 곡선이 지그재그다

아침에 일어나보니 얼굴이 취해 있었다
지난밤에 무언가를 굴렸던 것 같은데
깨어보니 서녘으로 몸을 굽히고 있었다
트위스트 춤을 췄다고 한다

골대 위의 정수리가 하현달로 기울고 있었다
세상 밖으로 탈출을 꿈꾸는 단 한 번의
휨을 위해 수없이 지구를 건져 올렸다

당신이 자꾸만 굽어가고 있다

이정환, 「매일 휜다」 전문

이 시는 '휘어짐'이라는 물리적 변화 상태를 통해 인생의 본질을 규명하려는 의도를 보이고 있다. 인생을 직선에서 구부러지는 과정을 거치는 일종의 슬픈 아이러니로 표상하고 있다. 화자는 짐짓 휘어짐이라는 물리적 변화를 잘 알지 못하는 것처럼 말하면서 인생의 비의를 드러내는 능청스런 어조를 유지한다. 인간의 삶은 시의 제목처럼 조금씩 "매일 휜다"는 명제를 증명하기 위하여 "굽힌, 휜다, 삭아, 말려, 바나나, 비트다, 구기고, 지그재그, 굽히고, 기울고, 휨, 굽어가고"와 같은 곡선으로의 변화 의미를 지닌 다양한 어휘를 집중적으로 활용하고 있다.

1연은 곡선의 일종인 "포물선"에 대한 의미 부여로부터 출발한다. 예컨대 "지구가 허리를 굽힌 흔적"이 바로 포물선이라는 의미를 생성하고 있다. 그런데 허리를 굽히는 물리적 행위는 굴복, 겸손, 사과, 비굴 등의 함의를 지니고 있다. 따라서 삶의 공간 환경인 지구가 '허리를 굽힌' 것은 인간 삶의 환경 자체가 '굴복'의 원형을 지니고 있다는 것이다. 이어서 공이 휘는 현상과 엄마의 등이 휘는 현상이 결부되고 있다. 심지어 엄마의 등은 "삭아 내리기"까지 한다. 여기서 화자는 '엄마'의 인생 역시 '굴복'으로 점철된 시간이었음을 드러낸다. 말하자면 화자는 인간의 본질이나 환경 모두 굴복과 굴종의 의미를 지니고 있다고 사유한다.

2연 역시 화자가 파악한 또 다른 '휘어짐'의 현상들이 제시된다. 사람의 이마에 그려지는 '주름살'도 "휘어짐의 궤적"이다. 시간의 경과에 따라 늘어나는 주름살도 인생의 굴종이 새겨지는 "궤적"/역사인 것이다. 나아가 자신의 "손가락이 말려 있는 것"도 역시 굴복과 굴종의 상징인 것이다. 화자는 타자뿐 아니라 자신 역시 동일한 인생의 "휘어짐"의 전철을 밟고 있는 사실을 확인하고 경악한다.

이러한 굴종과 굴복의 삶은 더욱 확장된다. 일상에서 축구를 할 때 공을 차는 행위인 "킥" 역시 "엄마를 패러디한 바나나 킥"으로 인지된다. 즉 엄마의 삶이 자식인 화자에게 계승되는 현상으로 나타난다. 이는 굴복과 굴종의 의미가 우리 삶의 모든 부면에 두루 편재해있다는 사실을 자각한 것으로 보인다. 또한 자의적으로 '휘어지기' 위하여 "발을 비틀거나" 심지어 "발을 구기고 자는" 상황에까지 이른다. 이는 굴복과 굴종의 삶이 습관화되어 삶에 내재되는 아이러니한 상황을 표출한다. 이러한 일상에 편재되고 습관화된 굴복과 굴종의 '곡선'적 삶은 "뭉개져" 혼란스런 "지그재그"로까지 확장된다.

5연에서 화자는 무의식의 영역에서까지 휘어지는 행위를 반복하는 '구부러진' 자아를 확인한다. 그는 밤에 잠을 자는 무의식의 시간에도 "무언가를 굴리는" 곡선의 행위를 한다. 이로 인해 화자의 자세는 "서녘으로 몸을 굽힌" 상태에 이른다. 한편 화자는 이러한 무의식적 곡선의 행위를 '도취'로 인지한다. 예컨대 그는 잠자는 무의식적 순간에도 곡선으로 휘어지는 습관적 행위인 "트위스트 춤"을 추는데 도취되어 있다. 결국 그는 "몸을 굽히는" 행위의 반복을 통해 "서녘"을 향하는, 즉 죽음으로 나아가는 운명을 지니고 있는 것이다.

6연에서 화자의 시선은 세계로 향한다. 화자는 지구 밖의 "하현달"조차 “기울고” 있음을 발견한다. 자아와 더불어 세계 역시 곡선 행위의 결과로 소멸을 지향하는 속성을 인지한 것이다. 나아가 화자는 굴종과 굴복의 삶을 “세상 밖으로 탈출을 꿈꾸는 단 한 번의 휨”이라는 죽음/소멸을 위하여 세상을 구원하는 행위로 인지한다. 이는 휘어짐과 구부러짐이라는 인생의 굴복과 굴종이 결국은 “지구를 건져 올리는”, 즉 인류를 구원하는 신성한 행위로 의미화 된다. 이를 위하여 화자 뿐 아니라 “당신” 역시 “자꾸만 굽어가고” 있는 구원의 행위에 동참하고 있는 것이다. 이 시는 ‘휨’이라는 곡선으로의 물리적 변화 상태를 다양하게 활용하여 인생의 의미와 더불어 인류 구원의 정신을 매우 웅숭깊게 형상화 하고 있다.

복수초 노란 입김으로 눈 녹이는 소리
푸르스름한 새벽빛에 별 스미는 소리
아침 햇덩이 벌겋게 건져 올리는 소리
은빛 바다를 가르는 갈매기 날갯짓 소리
나팔꽃 벙그는 소리
산을 끌어안고 물안개 산길 오르는 소리
연잎 이슬 비우는 소리
솔숲 햇살 내리는 소리
추녀 끝 풍경 산새들 깨우는 소리
젖은 흙 밀고 올라오는 새싹 소리
몽돌밭에서 파도 놀다 가는 소리
고양이 눈꺼풀 덮어주고 등에서 봄볕 여물어가는 소리
부대끼며 달그락거리는 자연의 소리
배내옷 차림으로 웃음 웃는 소리
등교하는 민낯들 반짝이는 여울목 소리

아침 인사 건네며 눈맞춤 나누는 소리
장독대에 정화수 차려놓고 치성 드리는 어머니
내 시 읽고 입가에 스치는 너의 눈웃음

아침이 환한 소리 들린다

조정기, 「눈으로 듣는 아침 소리」 전문

이 시는 시각적 풍경을 소리를 통해 감지한 공감각적 이미지를 나열하고 있다. 시각과 청각의 교직에서 빚어지는 신선한 감각의 형상화가 작시의 목표가 되고 있다. 시각이 정적이라면 청각은 동적이다. 또한 시각이 연속성을 지니고 있는 반면에 청각은 쉽게 사라지는 단발성을 지니고 있다. 시인은 이러한 시각과 청각의 감각을 교합시킴으로써 드러난 공감각 이미지들을 병렬하여 아침의 신선한 풍경을 모자이크처럼 그리고 있다. 이 풍경 묘사는 아침 시간에 일어나는 다양한 자연 현상의 집적으로 이루어진다.

눈 속에서 피는 '복수초'는 능동적 행위로 겨울을 제거하고 봄을 맞이하는 역할을 한다. 새벽에 '별'이 스며들어 아침이 오는 순간의 포착도 매우 정밀하다. 이윽고 '아침 해'가 두둥실 떠오르는 광경도 감각된다. 그런데 해가 스스로 떠오르는 것이 아니라 미지칭의 존재에 의해 "건져 올리는" 피동적 상황이 제시된다. 짐작컨대 어떤 미지의 초월적 존재에 의해 해의 운행이 이루어지는 것으로 이해된다. 바다의 역동적 상황을 드러내는 '갈매기'의 비상도 병치된다.

'나팔꽃'도 스스로의 존재 구현을 위하여 활짝 피어난다. '물안개'도 하늘을 향하여 피어오르며 환상적 분위기를 조성한다. '연잎'에 맺힌 투명한 이슬도 굴러 떨어진다. 솔숲에는 '햇살'이 환하게 내리 비쳐 신선한 공기를 확산한다. 지붕 아래 매달려 있는 '풍경'은 바람에 흔들리며 은은한 소리로 산새들을 깨우고 있다. 지상에는 '새싹'이 무거운 흙을 밀고 싹을 틔우고 있다. '파도'는 해변의 몽돌밭에 밀려왔다 밀려가는 반복을 놀이로 재미있게 하고 있다. '봄볕'은 고양이가 편안하게 졸 수 있도록 따스하게 익어가고 있다. 이 모든 장면은 자연을 형성하는 구성원들이 "부대끼며 달그락거리는" 협화음이다.

자연이 빚어내는 화음에 이어서 인간들이 조성하는 소리의 향연이 펼쳐진다. 먼저 배내옷 입은 아기가 만들어내는 티 없이 맑은 '웃음' 소리가 제시된다. 그리고 등교하는 순수하고 어린 학생들이 재잘거리는 '여울목' 소리가 병렬된다. 또한 아침에 출근하며 서로 인사를 나누는 화평한 '눈맞춤' 소리가 이어진다. 가족의 안녕과 평화를 기원하는 어머니의 치성 드리는 소리도 열거된다. 마지막으로 화자의 시를 읽고 교감하는 "너의 눈웃음"이 묘사된다.

연을 나누어 2연은 "아침이 환한 소리 들린다"로 시의 결구를 맺는다. 예컨대 1연에서 병렬된 다양한 풍경의 소리들은 모두 "환한 소리"로 계열체를 형성한다. 새롭게 시작하는 아침의 풍경이 다양한 소리를 통해 감각적 이미지로 재현되는 것이다. 시인은 세계의 모습을 바라보는 시각을 청각으로 변용함으로써 감각적 낯설음의 세계를 생성해낸다. 또한 세계를 응시하는 시인은 매우 긍정적이고 낙천적인 태도를 드러낸다. 그는 공감각적 사유를 통해 신선하고 평화로운 세계의 아침 풍경을 구현하는데 성공한 것이다.

또 다시 겨울이다. 상실과 소멸의 계절에 비말비말 공허한 정서가 허공을 떠돈다. 특히 세기말 의식을 유포하는 코로나의 창궐로 더욱 음산하고 우울한 날들이 지속되고 있다. 우리가 몸담고 있는 세계는 그지없이 암담한 풍경을 연출하고 있다. 인류의 상호간 교섭과 친목은 더 이상 미덕이 아니라 악덕으로 치부되고 있다. 나아가 대기 중에 유랑하는 바이러스의 무차별 침투를 방비하기 위한 마스크는 존재의 정체성을 익명화하고 있다. 모두들 자아를 엄폐하기 위하여 얼굴에 방패를 장착하고 은밀하게 숨죽여 일상을 건너가고 있다. 그렇다 해도 미래는 불투명한 안개에 휩싸인 채 더더욱 미궁으로 치닫고 있다.

이러한 때 시인은 시를 읽으며, 시를 지으며, 침침하고 어둑한 세계의 창을 뽀드득뽀드득 말끔하게 닦는다. 인류의 상심한 마음을 위로하고 희망찬 내일을 향하여 가녀린 등불을 밝힌다. 저들의 의기소침한 잔등에 내리는 서설이 되기를 소망한다. 그 바람 부는 겨울의 들판을 가로질러 구들장 뜨끈한 가정에 당도하기를 희망한다. 이복웅 시인은 무소유의 마음 비우기를, 심상운 시인은 삶과 죽음의 해탈을, 이철건 시인은 어머니의 기도로 이루어지는 구원을, 이영선 시인은 허무한 삶의 소중한 가치를, 이정환 시인은 휘어지는 곡선적 삶의 운명을, 조정기 시인은 아침에 빛어지는 생의 환희를 노래한다. 상실과 소멸로 요약되는 이 가혹한 계절에 이들의 시편을 읽으며 끝끝내 오고야 말 맑고 환한 봄을 향하여 나아가길 바란다.

I-3 존재, 그 불가지론에 대한 상상력의 도전

요즈음 세계는 참말로 놀라운 속도로 변화하고 있다. 그 변화는 과학과 물질문명이 주도하고 있다. 생각해보면 휴대폰이 일상생활에서 차지하는 역할은 그야말로 눈부시다. 우리는 휴대폰으로 사진기, 녹음기, 전화기, 메모장, 문서 작성기, 게임기, 길 찾기, 통장의 기능을 대신하며, 다양한 앱을 깔아 다기능의 비서로 활용하고 있다. 휴대폰은 이제 생활필수품이자 만능해결사로서 각광받고 있다. 또한 드론이 다양한 기능을 발휘하며 우리의 일상을 편리하게 보조하고 있다. 나아가 앞으로 4차 산업혁명으로 일컬어지는 사물인터넷, 빅 데이터, 인공지능, 자동운전자동차, 자동운전도로, 가상현실, 증강현실 등 우리의 삶을 윤택하게 해줄 미래의 과학 문명이 빠른 속도로 발전하고 있다.

세계는 어리둥절할 정도로 변화의 격랑 속에 있다. 세계내 존재로서의 우리는 변화의 속도에 보조를 맞추기에 급급한 삶을 허덕이고 있다. 인간은 변화하는 환경세계에 자아를 적응시켜 삶의 유용성을 강화시키는 존재이다. 하여 어찌됐든 인간은 빠른 속도로 발전하는 문명의 이기를 다루는 데 적응하려 노력한다. 예컨대 존재는 세계와 균형 잡힌 조정을 통해 자아 정체성을 확립한다. 그러나 급변하는 세계에 허겁지겁 동화되는 삶을 이루다 보면 자아 존재의 본질을 놓치고 표랑하기 쉽다. 세계의 변화가 압도적이어서 존재 혹은 존재의 본질에 대한 사색의 시간이 부족할 수 있는 것이다.

한편 인간은 매우 빠른 속도로 변화하는 세계내 존재로 살아가면서 변화하지 않는 항구적 본질을 그리워한다. 존재의 본질에 대한 탐구는 변화하는 세계에 대응하는 인간의 정체성 찾기인 것이다. 그런데 존재의 본질은 쉽게 간파되지 않고 은닉되어 있다. 심지어 불가지론이 존재한다. 인간이 감각을 통해서 인식하는 것은 사물의 본질이 아니라 본질의 거짓 모습인 현상에 불과하다는 것이다. 사람의 경험으로는 사물의 본질이나 실재의 참모습을 인식할 수 없다는 회의적 태도이다.

그렇다 하더라도 인간은 현상 너머에 항존하는 본질을 찾아 삶의 안정을 꾀하려 한다. 하이데거는 존재와 존재자를 구분한다. 그에게 존재란 본질적이며 근원적인 것이다. 그리하여 존재는 비밀에 가득 찬 형이상학적 힘이며, 일종의 은폐된 신으로 간주된다. 존재자를 통해 존재에 다다르는 길이 본질을 이해하는 사유이다. 그는 과학의 발전으로 인한 이 시대를 존재 망각의 시대라고 규정했다. 그러나 시인은 사물과의 내적 교섭을 통하여 구체적인 인간 상황 속에 있는 진리를 감동적으로 포착하려 한다. 예컨대 시인은 직관력과 통찰력을 통해 현상 너머에 있는 인생의 진리를 발견하려 노력하는 것이다.

급속도로 변화하는 세계에서도 인생과 삶의 본질에 직핍하려는 시인들의 고투가 눈물겹다. 그들은 자연 현상을 통해 은유적으로 존재의 본질을 파악하려 한다. 먼저 시적 대상 '나무'라는 현상/존재자를 통해 인생의 본질을 규명하는 작품을 보자.

버리고
또 버리고

내려놓고
다 내려놓고

묵언 수행하는
텅 빈 충만의 단아함이여

본래 자리로 되돌아가는
치열한 순수를 보고 있다

김지철, 「나무」 전문

이 시는 시적 대상인 '나무'의 현상을 통해 인생의 본질을 형상화 하고 있다. 시상의 전개는 계절의 순환에 따른 나무의 현상학적 이미지 묘사이다. 그러나 우리는 장르 관습에 따라, 이 시가 '나무'의 현상 묘사를 통해 인생의 본질 혹은 존재의 진리를 드러낸 것으로 이해한다. 나무는 단순한 사물이 아니라 시인의 주관/상상력이 개입된 상징물로 기능한다. 이 작품이 전달하는 메시지는 자연의 이법에 따른 욕망의 절제이다. 나아가 존재의 본질은 무(無)이며, 인생의 본질 역시 무소유임을 드러낸다.

1, 2연은 가을을 맞이하여 나무가 낙엽을 떨구는 모습을 압축적으로

제시하고 있다. 여기서 나무는 "버리고, 내려놓는" 행위를 능동적으로 수행하는 의지적 주체로 설정되어 있다. 그런데 주어와 목적어는 생략되고, 오직 서술어만 반복되고 있다. 생략된 부분을 복원하면 "(나무가 낙엽을) 버리고, 내려놓고" 쯤이 된다. "나무"는 인간 존재의 대리물로, 낙엽은 욕망, 재물, 탐욕 등으로 치환할 수 있다. 1, 2연은 주체와 목적물을 생략하고 서술어를 전경화시킴으로써 "버리고, 내려놓는" 행위 자체가 강조되는 효과를 획득한다. 또한 동일한 시어의 반복, 동일한 통사구조의 반복은 리듬감 형성과 아울러 의미의 심화에 기여한다.

3연 "묵언 수행하는/ 텅 빈 충만의 단아함이여"는 존재의 삶과 그 결과를 드러낸다. 존재는 침묵하며 인생의 참다운 삶 혹은 인생의 진리에 대해 깊이 사색한다. 그리고 앞에서 제시한 "버림" 즉 무소유의 정신을 깨닫는다. 달리 말하면 인생의 진리를 향한 수행 자체가 참다운 인생의 자세일 수도 있다. 이러한 삶의 자세는 "텅 빈 충만"의 역설로 인생의 본질에 다가간다. 비어 있음의 가득 참이라는 역설은 존재의 본질을 명쾌하게 적시하는 것이다.

4연에서 이러한 삶의 자세는 다시 "본래 자리로 돌아가는 치열한 순수"로 점층 강화된다. 인생이란 원래 무소유였다는 점을 강조하는 것이다. 뿐만 아니라 이러한 무소유로의 회귀는 "순수"한 것이라는 가치 평가를 드러낸다. 예컨대 참다운 인생의 본질은 무소유로의 회귀를 향한 순수함을 유지하는 것이다. 이 시는 '나무'라는 사물의 현상을 통해 인생의 본질을 압축적으로 선명하게 제시하고 있다. "버리는" 나무의 속성을 닮아 군더더기 표현 없이 단순하고 경쾌한 작시법이 이 작품의 매력이다.

가을이 대지에
몸을 맡기고 있습니다

어제는 빛나는
태양으로 타올랐으나

이제는 가벼운 그림자로
내려앉아 있습니다

한때 몸을 맡겼던 궁궐의
넓은 뜨락과

무성한 숲의 나무들이
잎을 하나씩 떨구고

가을나무
깊은 명상에 들었습니다

다소곳이
뿌리 마을에 들어
등불 하나 화안이 밝히고
겨울의 빈 방을

오랫동안
홀로 지샐 것입니다

김동수, 「가을나무」 전문

이 작품 역시 '가을나무'라는 사물의 현상을 통해 인생의 본질을 서정적으로 묘사하고 있다. 각 연 2행으로 된 총 9연의 형식도 매우 절제되어 있으며, 시적 어조의 흐름도 차분하게 정제되어 있다. 각 연의 문장 구성도 생략이나 압축 없이 주어와 서술어가 밝혀 있다. 특히 서술어의 존대법이 경건하고 온유한 시의 분위기를 조성한다. 또한 시적 화자가 '가을나무'를 차분한 시선으로 응시하며 섬세하게 조곤조곤 말하는 어법도 이 시의 차분하고 경건한 분위기 조성에 도움이 되고 있다.

이 시는 형식적으로는 9연으로 되어 있다. 하지만 의미론적 응집력에 따르면 1-3, 4-6, 7-9연의 세 부분으로 구분할 수 있다. 첫 부분은 가을이라는 시간, 두 번째 부분은 가을나무와 그 공간, 세 번째 부분은 가을나무의 미래가 묘사되고 있다. 다시 말해 이 시는 현재 시간, 현재 공간, 미래 시공의 세 부분으로 시상 전개가 이루어지고 있다. 이와 같은 시적 묘사 대상에 대한 의미적 응집력과 순차적 구성은 이 시의 구조적 질서와 시적 호흡의 안정감에 기여하고 있다.

첫 부분인 1-3연은 가을이라는 계절의 현재 시간성을 구축하고 있다. 1연에서 추상 개념인 '가을'의 시간은 구체 개념인 '대지'와 혼융되고 있다. 즉 가을이 지상의 대지에 현상으로 나타나기 시작했다는 의미로 읽힌다. '가을'이 천상에 속하는 의미소라면 대지는 지상에 속하는 의미소이다. 따라서 천상과 지상이 일체화된 화평한 시공으로 인지된다. 2연에서 그 지상은 과거/'어제'의 풍경을 드러낸다. 과거는 무성한 활기로 충만한 여름의 시간이었다. 그러나 3연에 이르러 화자는 여름이 지나가고 이제는 가을이 당도했다는 현재의 사실을 확인한다.

두 번째 부분은 이 작품의 주요 시적 대상인 가을나무와 그 공간이 묘사된다. 먼저 4연은 지난여름/'한때'의 풍광을 제시한다. 그리고 나무가 거주하는 공간이 더욱 구체적인 '궁궐'로 드러난다. 이로 인해 나무의 공간은 매우 고귀하고 광활한 장소라는 특성을 지니게 된다. 5연에서 가을나무는 여름을 지나 가을이 되어 조락의 시간을 맞는다. 성장의 시간으로부터 비움의 시간으로 이행하는 것이다. 6연에서 가을나무는 "깊은 명상"에 잠긴다. 이는 가을나무라는 존재의 경건한 삶의 자세를 암시한다.

세 번째 부분은 나무의 미래 상황을 제시한다. 가을을 맞아 나무는 계절의 순환에 순응하여 "뿌리 마을"에 진입한다. 여기서 "뿌리 마을"은 애매성을 유발한다. 나무는 여름의 "궁궐"로부터 가을의 "뿌리 마을"로 이행하는 것으로 보아, 내면 침잠의 상징적 공간으로 이해된다. 그 가을의 "뿌리 마을"은 다시 8연에서 "겨울의 빈 방"으로 변주된다. 나무는 다가올 겨울에 세계를 밝히는 등불에 의지하여 존재를 유지하는 것이다. 그리고 나무는 단독자로서 오랜 미래의 시간인 겨울을 견디어내는 것이다. 이 시는 나무를 대상으로 인간의 외로운 단독자로서의 존재성을 경건하게 형상화 하고 있다.

> 등대는 뿌리에서부터
> 나의 경쟁자다
>
> 등대는
> 모든 바닷물을 끌어올려
> 불꽃을 피운다
>
> 등대로 가자

등대는 제 몸뚱이를 태워
하늘에도 바다에도
재를 뿌리고 있다

최만산, 「등대로」 전문

이 시는 "등대"의 존재론적 의미를 형상화하고 있다. 화자가 인지하는 등대는 단순한 자연 사물이 아니다. 화자는 등대의 속성을 주관적 인지를 통해 함축적으로 이해한다. 그에게 등대는 자신을 불살라 세계를 밝히는 이타적 존재이다. 4연으로 구성되어 있는 이 작품은 홀수 연이 시적 화자의 정서를 드러낸다. 반면에 짝수 연은 시적 대상인 등대의 속성을 묘사하고 있다. 예컨대 주관적 정서와 객관적 묘사가 홀짝으로 맞물려 있는 구성이다. 이러한 시상 전개 방식은 구조적 안정감을 성취한다.

1연에서 화자는 시적 대상인 '등대'를 경쟁자로 인지한다. 이는 등대의 이타적 속성을 동의함과 동시에 자아 역시 이타적 삶의 자세를 추구한다는 사실을 드러낸다. 그 경쟁의 강도는 "뿌리에서부터"라는 언표를 통해 철저하고 강력하다는 이미지를 환기한다. 2연은 등대의 존재론적 묘사이다. 등대는 '물'을 '불'로 변용하는 초월적 기능을 한다. 또한 치열한 삶의 태도를 암시하기도 한다. 특히 상상력이 '뿌리'로부터 상부로 상승하는 이미지 도식을 통해 긍정적 가치 고양의 의미 조성에 효과적이다. 한편 등대의 "불꽃"은 어둠을 거세하여 세계를 환하게 밝히는 존재론적 의미를 함축한다.

3연에서 화자는 이타적 상징물인 "등대"를 향하여 동일화 되고자 하는 욕망을 드러낸다. 4연에서 화자는 다시 등대의 존재론적 성격을 제시한다. 먼저 등대는 자신을 희생/소멸하는 존재이다. 예컨대 등대/존재는 타자를 위해 세계를 불 밝히는 자아 희생을 치열하게 수행한다. 그 수행의 결과로 자아 존재는 "재"로 산화한다. 이 희생은 "하늘과 바다"라는 세계에 삼투되어 긍정적인 영향을 끼친다. 이 시는 "등대"라는 사물을 통해 인생의 자세 혹은 존재의 본질을 간명하고 선명하게 형상화 하고 있다.

공원 한구석 폐타이어
반달의 몸속으로 바람이 드나든다

군데군데 갈라진 흔적을 안고
이곳에 여생을 내려놓은 저 타이어
무거운 짐을 지고 도로를 질주하던
팽팽한 속도는 다 빠져나갔다

몇 킬로의 속도로 이곳까지 왔을까

청춘의 험산을 넘을 때
온몸을 때리던 바람
지금은 어디를 떠돌고 있을까

나의 생애도 브레이크가 없었다

태양이 언덕을 넘어서는 오후6시
이제는 속도를 늦추어야 할 나이

사위어가는 햇살 사이로 절뚝이며 다가온 사내
지팡이를 내려놓고
지친 하루를 깔고 앉는다

이희국, 「낡은 속도」 전문

이 시는 '폐타이어'에 자아 존재를 투사하여 인생을 관조하고 있다. 시의 전반부 1-4연은 시적 대상 '폐타이어'를 응시하는 화자의 시선을 제시한다. 시의 후반부인 5-8연은 자아 존재의 삶에 대한 사색을 드러낸다. 예컨대 화자는 객관적 사물인 폐타이어와 자아 존재를 동일화시켜 인생을 사유하고 있다.

1연에서 폐타이어의 존재 공간은 "공원 한구석"이다. 이는 폐타이어가 중심에서 밀려나 주변부에 존재함으로써 소외와 고독의 분위기를 환기한다. 한편 폐타이어의 존재 속성은 "몸속으로 바람이 드나드는" 형국에 처해 있다. 이는 세계에 능동적으로 대처하지 못하고 무방비 상태의 허약한 존재 상황을 암시한다.

2연은 지나온 삶으로 인하여 낡고 상처 입은 폐타이어의 상태가 제시된다. 나아가 치열한 삶을 마감하고 주변부에 위치한 존재 상황이 드러난다. 화자는 "무거운 짐"을 지고 열정적으로 살았던 폐타이어가 이제는 "속도"를 잃고 폐기 처분된 상태를 직시하고 있다. 그리하여 3연에서 화자는 폐타이어의 지나온 생애를 안타까운 심정으로 반추한다. 4연에서 화자는 여전히 지나온 "청춘" 시절을 회고한다. 청춘 시절 역경을 극복하며 치열한 삶을 이루었던 생애를 그리워하는 정서가 드러난다.

시의 후반부에 이르러 화자는 폐타이어로부터 자아 존재로 시선을 옮긴다. 그리하여 자신의 삶과 폐타이어의 생애를 비교한다. 그는 자신의 삶 역시 폐타이어처럼 매우 열정적으로 이루어졌다는 회고에 잠긴다. 그러나 6연에서 화자는 자신의 현재 상황이 노년에 이르렀음을 자각한다. 즉 그는 청춘 시절처럼 빠른 속도로 일을 할 수 없으며, 이제는 천천히 삶을 갈무리해야 할 시기임을 인정한다. 화자는 노년의 쓸쓸한 삶을 수긍하고 수용하는 자세를 보인다.

마지막 연에서 화자는 자아 존재를 객관적 시선으로 응시한다. 자아 존재가 몸담고 있는 현실은 "사위어가는 햇살"의 공간이다. 이는 노년의 쓸쓸한 황혼의 시간 상황을 제시한다. 화자는 자아를 "절뚝이는 사내"로 객체화시킨다. 즉 그는 자신의 현재적 삶이 완전하지 못하고 불구적인 것으로 이해한다. 특히 그는 노년에 이르러 삶에 지쳐 있다. 뿐만 아니라 보행도 불편하기 때문에 지팡이에 의지하는 열악하고 부정적인 상태이다. 이 시는 폐타이어라는 사물 현상을 자아 존재의 노년 상황과 대비하여 존재론적 소외와 고독감을 환기한다.

> 말의 얼룩은 색이 나오질 않네
> 얽혀버린 너의 내장하드를 그리려고 해
>
> 다 써버린 화이트 튜브 같은 너와 나는
>
> 내 귀에 거미줄로 달라붙는 너의 말(言)
> 말, 지금 나의 머릿속은 몹시 소란스러워
> 시끄러운 꿈은 무슨 색이었지
> 이제 그만 울라고 하진 않겠어
> 거울을 들고 한 세기를 울고 있는
> 너를 유령처럼 본다

물음표로 가득한 책을 펼치면
답 없는 벌레들만 꿈틀거렸지

듣고 싶은 말과 하고 싶은 말을
오독하거나 삼키거나
너와 나, 거울의 안쪽은
뒤늦게 판독된 위조품이었나

아들의 수술실 앞,
목이 쉰 어머니의 기표를 따라
붉은 모래 언덕은 허물어져 내리고

한쪽 모서리가 찢겨나간 내일의 운세

헐거워진 조타장치처럼
목련은 붕대를 풀어버렸던가

울음의 냄새는 가닿을 수 없는 곳에서
은촛대처럼 빛나고
감금된 시간은 완고해진다

붓다의 발등에 촛농이 떨어진다

위상진, 「녹지 않는 울음」 전문

이 시는 난해하다. 우선 개별 시상이 보편성을 유지하지 않는다. 시어들이 다의성을 지니고 있으며, 감각의 전이가 수시로 일어나고 있다.

각각의 이미지가 구체적인 주어와 목적어를 생략하고 있기 때문에 의미론적 질서가 무너져 있다. 나아가 시상을 전개하는데 압축과 생략이 빈번하여 연결이 원활하지 않다. 마치 자동기술법에 의해 시인의 의식에 무질서하게 떠오르는 심상을 불연속적으로 기술한 것처럼 보인다. 물론 이러한 작시법은 시인의 의도적인 책략으로 보인다. 독자는 시어의 암시성, 문장의 여백, 시상 연결의 압축과 생략을 헤아리면서 질서를 잡아야 할 과제를 떠안는다.

이 시의 전체적인 맥락은 제목으로부터 실마리를 찾을 수 있다. "녹지 않는 울음"은 소리를 물질화시킨 상상력이 개입하고 있다. 울음과 언어는 '소리'의 측면에서 기표로 범주화된다. 그러나 언어가 기의와 기표로 구성되어 있는 반면에 울음은 기표만 있을 뿐이다. 물론 울음은 감정 표현의 기능은 지니고 있다. 시인은 언어에 비해 울음의 감정 표현 기능이 더욱 진솔하고 신뢰할만한 것으로 생각한다. 그리하여 이 시의 제목 '녹지 않는 울음'은 소멸되지 않는 슬픔 즉 깊은 슬픔으로 바꾸어 읽을 수 있다.

1연 "말의 얼룩은 색이 나오질 않네"에서 화자는 언어의 무감동성 혹은 감정 표현의 기능이 부족함을 제시한다. 따라서 화자는 언어의 불구성을 시각적으로 구체화시키려는 욕망을 드러낸다. 그리고 2연에서 인간의 감정 고갈 상태를 "다 써버린 화이트 튜브"로 환유한다. 3연에서 화자는 언어에 대한 의미 확정 혹은 전달의 부정확성으로 혼란에 빠져 있는 상황을 드러낸다. 심지어 언어로 인한 혼란스런 상황은 "꿈"/무의식에까지 침투한다.

4연에서 화자는 타자의 울음에 대해 간섭하지 않고 자율성을 보장하려 한다. 타자의 슬픔은 "한 세기"에 걸친 오래되고 심중한 상황이기 때문이다. 또한 그 슬픔은 "거울"을 통해 확인하는 것이다. 이는 자아 존재의 근원을 확인하는 작업으로 읽힌다. 그리고 이러한 인간의 근원적 슬픔은 언어로 기록된 "책"을 통해서도 해갈되지 않는다. 오히려 언어는 인간의 근원적 슬픔을 더욱 불가해한 것으로 치환해버린다. "책"은 인간의 근원적 감정을 오독하거나 무화시켜버리는 기능을 한다. "책" 혹은 "거울"은 진실을 가로막는 장애로 기능하여 "위조품"만을 제공한다.

7연의 "목이 쉰 어머니의 기표"로 은유된 모성의 슬픔은 세계를 변화시킬 정도로 강력하다. "붉은 모래 언덕이 허물어져 내릴" 정도이기 때문이다. 나아가 어머니의 진솔한 감정 표현인 슬픔의 기표 즉 울음은 "내일의 운세"를 변용시킬 정도로 역시 강력하다. 어머니의 슬픔의 근원은 수술을 받은 아들의 병세가 위중하기 때문이다. 그리고 "목련은 붕대"를 풀어버릴 정도로 어머니의 아들을 향한 슬픔은 심화된다. 예컨대 수술을 받은 아들은 죽음에 이르고 만다. 어머니의 슬픔은 우리의 감성이 미치지 못할 정도로 심각하다. 그러나 어머니의 슬픔은 "은촛대"로 승화된다. 나아가 그 슬픔은 영원히 어머니의 삶에 "감금" 유폐되고 만다.

마지막 연에서 어머니의 슬픔은 부처의 경지로까지 확장 심화된다. 어머니 개인의 슬픔이 중생의 고통을 향한 부처의 슬픔으로 변용되는 것이다. 이 시는 감각의 전이, 불연속적인 이미지의 결합, 언어의 기의와 기표의 부정확한 결합, 감정 표현의 무목적성 등으로 의미론적 난해성을 유발한다. 즉 시상 전개의 의미론적 연결고리가 느슨하다. 이러한 시적 전략은 파편화된 이미지의 결합을 통해 언어를 초월하는 인간 감정/슬픔을 효과적으로 모자이크한다. 슬픔이라는 인간 감정 자체가 논리/기의를 벗어나는 것이기 때문이다.

오늘은 서기 2777년 1월 19일
잠자던 캡슐에서 부저음이 울리고 뚜껑이 열린다
나는 잠을 떨치고 천천히 창가로 간다
팔엔 바코드와 2019년 아담K54라는 글자가 찍혀 있다
땅은 모두 물에 잠겨 있고
거대도시는 공중에 떠 있다
반중력 기술로 떠있는 집에서 밖을 내다본다
시력을 잃어가는 사람의 눈동자 같은 눈빛이
유리에 닿아 눈 속으로 되돌아온다

창밖엔 둥글게 웃고 있는 건조한 구름이 떠다닌다
공중에 슬픔을 매달면 중력 없는 내 마음도 눈물로 떠다닐까
잡히지 않는 구름을 눈으로 뒤적여본다

내 뇌는 나노머신을 장착했다
나노머신 방위군 덕분에 죽음으로부터 완전 해방이 된 거다
홀로 삼킨 시간을 구겨놓은 뇌를 펴보면
사라진 시간을 복원할 수 있을 것만 같은데
두고 온 이름들이 머릿속으로 절름거리며 들어오고
내가 꾸다 버리고 온 꿈 냄새가 아득하다
가장 아픈 곳은 사람의 체온이 닿았던 곳이라 했던가
서늘한 나를 더듬어 본다

아주 호탕한 웃음 한바탕 웃어놓고
그 웃음 속엣 오래도록 고립되어 숨어 살고 싶다
웃음에서 깨어나면 지구는 완전히 물에 잠길까

아무 것도 없는 진공 속으로 나는 넘어갈 수 있을까
테이블 위에 놓인 3D프린터기로
한 벌 좋은 기분을 짜서 그곳으로 배달하고 싶은 날이다

김나비, 「아담K54」 전문

이 시는 과학의 발전에 따라 변화한 인간의 미래세계에 대한 삶의 풍경을 형상화 하고 있다. 급변한 환경의 미래세계에서 인간은 어떤 존재로 살아가는가. 이 시는 지금으로부터 약 750년 이후의 미래 삶을 예측하고 있다. 시인의 미래 예측은 불안한 상상력이 작동하고 있으며, 미래의 인간 존재는 "서늘한 나"로 표상된다. 미래의 인간 존재는 지금과 같은 고유명사가 아니라 "아담K54"로 기호화된다. 이 "아담K54"는 아마도 '아담'이기 때문에 남성이고, K는 한국이라는 국적을 소지하고 있으며, '54'는 고유번호를 의미할 것이다. 여하튼 "아담K54"가 살고 있는 2777년도의 풍경을 살펴보자.

1, 2연은 인간의 미래 세계를 묘사하고 있다. 인간의 주거 환경 중 수면 환경은 침대로부터 캡슐로 바뀌었다. 인간 존재의 개별적 고유 신분은 주민등록증으로부터 "바코드"로 대체되었다. 대지는 모두 물에 잠긴 상태이고, 인간은 공중에 도시를 건설하여 주거 공간을 마련하였다. 인간의 시력은 어떤 이유로 퇴화되고, 다른 감각기관을 개발하여 대체하였다. 대기는 "건조한 구름"이 유영하는 황량한 분위기이다. 이러한 환경에서 삶을 이루는 미래의 인간은 슬픈 존재로 드러난다. 심지어 "중력 없는 마음" 즉 메마른 감정을 지니고 무료한 삶을 이루고 있다.

3, 4연은 미래의 인간 삶과 정신세계를 묘사하고 있다. 인간은 의학의 발달로 뇌에 "나노머신"을 장착한다. 이로 인해 인간은 생물학적 죽

음을 극복하고 영원히 사는 불사조가 되었다. 인간에게 시간의 한계와 구속은 더 이상 존재하지 않는다. 그리하여 과거의 시간을 영원히 재생 반복할 수 있는 상황이 도래하였다. 시간의 제약이 사라진 이유 때문에 인간은 "꿈"을 상실한 존재가 된다. 꿈은 불가능한 것을 가능한 것으로 바꾸고자 하는 욕망이다. 그런데 인간이 꾸는 모든 꿈은 시간의 한계가 없으므로 언젠가는 성취되도록 약정되어 있는 것이다. 그러므로 꿈은 용도 폐기되고 말았다. 오로지 과학이 발달하기 전의 꿈만을 향수처럼 간직하고 있을 뿐이다. 미래의 인간은 불완전한 인간미를 상실한 채 "서늘한" 존재로 변신한 것이다.

미래의 인간인 "서늘한 나"는 감정이 무미건조해진 존재이다. 희로애락은 아득한 추억이 되어 버렸다. 그래서 감정을 박탈당한 미래의 "나"는 상실한 "웃음"을 복원하고 싶은 욕망을 지닌다. 그래도 더 먼 미래에 대한 우울과 불안은 여전히 존재한다. 지구의 완전한 멸망, "아무 것도 없는 진공"이라는 내세로의 진입에 대한 우려와 불안이 상존하는 것이다. 그러나 죽지 않는, 죽을 수 없는 미래의 인간은 과학 문명의 이기인 "3D프린터기"로 "좋은 기분"/긍정적 감정을 생산하여 더 먼 미래의 자아에게 미리 송달하고 싶다. 이는 시간을 극복한 미래의 인간도 지금처럼 여전히 불완전한 존재이며, 더욱 완전한 삶을 추구하려는 인간의 욕망을 지니고 있음을 보여 준다. 미래 세계에 물질은 풍요롭지만 정신은 피폐한 인간의 초상이 우울하다.

과학과 물질문명의 급격한 발달은 인간의 정체성에 혼란을 야기하는 측면이 있다. 인간은 자아 존재와 세계를 조화시킴으로써 행복한 삶을 영위한다. 따라서 인간은 세계의 변화에 대해 예민하게 실상을 파악하고, 능동적으로 대응하여야 한다. 또한 자아 존재에 대해 진지한 성찰을 꾸준히 수행해야 한다. 인간은 세계와 존재에 대한 적절한 탐구를 통해 미래세계에 안정적으로 동화될 수 있기 때문이다. 시인은 인간의 숙명인 존재와 세계에 대한 성찰을 직관과 통찰을 통해 수행하는 선지자이다. 이들의 시를 통해 존재와 세계는 어둠의 터널을 통과하여 밝고 환한 미래로 나아간다. 이로 인해 시인의 외로운 작업은 암울한 세계를 불 밝히는 등대가 된다.

I-4 詩 인지 감수성을 위하여

요즈음 부지불식간에 '성 인지 감수성'이란 어휘가 부각되고 있다. 물론 이는 미투 운동에서 파생된 남녀의 성 의식 차이를 개념적으로 드러내는 용어이다. 예컨대 어떤 주어진 성적 상황 혹은 성적 사건을 남성과 여성이 성별 차이에 따라 받아들이는 반응이 다를 수 있다는 것이다. 가령 어떤 직장의 남자 직원이 여자 직원을 격려하기 위하여 포옹의 행위를 했다 치자. 남자 직원이 포옹의 행동을 한 의도는 인간적 차원의 순수한 격려의 차원이었다. 그런데 포옹을 받은 여자 직원은 남자 직원의 의도와 달리 성적 수치심으로 받아들였다. 이 두 남녀 직원은 성 인지 감수성의 차이로 인해 포옹의 행동을 서로 달리 이해한 것이다.

'성 인지 감수성'에서 '성(性)'은 생물학적인 성(sex)이 아니라 사회문화적으로 형성된 성(gender)을 의미한다. '인지(cognition)'는 심리 자극을 받아들이고 저장하며 해석하는 일련의 정신과정으로서 지각, 기억, 상상, 구상, 판단, 추리를 포함한 넓은 의미의 이해를 일컫는다. 특히 인지의 개념에는 이해 주체자의 독자성, 고유성, 개별성의 특성이 주요하게 작동한다. 즉 발신자의 의도보다 수신자의 이해가 주도적인 작용을 한다. '감수성(sensitivity)'은 외부 세계의 자극을 받아들이고 느끼고 이해하는 감각적 속성이다. 감수성 역시 어떤 주어진 자극을 수용하는 수신자의 개별성, 주체성, 독자성이 부각된다. 말하자면 '성 인지 감수성'이란 성적 자극에 반응하는 수신자의 입장이나 상황이 강조된다.

'성 인지 감수성'이 강조되는 배경에는 해체주의라는 시대적 조류가 자리 잡고 있다. 해체주의는 기존의 불평등한 질서를 모두 해체하고 평등의 관점에서 새로운 질서를 확립하자는 사상이다. 그 동안 세계는 강대국이 약소국을 지배하는 제국주의 경향이 농후했다. 개별 국가 차원에서도 중앙권력이 지방권력을 좌지우지하는 중앙집권제의 형세였다. 또한 위정자가 국민을 지배하는 탑다운(top-down) 경향이 우세했다. 가정에서도 가부장제가 주도적이어서 남성 중심의 질서가 유지되었다. 그러나 20세기 말부터 평등의 개념이 확산되면서 제국주의에 대한 반발로 포스트콜로니얼리즘이, 개별국가에서는 진정한 풀뿌리 민주주의의 실천이 지방 분권과 지방자치의 모습으로, 가정에서도 남녀평등의 페미니즘이 발흥하였다.

예술분야에서도 포스트모더니즘, 해체주의, 페미니즘, 탈식민주의, 수용미학 등이 시대사조와 맞물려, 아니 시대사조를 견인하기 시작하였다. 이들은 범박하게 말하면 기존의 질서, 기존의 권위에 도전하였다. 모든 기존의 질서는 지배자, 기득권, 중앙을 위한 것이었다. 예컨대 모든 예술 분야에서 기존의 정전(canon)을 의심하고 회의하고 비판하고 전복하려는 움직임을 보인 것이다. 이들의 행동 강령에서 핵심을 이루는 개념은 평등과 비주류에 대한 존중이다. 이들은 이와 같은 기존 질서의 해체 과정을 통하여 새로운 시대에 걸맞은 새로운 질서와 예술을 구축하려 하였다.

문학에서는 수용미학 혹은 독자반응비평과 인지시학으로 구체화 된다. 기존의 전통적인 문학연구에서 문학 작품을 해석할 때 중요한 입각점은 작가의 의도 파악이었다. 그러나 수용미학에서 문학 연구의 중심은 작가로부터 독자에게로 옮겨 온다. 문학 작품을 수용하는 독자의 태도와 관점이 작가의 의도보다 중요한 가치로 부상한다. 지금까지의 문학을 생산하는 작가의 권위와 존중에 비해 상대적으로 독자의 해석에 대한 자율성과 독자성이 인정을 받는다. 이는 생산자 위주에서 소비자 위주로 무게 중심이 옮겨간 지구촌의 산업구조와도 밀접한 연관이 있다.

한편 인지시학은 문학의 수용자이자 소비자인 독자의 입장을 최대한 인정하는 태도를 보인다. 인지시학은 독자의 '인지'가 핵심이다. 앞서 말했듯이 '인지'란 인지주체자의 주관성, 독자성, 고유성을 담보하는 개념이다. 문학 작품은 독자의 인지 태도에 따라 다양하게 읽힐 수 있는 열려 있는 대상이 된다. 예컨대 문학 작품은 독자의 체험, 환경세계, 역사성, 지식 등의 개입으로 제2의 창조적 대상이 된다. 따라서 문학 연구를 수행하는 연구자는 작품을 생산한 작가의 인지 특성을 연구자의 인지적 관점에서 해석한다. 여기서 시의 인지 감수성이 부상한다. 즉 독자/연구자는 자신의 인지 감수성을 발현하여 시인의 인지 성향을 파악함으로써 열린 읽기를 실행한다.

> 사촌(四寸)들 일부는
> 습지를 따라 파충류로 남고
>
> 내 진화는 대체로 모든 일에 실패했으나
> 지금 생각하면

성공한 것보다 훨씬 나았어

작년 가을은 한 마디로
살아서도 암호(暗號)
죽어서도 암호

나는 봄을 기다리고 개나리꽃 좋아하는
포유류가 돼 뿐졌어

가벼울 테야
기암절벽도 안 될 테고
개나리꽃처럼 가벼울 테야

내 돌연변이는
죽음에 관하여
경박하게, 노랗게, 노래할 거야

무덤을 파내어
다시 화장(火葬)한 다음
트렌디(trendy)하게 수목장한 엄마

나이 여든세 살에
그 엄마의 아들
나는 포유류가 돼 뿐졌어

죽음은 이 동천(冬天)이 아니라

니르바나도 아니라

일생일대의 숙취(宿醉)일 테니

강위석, 「죽음에 관하여 2 -진화(進化)」 전문

이 시는 경쾌하다. 충분히 가볍다. 시적 화자의 '죽음'에 대한 인지 태도가 의도적으로 경박함을 지향하고 있기 때문이다. 화자의 이러한 자세는 구어체 어미의 활용, 특히 "돼 뿐졌어"의 사용으로 극대화된다. 이 시의 중심 소재는 표면상 '죽음'이다. 그러나 이면에는 삶에 대한 성찰이 도사리고 있다. 여기서 화자가 강조하고 주목하는 것은 삶의 과정으로서의 죽음이 숙명이기 때문에 능동적으로 수용하겠다는 자기다짐이다. 달리 말해 죽음이란 모든 생명의 삶의 완성이어서 거역할 수 없으므로 고즈넉이 순응하겠다는 자기 확인이기도 하다.

이 시의 시상 전개 혹은 죽음에 대한 성찰은 찰스 다윈의 진화론에 의지하고 있다. 예컨대 모든 생물은 미생물에서 출발하여 주어진 환경에 적응하기 위하여 진화하였다. 그리하여 진화를 거듭하여 살아남기 위해서는 적자생존의 법칙이 작용한다. 이 시에서 인간의 삶과 죽음도 진화론의 구조와 마찬가지로 탄생 생장 소멸의 과정으로 인지된다. 특히 파충류와 포유류의 대립적 인지, 돌연변이의 등장은 인간의 삶과 죽음을 진화론적 구조로 파악하는 반증이 된다. 화자는 자아 존재를 인간의 상위 범주인 '포유류'로 인지함으로써 삶과 죽음을 모든 생물에 해당하는 보편적 과정으로 이해하는 것이다.

이 시는 모두 9연으로 배열되어 있다. 그러나 의미론적 응집력에 따라 1-2, 3-4, 5-6, 7-8, 9의 다섯 부분으로 나뉜다. 1-2연은 타자와의 비교를 통한 화자 자신의 삶에 대한 평가, 3-4연은 화자 자신의 현재 삶의 상황, 5-6연은 미래의 삶의 자세에 대한 표명, 7-8연은 어머니와 아들인 자신의 연계를 통한 현재 상황, 9연은 죽음에 대한 정의 혹은 인지를 의미화하고 있다. 이러한 연 배열은 죽음 혹은 삶에 대한 의미가 중심축으로 작용함으로써 통일성과 유기성의 질서를 확보한다.

1-2연에서 자신과 삶의 행로가 유사한 타자인 "사촌들"은 여전히 진화하지 못하고 "파충류"의 삶을 유지하고 있다. 사촌들의 삶의 상황을 은유하는 '파충류'는 그들의 질곡의 삶을 드러낸다. 이에 비해 화자 자신의 삶 역시 진화에 성공하지 못한 상태이다. 당시에는 진화의 실패에 대해 자괴감과 열등감으로 괴로워했을 것이다. 그러나 화자는 지나온 자신의 삶이 패배한 것에 대해 자위의 태도를 취한다. 물론 "성공한 것보다 훨씬 나았어"의 이유가 명시되어 있지 않으므로 자위의 심리적 동인을 파악할 수는 없다.

3-4연은 화자 자신의 삶에 대한 근황을 제시한다. 최근 화자는 삶과 죽음의 의미가 불분명해지는 위험한 상황에 처했던 것으로 보인다. 이와 같은 혼란스럽고 위태로운 상황은 "암호"로 은유된다. 암호를 해독하는 것처럼 불가해한 삶과 죽음의 정체성은 화자를 단순한 성격의 "포유류"로 환원시킨다. 그는 삶에 대한 과도한 욕망을 스스로 절제한다. 그는 오로지 "봄의 개나리꽃"을 기다리는 단순하고 소박한 꿈을 지녔을 뿐이다. 화자는 죽음의 압박과 구속을 벗어나 가까운 미래에 대한 소박하고 확실한 행복만을 천진난만하게 소망한다.

5-6연은 삶과 죽음에 대한 압박감으로부터 벗어나 자유를 구가하는 화자의 자세가 강조되고 있다. 그는 자신의 삶에 대한 애착이나 집착의 중압감으로부터 벗어나 "가벼워지기"를 희구한다. "기암절벽"이 환기하는 엄격성, 단호함, 장애물성을 부정적으로 인지하고, 봄의 활기를 상

징하는 “개나리꽃”의 분위기를 지향하는 것이다. 그리하여 화자는 삶에 대해 본능적으로 집착하고 욕망하는 일반적인 태도로부터 벗어나 “돌연변이”가 되기를 바란다. 그 돌연변이는 ‘죽음’을 심각하게가 아니라 “경박하게” 인지하겠다는 다짐을 한다. 이는 죽음을 수긍하고 포용하는 열린 태도에 다름 아니다.

7-8연은 어머니의 죽음을 환기하고, 이를 자신의 죽음과 연계시킨다. 화자는 어머니의 죽음을 단순한 하나의 사건으로 인지한다. 그리고 어머니가 죽음을 맞이하였듯이 자신도 죽음을 수용할 수밖에 없다는 당위적 태도를 보인다. 예컨대 화자는 어머니의 죽음 사건을 통해 자신의 운명을 예감할뿐더러 위안의 동기로 받아들이는 것이다. 어머니와 자신은 “포유류”라는 동류항으로 인지되기 때문에 어머니가 앞서간 죽음은 부정적이거나 저항할 수 없는 수긍의 대상이 된다. 화자는 이승에서의 어머니의 죽음을 통해 저승에서의 또 다른 어머니와 조우를 희망하고 있다.

9연은 삶과 죽음에 대한 진화론적 성찰을 통해 도달한 결과를 정의한다. 화자에게 죽음은 “동천(冬天)”, “니르바나”가 아니다. 여기에는 상호텍스트성이 개입하고 있다. 우선 죽음을 동천으로 은유한 것은 일차적으로 차가운 겨울 날씨를 뜻한다. 한편 동천은 서정주의 「동천」 시의 간섭으로 상상력의 공간, 혹은 이상적 공간으로 읽힐 수도 있다. 또한 니르바나는 불교에서 말하는 최고의 이상향 혹은 깨달음이 완성된 세계이다. 따라서 화자는 죽음의 세계를 긍정적이거나 부정적으로 인지하지 않는다. 그는 죽음을 가치중립의 공간 혹은 무의미의 속성으로 인지한다. 화자는 죽음이란 “숙취”이다는 은유를 제시한다. 예컨대 죽음은 현실과 이상, 이성과 감성이 버무려진 불가해한 미지칭이라는 것이다.

돌과 쇠
단단한 것들만이 부딪쳐야
빛을 내는가?

저 허공

보드라움과 보드라움이 빚은
물속의 불

우르릉 쾅쾅
번쩍번쩍
빛의 칼

찌
지
직
찢어지는 강철판

.
.
.

빈 무대

류희옥, 「虛 17」 전문

이 시는 "허"라는 관념을 구체적 현상을 통해 형상화 하고 있다. 무릇 시는 감각으로 인지할 수 없는 추상이나 관념을 육화(incarnation)하는 장르이다. 이 시의 주제인 "허"는 동양철학의 주요한 화두이다. 특히 불가에서 인생이나 세계의 본질로 "허"를 말한다. 불가에서 "허"의 개념은 허공무위(虛空無爲)를 들어 설명한다. 허는 공과 더불어 공간적 점유성이나 장애성을 지니지 않는 상태를 말한다. 예컨대 허공은 무애(無礙)를 본질로 하는 절대공간을 말한다. 따라서 허에는 어떠한 장애도 존재하지 않기 때문에 색(色)이 작동할 수 있다. 이를 존재 상황에 적용하면 무위(無爲)가 된다. 즉 인간은 허와 공이 제시하는 마음의 절대공간을 무위를 통해 구현하고자 한다.

이 시의 장면은 대체로 빈 하늘인 허공에서 일어나고 있는 번개의 자연현상이다. 1연은 일반적인 발광(發光) 현상에 대한 회의 혹은 의심을 드러낸다. 예컨대 돌이나 쇠와 같은 광물질의 충돌이라는 조건에서만 빛이 발생하는 것이 아니라는 주장이다. 이는 일반적이고 보편적인 사례 외에 특수한 경우를 제시하기 위해 도입된 마중문장이다. 시인은 물질(色)의 충돌로 인한 발광보다 허(空)의 충돌로 인한 발광에 주목하고 있다.

2-3연은 "허공"에서 발생하는 번개를 제시한다. 번개는 허와 공의 속성인 "보드라움"의 충돌로 생성된다. 이는 일반적인 광물질의 단단함과 대비된다. 나아가 허와 공의 보드라움은 "물"이라는 물질(색)로 치환된다. 번개는 타자를 향한 강력한 충돌이 아니라 서로를 포용하는 보드라운 물의 속성으로 탄생하는 것이다. 그리하여 번개는 "물속의 불"이라는 역설로 은유된다. 어찌 보면 허공은 물과 불이라는 대립하는 물질(색)을 무위로 환원하는 근원적 절대공간인 것이다. 여기서 인생 혹은 세계의 본질인 색즉시공이 드러난다.

4-6연은 번개(색)가 허공(공)에서 발현하는 상황을 시각적이고 감각적으로 이미지화 하고 있다. 4연은 번개의 소리와 시각적 장면을 의성

어와 의태어를 사용하여 감각적으로 재현한다. 그리고 번개를 "빛의 칼"로 구체화한다. 5연 역시 허(공)를 "강철판(색)"으로 은유하고 있다. 여기서 '허'인 하늘은 번개로 인해 "찌 지 직" 파괴 소멸되는 과정을 겪는다. 특히 시인은 소멸의 과정과 공간감을 강조하기 위하여 의성어 '찌지직'을 세로로 늘여서 배열한다. 6연은 허의 공간감, 소멸의 여운, 허의 없음이라는 본질적 속성을 시각적으로 드러내기 위하여 말없음표를 활용한다.

마지막 연에서 시인은 색(번개)이 공(하늘)에서 발현했다 스러진 과정을 "빈 무대"로 은유한다. 이는 달리 말하면 곧 '허'의 정체성이다. 시인은 인생이나 세계는 궁극적으로 색즉시공이요 공즉시색이라는 불가의 가르침을 구체적이고 감각적으로 형상화하고 있다.

줄은 당기는 것이었다 끌리듯 떨어지는 씨앗들
가을이 이울 때 바스라지던 몸이 싫었던 것이지
사람 손 안에 갇히기를 거부하는 몸짓들이다
찬바람 피해 달아나면서 채를 쓴 채 구르다 숨는다
사랑이었는데 그는 무엇을 두려워했던 것일까
다가서면 그만큼씩 자꾸만 멀어지고자 하던
보이지 않는 씨앗들의 반란이다
어느 낙엽 아래 잠시 그렇게 피신했다가
봄 햇살 스미는 좋은 날이 오면 부디 몸을 열어
다시 한 번 꽃으로 피어나기를 소망하면서
당기던 줄기에서 슬며시 손을 거둔다

조미애, 「겨울씨앗」 전문

이 시는 씨앗을 채종하는 과정에서 발생한 상념을 형상화하고 있다. 화자의 상념은 '겨울씨앗'의 존재론적 의의이다. 미리 말하자면 씨앗은 죽음 속의 삶이라는 내포를 지닌다. 달리 말하면 화자는 씨앗을 보며 삶과 죽음의 무한반복이라는 우주의 섭리를 깨우친 것이다. 화자는 '겨울씨앗'을 단순한 사물이 아니라 자신과 동등한 인격체로 인지한다. 하여 화자는 씨앗에게 말 건넴의 친근한 어법을 활용한다. 특히 씨앗을 갈무리하면서 일으키는 관찰과 생각이 섬세하고 정밀하다.

1행에서 화자는 채종을 위해 줄기를 훑는다. 그런데 이는 줄을 잡아당기는 상대적 행위로 표현된다. 나아가 "당기는 것이었다"에서 씨앗을 채종하는 행위가 당위적이라는 뉘앙스를 함축한다. 화자의 당기는 행위에 씨앗들은 줄기로부터 분리된다. 그러나 씨앗들은 화자의 손아귀에 잡히지 않고 땅으로 굴러 떨어진다. 2행에서 화자는 이 상황을 연민의 정서로 응시한다. 씨앗의 심정이 되어 가을을 맞아 소멸의 과정을 겪는 씨앗의 자괴감을 헤아리는 것이다. 이어서 3행에서 화자는 땅으로 굴러 떨어지는 씨앗의 상황을 인간의 손에 갇히길 거부하는 행위로 인지한다.

4행은 땅으로 떨어지는 씨앗의 행위가 자의적이고 의도적인 것으로 인지된다. 즉 씨앗들은 인간에게 구속되는 것을 거부하여 능동적으로 숨는 행위를 한다. 5행에서 화자는 씨앗들의 거부 행동을 안타까운 연민의 시선으로 바라본다. 자신의 채종은 '사랑'의 행위인데, 그 진정성을 이해하지 못하고 땅으로 굴러 숨는 씨앗에 대해 아쉬움의 정조를 드러낸다. 6, 7행은 화자 자신의 사랑의 감정을 수용하지 않고 거부하는 씨앗들의 행위를 "반란"으로까지 인지한다. 예컨대 화자의 씨앗에 대한 감정은 아쉬움을 넘어 배신감으로 극대화되고 있다.

8-11행은 화자는 자신의 사랑의 마음을 이해하지 못한 씨앗들에 대

한 서운한 감정을 포용한다. 화자는 오히려 씨앗들의 행위를 거부와 반란으로 인지했던 이전의 감정과 달리 긍정의 자세인 "피신"으로 이해하는 것이다. 그리하여 다가오는 봄날에 다시 "꽃"으로 부활하기를 기대한다. 화자는 자신의 욕망을 거두고 자연의 순리에 따라 다시 개화하기를 바라는 낙낙한 자세를 보인다. 이 시는 씨앗의 죽음과 부활의 순환에 대한 성찰을 통해 삶의 본질을 깨닫는 과정을 정치하게 형상화하고 있다. 아울러 화자와 씨앗의 상대적 인지 감수성 차이에 대해 말 건넴의 어법을 차용하여 구조의 중층성을 강화하고 있다.

> 낮은 바람결의 야경은 멈춘 그대로다
> 아름다운 사람들의 야경
> 그 하늘마음의 운하를 멈추게 한
> 창문살의 불빛 기원들
> 가가호호, 집주인네 보다 일찍 나와
> 수인사 건네는
> 입춘대길, 겨울 말씀의 문패여
> 눈뜬 햇빛이 춥지 않다
> 겨울 우듬지에서 하차한
> 신비의 파랑새는 세상 이치를 물고 나른다
> 이 집, 저 집을 기웃거리며
> 맛깔 나는 아침이여요.
> 귓불 자르던 밤길은 깨어나고요. 이 해(歲)가
> 다 간다고 말을 걸자
> 일찍 눈망울 튼 산다화 산다화는
> 하얀 눈목도리 둘러쓰고도 추운 줄 모른다

바람이 숭숭 뚫린 골목과 새벽 골목 사이
들린다, 새 움들이 밀고 올라오는 숨찬 소리
어기여, 어기여차, 전신 부호 축복의 파동을 타고

변윤, 「축신을 띄우다」 전문

이 시는 봄을 맞이하는 설렘과 흥겨움을 역동적인 리듬감으로 선명하게 형상화 하고 있다. 시인은 봄을 맞아 일어나는 세계의 다양한 변화 현상을 "축신"으로 인지한다. 즉 봄의 자연 징후를 축하를 전달하는 소식으로 인지하는 것이다. 그 '축신'은 다양하게 변주된다. 예컨대 축신은 "야경, 기원, 문패, 파랑새, 산다화, 움 소리 등으로 은유되고 있다. 봄이 오는 자연 현상은 다채롭게 변주되어 구체화됨으로써 구조의 충일함과 선명한 감각적 이미지를 구축한다.

먼저 화자의 시선은 "야경"에 주목한다. 그 야경은 흔들리지 않고 정지되어 있는 상태이다. 그 야경 속에 머물러 있는 "아름다운 사람들"은 평화로운 이미지를 환기한다. 나아가 야경 속에 머무는 사람들과 그들이 몸담고 있는 세계인 "운하"는 "하늘마음"을 통해 화평하게 소통한다. 인간과 세계의 평화로운 조화가 이루어지고 있는 것이다. 특히 화자는 이러한 조화의 세계 구축을 아름다운 인간들이 봄이 오기를 소망하는 "기원들" 때문으로 인지한다. 그 "기원들"은 야경을 아름답게 만드는 "창문살의 불빛"으로 표상되고 있다.

봄을 기다리는 사람들의 염원은 집집마다 문간에 내붙은 "입춘대길"이라는 "문패"로 드러난다. 그리하여 겨울의 끝자락에서 봄을 기원하는 아름다운 사람들의 소망으로 인하여 "눈 뜬 햇빛이 춥지 않다"는 감각을 제공한다. 이러한 인지는 표면적으로는 온도 감각이지만 이면에서는 미래에 대한 낙관적인 심리를 동반하는 것이다.

화자의 시선은 집 밖으로 나와 축신의 하나인 "파랑새"를 포착한다. 파랑새의 동선은 겨울나무의 우듬지에서 내려와 아름다운 사람들이 거주하는 동네의 집들로 이동한다. 파랑새는 집집마다 방문하여 겨울이 지나고 봄이 온다는 전령사의 역할을 수행한다. 파랑새가 전달하는 봄 소식은 "세상의 이치"이다. 물론 이는 계절의 순환이라는 자연의 이법을 함의한다. 봄소식을 전달하는 파랑새는 겨울을 "귓불 자르던 밤길"로, 봄을 "맛깔 나는 아침"으로 구체화하여 인지한다. 예컨대 겨울은 춥고 어두운 밤 공간이라는 부정적 인지를, 봄은 식욕을 돋우는 활기찬 아침 시간이라는 긍정적 인지 성향을 드러낸다.

화자의 시선은 봄의 전령사인 파랑새의 봄소식을 들은 지상의 "산다화"에게로 옮겨간다. 산다화는 봄을 맞이하기 위하여 "일찍 눈망울을 튼" 부지런한 모습으로 읽힌다. 더군다나 아직 겨울이 머물러 있는 상황에서도 산다화는 간절하고 용기 있는 자세로 봄을 마중한다. 또한 아름다운 사람들이 거주하는 "바람이 숭숭 뚫린 새벽의 골목"마다 "새 움들"이 봄을 완성하기 위하여 숭고한 노역을 하고 있다. 이 산다화와 새 움들의 생명성은 봄을 불러오는 동인임과 동시에 곧 봄으로 인지된다. 이들의 생명력을 구가하는 노력은 "전신 부호"가 되어 겨울의 세계를 화평한 봄의 공간으로 변모시키는 추동력으로 기능한다.

이 시는 겨울로부터 봄으로 이행하는 자연의 징후를 매우 섬세하고 정겨운 시선으로 인지하고 있다. 특히 다양한 자연 대상들을 구체적이고 감각적으로 포착하여 봄맞이의 흥겨운 분위기를 고양하고 있다. 또한 약동하는 리듬감을 적극 활용함으로써 봄을 맞이하는 설렘과 흥겨움의 시적 분위기를 강화하고 있다.

그와 마주 앉은 밀양역 찻집으로
하얀 달이 먼저 들어와 앉았다

달빛은 속내를 알고 있었다

달빛 아래 포도주빛 블라우스를 입은 여자보다
핸드폰 속, 어느 행성으로 여행을 떠난 사내의
옆모습에
여자의 가슴이 덴다는 녹빛 외로움을

여자가 타고 갈 기차의 시간이 다가올수록
겨울 숲, 잿빛 나뭇가지에 매달린
밀양역 낮달이 꾸벅이는 사이
여자는 남자의 따뜻한 시선 대신
매서운 찻잔을 블라우스 속 가슴팍으로 엎질렀다

사내가 먼 여행에서 돌아와
그 행성 어느 역에 기차가 선다면
여자의 덴 가슴에
기찻길 옆, 녹슨 녹빛 절룩이던 눈길 대신
달빛 하얀
가슴 꽃 하나 피리라

강소이, 「눈매」 전문

이 시는 "달"의 전지적 관찰자 시점으로 "여자"의 "속내" 즉 심정을 극화한 이야기 시이다. 이 시의 주요한 사건은 밀양역 찻집에서 이루어지는 "여자"와 "남자"의 만남이다. 그런데 이 만남의 사건에는 여러 서사 구성 요소가 생략되어 있다. 예컨대 만남의 동기나 이유 등이 생략되어 있어서 독자는 이를 메워 읽어야 할 숙제를 떠안는다. 여하튼 이 시에는 둘 혹은 셋의 인물이 등장한다. 인물을 지칭하는 호칭으로는 "그, 남자, 사내, 여자"가 사용되고 있다. 여기서 "그"와 "남자"는 동일인으로 보인다. 그런데 문제는 "남자"와 "사내"가 동일인인지 아니면 별개의 인물인지가 불명확하다. 만약 동일인이라면, "남자"는 현실 속의 인물이고 "사내"는 여자의 상상 속에 존재하는 이상적 존재로 보인다. 그렇다면 이 시는 기차역에서의 남녀의 만남에 대한 여자의 내밀한 심리 정서를 형상화한 작품이 된다. 그러나 "남자"와 "사내"가 별개의 인물이라면, 이 시는 삼각관계에 대처하는 "여자"의 복잡한 "속내"를 형상화한 중층적 구조를 확보한다.

이 시는 서사의 구조를 구체적으로 복원하며 읽어가는 재미를 제공한다. 여기서는 세 명의 인물이 등장하는 서사구조를 전제하고 읽도록 한다. 떠나버린 예전의 "사내"를 관념 혹은 상상 속에서 그리워하고 있는 여자는 새로운 "남자"를 밀양역 찻집에서 만난다. 그리고 관찰자인 "달"은 여자의 속내/심리를 알고 있다. 달은 현재의 "남자"를 만나기 위해 찻집에 앉은 "여자"가 아직도 자기를 떠난 과거의 "사내"를 잊지 못하고 있다는 점을 알고 있는 것이다. 그 "사내"는 여자의 핸드폰에 "옆모습"으로 저장되어 있다. 여자는 핸드폰 속 사내의 사진을 들여다보며 "가슴이 델" 정도의 그리움을 간직하고 있다. 또한 이루지 못한 사랑으로 인하여 녹슨 "외로움"에 침잠하여 있다. 어찌 보면 여자는 현재의 "남자"를 만나며 헤어진 예전의 "사내"에 대한 그리움으로 갈등을 겪고 있는 것이다.

여자는 밀양역 찻집에서 남자와 만남 후 헤어질 시간이 다가올수록 심리적 갈등이 고조된다. 여자를 감싸고 있는 세계는 나무가 "잿빛"이고, 또 낮달이 "꾸벅이고" 있다는 점에서 불안하고 부정적인 분위기를 환기한다. 이러한 부정적 세계의 인지는 여자의 불안한 심리가 투사된 것이다. 심리적 갈등의 고조기에 이른 여자는 현재 만남을 이루고 있는 "남자"의 호감을 거부한다. 여자는 둘 사이의 관계를 "매서운" 것으로 인지한다. 그리고 마음속으로 둘 사이의 관계를 단절하는 "찻잔을 엎지르는" 행동을 표출한다. 여자는 현재의 "남자"보다 예전의 "사내"에 집착하고 있기 때문이다.

현재 기차역 찻집의 남자와 결별을 실행한 여자는 미래에 예전의 사내와의 재회를 꿈꾼다. 과거에 자신을 떠난 사내가 "먼 여행"을 마치고 자기에게 돌아오기를 기대하는 것이다. 그러면 떠나간 사내를 그리워하다 여자의 가슴에 찍힌 화인이 "달빛 하얀 꽃"으로 재생할 수 있다는 것이다. "녹슨 녹빛 절룩이던 눈길"은 떠나간 사내를 그리워하는 여자의 좌절과 방황을 환기한다. 여자는 사내를 그리워하며 갈망하는 자신의 절망이 마침내 하얀 꽃으로 환원 재생되기를 소망하고 있다. 이 시는 여자의 사내에 대한 그리움의 정서를 구체적인 사건을 제시하며 서사로 엮어낸 이야기가 흥미롭다. 특히 여자의 내밀한 심리적 갈등을 함축적으로 구축한 점이 재미를 견인하고 있다.

나, 개미가 되었어요

해수병 아내는 땅거미 짙어지면
기침만 해댔어요

저 붉은 피
까치가 울고 갔어요
나는 귀를 막고
그녀에게 줄 것 없는 나,
짐승이 되어야 할 것 같았어요
나는 사실 힘없는 짐승
야전에서 물러난 퇴역
쥐꼬리 체면 수당으로
그녀의 방을 덥히지요

일터도 없는 나, 왼종일
백지 위에 드로잉 상상 탑을 쌓다가
몰래 저축한 알량미도 다 녹여내었어요

어떻게 하겠어요
가여운 그레고리

나, 개미가 되었어요
아~!

김상경, 「변신」 전문

이 시는 프란츠 카프카의 소설 「변신」과 제목이 동일할뿐더러 시적 발상도 크게 힘입고 있다. 소설 「변신」은 어느날 아침 갑자기 벌레로 변한 한 젊은이 '그레고리 잠자'를 통해 부조리한 현실과 현대인이 느끼는 소외와 고독과 불안 등을 다루고 있다. 벌레로 변신한 잠자는 가족과의 이해와 소통이 단절된다. 잠자는 인간관계가 단절되어 고독과 소외를 느끼는 현대인의 표상으로 읽힌다. 이 시의 화자는 마치 소설 속 그레고리 잠자와 마찬가지로 "개미"로 변신한다. 이 개미는 나약하고 왜소한 현대인의 초상에 다름 아니다. 특히 이 시에서는 구체적으로 퇴직자의 모습을 대신하고 있다.

카프카의 소설 「변신」이 주인공 그레고르 잠자가 갑자기 벌레로 변한 상황에서 이야기가 시작하듯이, 이 시의 1연은 화자 "나"가 개미로 변하였다는 충격적 사건을 제시한다. 다만 "되었어요"의 어조에서 화자의 놀람과 당혹감의 심리가 노출된다.

2연은 화자가 자신이 처한 현재 상황을 직접적이고 구체적으로 나열한다. 해수병에 걸린 아내는 위독한 상황에 놓여 있다. 화자는 붉은 저녁놀과 아내의 기침에서 나오는 각혈을 동일화하여 인지한다. 즉 화자는 저녁놀에 아내의 병고를 투사하여 인지한다. 심지어 지나가는 "까치"도 이 비극적인 상황에 수렴되고 있다. 그런데 화자는 이런 비극적이고 부정적인 상황을 타개하고 대처하기에 무력한 존재이다. 화자는 이러한 자신을 "힘없는 짐승"으로 비하하고 자책한다. 자신은 은퇴하여 얄팍한 수당으로 생계를 꾸리는 처지이기 때문이다. 화자는 가혹한 현실을 극복할 수 없는 왜소하고 나약한 초상으로 드러난다.

3연 역시 화자 자신의 소외와 고독의 일상을 탄식하듯 읊조린다. 그는 은퇴하여 일자리를 상실한 상태이다. 하여 하루 종일 무료하게 상상의 나래를 펴는 일에 골몰한다. 나아가 그동안 아내 몰래 저축해놓은 비상금도 거의 소진된 상황이다. 화자는 경제적 열악함과 아울러 자아 존재를 확인하는 노동도 할 수 없는 무력한 존재가 된 것이다. 이는 마치 사회로부터 소외 당한 그레고르 잠자와 동일한 처지에 놓이게 된 것이다.

화자는 "어떻게 하겠어요"라는 자포자기적 어법으로 자탄을 하며 무기력한 현실을 수용할 수밖에 도리가 없다. 그리하여 화자는 자아와 동일시되는 소설 속 가상의 존재 그레고르에게 자아를 투영한다. 화자는 그레고르를 불쌍하고 안쓰러운 존재로 인지한다. 이는 자아 존재를 인지하는 것과 매한가지이다. 따라서 화자는 자신을 가혹한 현실을 헤쳐 나가기에 왜소하고 허약한 "개미"로 인지한다. 이러한 인지는 자조와 자탄의 성격을 지닌다. 이 시는 프란츠 카프카의 소설 「변신」의 모티브와 구조를 차용한 상호텍스트성을 효과적인 작시법으로 적극 활용하고 있다.

벙어리가 되었누
말이 무섭더라냐

생각이 말 우리를 나서면
발굽에 밟히는 말이라?

한 방 총성이 울린다
콩닥콩닥 뛰는 가슴
두근두근 무지개 하늘에 걸리다

떠오르는 붉은 노을
동이 트는 설렘
시작을 여는 새벽 말간 공기
황홀한 말들을 싣고
말은 아득히 초원을 달리다

굽이치던 말들이 쉴 곳을 찾아
돌아오는 저녁 해거름 그들은
바다 밑으로 빠르게 낙하하는 노을과 만나다

사랑을 시로 빚는 말
하늘에
바다에

윤인경, 「말 1」 전문

이 시는 말의 정체성, 즉 언어의 본질과 기능에 대하여 성찰하고 있다. 그 성찰을 통해 시인은 언어를 활용한 시 짓기의 행복감과 황홀감을 이야기한다. 한편 이 작품의 주요한 작시법은 언어유희(pun)이다. 예컨대 말(언어)과 말(馬)의 이미지를 중첩적으로 사용하여 언어의 재미를 제공하고 있다. 아울러 활달한 이미지의 혼융을 통해 상상력의 공간을 확장함과 동시에 구조적 중층성을 확보하고 있다.

언어는 의미 전달을 통해 인류의 문화를 축적하는 유용한 도구로 기능해왔다. 심지어 하이데거는 언어를 '존재의 집'이라고까지 규정한 바 있다. 우리는 언어를 가지고 의사 전달 뿐만 아니라 다양한 기능으로 사용한다. 로만 야콥슨이 제시한 언어의 기능에 따르면, 의미 전달 외에 감정 표현 기능, 명령 기능, 친교적 기능, 시적 기능, 메타언어적 기능 등으로 세분화된다. 특히 시 장르의 기본 질료인 언어는 의미 구축을 넘어 미학적 완성도를 지향한다.

이 시에서 언어는 말처럼 역동적으로 사유의 벌판을 내달리는 존재이다. 궁극적으로 언어는 사랑을 구축하여 세계에 전달함으로써 마침내 말들이 자유롭고 행복하게 달릴 수 있는 초원의 세계를 이룩하는 것이다. 1연은 화자가 의인화한 말에게 "벙어리"가 되었느냐고 질문한다. 이는 언어의 구성 요소인 기표와 기의 중에서 소리(기표)의 기능을 상실했느냐는 의문이다. 그 상실의 원인으로 공포심을 제기한다. 2연은 언어의 공포감을 구체적으로 제시한다. 언어는 언어 사용자의 주체적 사유를 실어 나르는 도구이다. 그러나 언어는 불완전하여 사유를 적확하게 대신할 수 없다. 사유자의 생각이 언어로 표현되는 순간 그것은 오도, 왜곡, 타락될 수 있기 때문이다. 화자는 이와 같은 두려움과 공포심 때문에 "벙어리"가 되었느냐는 의문을 제기하는 것이다.

3-4연은 그럼에도 불구하고 언어로 사유를 표현하는 즐거움과 황홀감을 풍부하게 제시한다. 화자는 사물과 세계에 대한 창의적인 발상이 "총성이 울리는" 것처럼 떠오른다. 화자는 이와 같은 새롭고 신선한 세계 인식으로 인하여 사뭇 가슴이 "콩닥콩닥, 두근두근" 설레고 흥분한다. 이러한 화자의 심리상태는 "무지개가 하늘에 걸리"는 풍경으로 제시된다. 화자는 신선한 사유로 인한 새로운 세계와의 조우로 흥분과 설렘에 휩싸인다. 그는 새벽부터 동이 트는 아침을 거쳐 노을이 지는 저녁에 이르기까지 황홀한 분위기에 함몰된다. 화자의 이러한 흥분과 설렘과 황홀감은 마치 "말은 아득히 초원을 달리는" 풍경으로 드러난다.

5-6연은 "말"이 역동적이고 활기찬 언어 수행을 마치고 귀가하는 장면을 "저녁 해거름"이라는 시간 풍경으로 제시한다. 그리하여 언어활동을 마감한 "말"은 "노을"과 만나 안식을 취한다. 마치 초원의 말이 낮 동안 활기차게 뛰어놀다 마구간에 들어 고요히 휴식을 취하는 장면을 연상시킨다. 마지막 연은 말의 본래적 기능이 "사랑"을 전파 확산하는 것임을 드러낸다. 결국 언어의 궁극적 기능인 사랑은 "시"라는 언어형식을 통해 "하늘과 바다"라는 전체 세계를 아름다운 "노을"로 물들인다.

이 작품은 시의 언어가 수행해야 할 기능으로 말(馬)의 역동성을, 시어가 지향해야 할 목표로 사랑을 세계에 전파하는 기능을 활달하고 경쾌한 이미지로 형상화 하고 있다.

시의 인지 감수성은 시인과 독자 모두에게 요구되는 성격을 지닌다. 시인은 존재와 세계를 자기만의 주체적, 독자적, 독창적, 개별적 인지 감수성으로 응시해야 한다. 물론 이러한 시 인지 감수성은 시인의 생체험, 역사, 문화, 지식, 독서 등 다양한 사전 정보에 의해 생성된다. 시는 특히 객관주의가 아니라 주관주의 입장을 견지하는 장르이다. 따라서 시인은 기존, 일상, 보편, 상식, 객관을 넘어 신선하고 독창적인 감수성을 장착해야 존재와 세계의 비밀을 규명할 수 있다. 시인의 인지 주체성과 말랑말랑한 감수성은 훌륭한 시의 밑거름이 된다.

독자 역시 주어진 시 텍스트를 이해할 때 생산자인 작가의 의도만을 존중해서는 안 된다. 작가에 의해 발표된 작품은 열린 대상으로 작동하기 때문이다. 독자는 생산자의 의도와 의미를 넘어 소비자인 자신의 주체성과 개별성을 강조해야 한다. 이와 같은 주관적 읽기를 통해 대상 시 텍스트는 단순한 구조를 벗어나 복합적이고 중층적인 포괄성을 획득하기 때문이다. 독자의 신선한 인지 감수성으로 읽는 시는 제2의 창발적이고 독창적인 작품으로 거듭 태어난다. 신선하고 주체적인 시 인지 감수성이 시인과 독자 모두에게 예민하고 섬세하게 창발되기를 기대한다.

I-5 기억 혹은 추억을 소환하는 상상력

현실과 환상의 조화. 이 명제는 인생의 좌우명으로 삼기에 적절하다. 마치 공자의 '중용'을 번안한 것으로 보이기도 한다. 심지어 리얼리즘과 모더니즘이 주기적으로 교체하는 예술사 현상을 통섭한 것으로 읽을 수도 있다. 어찌 됐든 인생은 현실과 환상의 끊임없는 길항작용으로 이루어진다. 현실은 객관성, 실효성, 감각성을 담보하는 대신에 억압과 굴레를 제공한다. 반면에 환상은 주관성, 자유성, 몽롱함을 보장하는 대신에 불확정성과 무질서를 제공한다. 하여 우리는 현실과 환상의 유효적절한 배합으로 인생을 풍요롭게 운행하려 한다.

우리가 몸담고 있는 현실은 언제나 가혹하다. 현실은 공간과 시간의 제약이라는 근원적인 문제로부터 기본적인 생존의 문제에 이르기까지 인간의 욕망을 억압하기 때문이다. 그 현실은 인간의 가장 기본적인 먹고 사는 문제로부터 시작하여 다양한 실존의 양상으로 드러난다. 그리고 현실은 끊임없이 극복해야할 숙제를 제시한다. 달리 말하자면 현실은 억압 기제의 총합으로 이루어져 있다. 인간은 현실이 부과하는 다양한 억압으로부터 탈출하기 위하여 자유정신을 구가한다. 그 자유정신의 하나가 바로 환상이다.

환상은 현실로부터의 도피이다. 아니 극복이자 초월이다. 환상은 강퍅한 현실을 망각하도록 자극하는 꿈이다. 우리는 환상을 통해 건조한 현실로부터 잠시 소풍을 떠난다. 가혹한 실존의 문제들로부터 해방하여 호기롭게 정신의 자유를 만끽한다. 환상이 궁핍할 때는 기억과 추억을 소환한다. 아니 환상의 기본 질료가 기억 혹은 추억일 수도 있다. 현실에 지쳐 미래를 향하여 나아갈 때 우리는 환상의 몽환적 기능을 활용한다. 그러나 상상력의 고갈로 인해 상상의 나래를 펴기 어려울 때, 우리는 쉽게 기억과 추억의 개인사를 펼쳐 본다.

나 새로 태어나
신라 때 수로부인과 한 번 살아봤으면,
강릉 태수가 되어 부임하다가
수로를 데리고 바닷가[海汀]에 앉아
한창 어우러져 핀 철쭉이나 한 번 보았으면,
암소 몰고 지나가는 노인네나 불러내어
꽃 꺾어오게 하고,
임해정에 앉아 점심이나 먹으면서
바다용이 앗아간 수로를 다시 만나
바다 용궁의 멋진 광경이나 알아봤으면,
나 새로 태어나
신라 때 수로부인과 함께 살아봤으면
향가(鄕歌)로 멋진 노래도 짓고 헌화가나 들으면서,

소 몰고 가던 노인네도 만나보고

그렇게 한 번 멋지게 살아보았으면

정민호, 「나 새로 태어나」 전문

이 시는 「삼국유사」에 나오는 향가인 「헌화가」를 패러디한 작품이다. 현대어로 된 원시는 "자줏빛 바위 가에/ 잡고 있는 암소를 놓게 하시고/ 나를 아니 부끄러워하신다면/ 꽃을 꺾어 바치오리다"이다. 이 향가에는 배경설화가 달려 있다. "수로부인의 남편 순정공이 강릉 태수가 되어 부임하다가 바닷가에서 점심을 먹게 되었다. 수로부인은 가파른 높이의 바닷가 벼랑 위에 철쭉꽃이 활짝 피어 있는 것을 보았다. 수로부인은 철쭉꽃 갖기를 원했다. 그러나 시종들은 모두 사람이 닿을 수 없는 위험한 곳이라 하며 나서지 않았다. 이때 소를 끌고 지나가던 한 노옹이 수로부인이 꽃을 원한다는 말을 듣고, 이 노래를 지어 부르며 꽃을 꺾어 바쳤다."

이 시는 온고지신과 윤회의 상상력을 통해 가혹한 현실을 비껴가고자 하는 환상을 형상화하고 있다. 화자는 현실을 몰각하고 미래를 꿈꾼다. 그런데 그가 지향하는 미래는 과거로의 환생이다. 예컨대 현실에 존재하는 화자는 미래의 꿈을 과거 신라시대의 설화를 통해 재현하려고 하는 욕망을 표출한다. 즉 화자는 현실을 환상으로 극복하려는 욕망을 지닌다. 궁극적으로 화자는 미래의 '멋진 삶'을 「헌화가」의 인물로 환생하여 성취하려는 것이다.

화자는 "나 새로 태어나"의 환생 소망을 통해 이승의 충족되지 않는 욕망을 대치하려 한다. 화자는 미래에 신라의 시공으로 환원하기를 꿈꾼다. 그리하여 강릉 태수가 되어 수로부인과 해로하기를 희구한다. 시상의 전개는 「헌화가」 설화의 내용을 거의 동일하게 수용하고 있다. 다만 등장인물 중 수로부인의 남편인 강릉 태수의 역할에 화자 자신을 대치하고 있을 뿐이다. 그리고 화자 자신의 미래의 삶에 대한 소망을 "살아봤으면, 보았으면, 알아봤으면"의 반복을 통해 강력하게 표출한다.

이 시는 억압과 굴레로 기능하는 가혹한 현실을 극복하기 위해 익숙한 설화를 차용하여 초현실의 행복한 미래를 환상하고 있다. 그가 희구하는 멋지고 행복한 삶의 모습은 '태수'라는 직위, '수로부인'이라는 아름다운 아내, 풍요로운 환경에서 유유자적하는 원만구족의 태도로 요약된다. 특히 미래의 세계를 과거의 설화 재현을 통해 꿈꾸는 상상력이 흥미롭다. 몽환적인 상상력이 지배하는 설화의 세계는 현실을 마비시키기에 더할 나위 없이 좋은 환각제이다.

시집가는 날 받았던 흰 명주 치마,
저고리, 바지, 장옷은
외할머니께서 지어주신 수의

왜 주시나 의아해 하며 장 속에 넣고
몇 번 이사할 때 들춰 보았을 뿐
장롱 안에서 잠자는 명주옷

할머니께서도 돌아가시고
수년의 세월이 들어오고 나가며
명주옷과 함께 늙어가는 삶

자신과 딸들, 외손녀들 몫까지

함께 못할 각자의 마지막 여정 위해

수의를 만드신 할머니

바느질하시던 그 마음에

구름 나라 하늘 속 어느 동네 그리며

그곳에서 다시 만나는 그런 꿈이 있었나

강방영, 「외할머니의 선물」 전문

이 시는 화자가 시집 올 때 외할머니로부터 선물 받은 '수의'를 통해 과거의 추억을 회상하고 있다. '수의'를 매개로 이루어지는 외할머니와 외손녀의 "다시 만나는 꿈"은 이 시의 중심 의미이다. 각 연 3행의 단정한 시 형식은 따스하고 정갈한 외할머니의 마음과 외손자의 고마워하는 마음이 상응하여 일으키는 공감의 장을 효과적으로 갈무리하고 있다. 또한 화자의 삶의 이행에 따른 순차 구성의 시상 전개는 통일성과 질서를 부여함으로써 안정감을 확보한다.

1연에서 화자는 시집가는 날 외할머니로부터 수의 일습을 선물 받는다. 인간은 누구나 미래에 언젠가 반드시 한 번은 죽어야 할 운명을 지니고 있다. 모든 인간에게 죽음은 미래의 필수적인 삶의 종점인 것이다. 외할머니의 마음은 거시적으로 미래를 통찰하고 있다. 수의는 사랑하고 아끼는 손녀의 미래의 삶이 안정적이고 평안하기를 소망하는 마음의 징표인 것이다. 그러나 화자인 손녀는 할머니의 마음을 정확하게 인지하지 못한다. 그녀는 할머니의 선물인 수의를 건성으로 받아 장롱 속에 보관하고 있었다.

3연에서 장롱 속에 보관되어 있는 수의/할머니의 마음은 할머니가 돌아가시고 난 뒤에도 여러 해 동안 묵묵히 있는 듯 없는 듯 존재하고 있다. 그처럼 세월이 흐르면서 화자도 명주옷/수의와 함께 늙어가고 있다. 4연에서 드디어 화자는 수의를 지으신 할머니의 마음을 이해한다. 할머니는 딸들은 물론 외손녀들의 수의까지 장만함으로써 저들의 "마지막 여정"을 챙기고 싶은 것이다. 그리하여 수의는 할머니의 깊고 낙낙한 마음을 함의하는 상징물이 된다.

5연에서 화자는 그런 할머니의 마음을 섬세하게 복구하여 되새긴다. 예컨대 화자는 수의를 바느질하시던 할머니의 마음을 긍정적으로 수용하여 추억한다. 수의를 짓던 할머니의 행위를 아마도 미래의 어느 시간에 저승에서 딸들, 손녀들과 화평하게 다시 만날 희망을 바느질 한 것으로 이해한다. 이 시는 중심 소재인 수의를 통해 할머니의 가족 사랑에 대한 애틋한 정조를 간결하고 담백하게 표상하고 있다.

눈 같은 햇솜을
한 자 가웃도 넘게 덮고
오징어 먹물 같은 검은색 서러움이
눈물처럼 흘렀어
대기의 기미는
제 멋대로의 형상을 만들었지
교량도 아니고 징검돌도 아니었어
듬성듬성 부스러진 수중보 비슷한
콘크리트 구조물 위를
고양이처럼 날쌔게 건넜어
거품의 무리가 크거나 혹은 조그마하게
폭풍같이 덮쳐오고는 했지

냄새를 닦으며
정말 아무렇지도 않게
쓱쓱 닦아내며 다녔어
둘러가자면 10리 길인데 별 수 있었겠어
상류의 펄프공장에서는
정화도 않은 폐수를 내보낸다고도 했지만
대수롭지 않았어
매일매일을 시계추처럼 오고 갔지
그래도 내겐 일자리가 있었어
청춘이었지

박현구, 「중랑천」 전문

이 시 역시 노년의 화자가 자신의 청춘 시절을 회상하는 작품이다. 현재 현역에서 은퇴한 화자는 젊은 시절 서울의 '중랑천'을 건너서 출퇴근하던 과거 시절을 추억으로 되새기고 있다. 과거의 중랑천 공간은 정비가 되지 않아 오염된 폐수가 흐르고, 대기 역시 악취를 풍기는 열악한 환경으로 기억된다. 그러나 화자는 먼 거리를 돌아가지 않기 위하여 중랑천을 가로질러 출퇴근하곤 했다. 과거를 지나와 노년에 이른 화자는 생각해보면 과거 청춘 시절의 불편한 출퇴근도 아름다운 추억으로 환기된다. 당시에는 자아의 존재를 확인할 수 있는 "일자리"가 존재했기 때문이다.

화자는 과거 청춘 시절의 불우한 상황을 부정적으로 기억한다. 과거는 "검은색 서러움이 눈물처럼 흐르는" 상황으로 인지되기 때문이다. 심지어 구름조차 "기미"로 인지되고 있을 뿐 아니라 정체도 불확정적인 형상으로 환기되고 있다. 그러나 화자는 낡고 불안정한 "콘크리트 구조물"의 중랑천을 건너 출퇴근을 한다. 그가 건너 다녀야만 했던 중랑천은 상류의 펄프공장에서 방류하는 오염된 폐수로 인하여 다량의 "거품"이 일고, 극심한 악취가 풍기는 불유쾌한 공간이었다. 그러나 화자는 오염된 중랑천을 "아무렇지도 않게" 건너다닌다. 그 이유는 단순하다. 돌아가면 직장까지의 거리가 너무 멀기 때문이다.

이 시는 화자 자신이 청춘 시절 매일 출퇴근하던 중랑천을 회상하고 있다. 과거의 중랑천은 오염되어 폐수가 흐르고 악취가 진동하는 공간이다. 그러나 정작 화자가 주목하는 것은 중랑천이 아니다. 그는 그처럼 열악한 환경에도 불구하고 매일 반복하여 출퇴근하던 청춘 시절의 열정에 착목한다. 화자의 중랑천에 대한 추억은 과거 노동의 열정과 현재 실직의 상태에 대한 대비를 통해 지향점이 드러난다. 즉 화자에게 중랑천은 부정적인 기억이지만 과거 청춘 시절의 노동을 담보하는 일자리로 인하여 추억을 환기하는 매체로 변용된다.

자갈치에 가면 물큰한 삶이 벅신거린다
언제나 체취들로 붐비는 생동감의 공동체
어디 없이 질펀하도록 만나는 부산 말씨는
얼핏 듣기엔 투박스러워 보여도
들으면 들을수록 정이 넘쳐 흐르고
낯선 사람들과도 이내 쉽게 어울리는
바다로 간을 잘 맞춘 감칠맛이다
도개교 아래 무시로 나는 갈매기들
눈은 남항의 바다빛으로 푸르고
날개엔 길게 일어서는 항적이 묻어 있다
하루도 빠지지 않고 나부대는 밑바닥

저마다 사는 일로 젖은 손 마를 새 없이
밤새 인양해 온 원양을 풀어놓는 뱃머리
살아 푸들거리는 은빛 비늘의 아침은 눈부시다

김석규, 「자갈치 시편」 전문

이 시는 부산의 자갈치 시장 풍경을 매우 감각적이고 생동감 있게 묘사하고 있다. 마치 자갈치 시장의 현장을 직접 방문한 것처럼 느끼게 해준다. 그것은 시인이 시장의 풍경과 사물을 매우 섬세하고 치밀하게 응시하고 있기 때문이다. 그리하여 시인은 시장의 사물을 묘사하는데 있어, "물큰한, 질펀하도록, 투박스러워, 감칠맛, 나부대는, 푸들거리는, 눈부시다" 등과 같은 감각 어휘를 빈번하게 사용하고 있다.

우선 이 작품은 네 가지 사물을 집중적으로 조망하고 있다. 하여 이 시의 구조는 네 부분으로 구분할 수 있다. 첫째는 1, 2행에서 시장의 총체적인 풍경과 의미를 제시한다. 먼저 "자갈치" 시장에는 관념적이 아니라 현실적인 삶이 직접적으로 이루어지고 있다. 이러한 실제적 현장감은 "물큰한 삶"이라는 감각적 수사를 통해 선명하게 드러나고 있다. 또한 자갈치 시장은 "생동감의 공동체"로 인지되고 있다. 시장에는 생선을 파는 아주머니들과 시장을 보러온 구매자들이 각자의 이익을 위해 활기찬 경제활동을 하는 공간이다. 그러나 이 시장 공간은 서로 어울려 조화롭게 살아가는 공동체의 성격을 지니고 있다. 즉 이 시의 첫 부분은 시장의 성격과 기능을 구체적이고 감각적으로 제시한다.

둘째 부분 3-7행은 부산의 시장 사람들의 언어 특징을 표출한다. 먼저 부산의 말씨는 "질펀하다"는 감각을 지닌다. 이는 부산의 언어가 격의 없이 소탈하고 친근한 억양으로 인해 진솔한 특징을 얼비치고 있음을 표상한다. 또한 피상적으로 보면 무뚝뚝하고 정이 없는 것처럼 인지될 수도 있다. 그러나 계속하여 듣다 보면 다정다감한 언어라는 점을 강조한다. 나아가 이러한 다정다감하고 친근한 부산의 언어 특징은 "감칠맛"이라는 감각적 표현으로 표상된다.

셋째 부분 8-10행 부분은 자갈치 시장을 선회 비행하는 "갈매기들"을 포착하고 있다. 갈매기들은 부산 명소 중의 하나인 도개교인 영도다리 주변을 항상 맴돌고 있다. 이 갈매기들은 비록 해안가 주변을 떠돌고 있지만 언제나 바다를 지향하고 있다. 또한 그동안 바다를 향해한 흔적이 날개에 저장되어 있다. 이 갈매기들에 대한 묘사는 현실을 치열하게 살고 있지만 매양 이상을 꿈꾸며 살고 있는 시장 사람들의 이미지를 간접적으로 환기한다. 덧붙여 시장 사람들과 갈매기들의 평화로운 어울림의 상황을 드러내고 있는 것으로 읽을 수도 있다.

넷째 부분 11-14행은 다시 자갈치 시장의 풍경과 의미를 묘사한다. 자갈치 시장의 상인들은 한해 내내 쉬지도 않고 성실하게 생업에 종사한다. 이들의 삶은 어찌 보면 "밑바닥"이지만 생존을 위하여 "나부대는" 모습으로 "젖은 손 마를 새 없이" 현실의 생을 영위한다. 그들의 삶은 밤새 원양어선이 잡아온 생선들을 하역하여 장사하는 궂은일이다. 그러나 그들의 성실하고 부지런한 삶의 방식은 "살아 푸들거리는" 역동적인 속성을 지니고 있다. 그리하여 이들의 생기발랄함으로 인해 자갈치의 아침은 "눈부시게" 빛나는 공간으로 인지된다. 이 시는 부산 자갈치 시장의 섬세하고 정치한 풍경 묘사를 통해 삶의 위의를 긍정적으로 구가하고 있다.

> 가난한 시절에도 강물은 늘 그랬다
> 너 어린 코흘리개에게 무슨 곡절이 있을라고

그래서 그런지 강물은 잔잔하게 흘러간다 가끔은
모래밭 어귀 패랭이꽃 달맞이꽃 보다가
밀려오는 뒷물과 실랑이질 하는데
호야, 밥 먹어라
순이 계집애 떨리는 목소리 강을 넘는다
농사철 과수원집에 날품으로 온 계집애
계집애라야 손은 거칠고
치마 밑으로 허연 다리 내놓은 주제에
얼굴은 낮달처럼 그저 그런
내가 가면 달아나고 돌아서면 따라오던 그런 사이
빨간 댕기 찰랑거리던 그는 소식 모른다
흉년에 가난한 농사꾼들 흙탕물로 떠내려가고
왜관 전투에서 시신이 산으로 쌓였다는 파란만장(波瀾萬丈)한
낙동강, 순이 살던 마을에서는
지금도 호야, 밥 먹어라
강 건너 순이는 낮달로 산다

최경호, 「순이 낮달」 전문

이 시는 유년 시절의 맑고 깨끗한 동심의 추억을 형상화 하고 있다. 그 추억의 중심에는 "순이"가 자리 잡고 있다. 순이에 대한 화자의 추억은, 제목에 나와 있듯이, '낮달'로 은유되고 있다. 예컨대 화자의 상상력 속에는 순이가 언제나 낮달의 존재로 환기된다. 낮달은 태양의 빛으로 인하여 자기 존재를 분명하게 드러내지 못한다. 이따금 하늘에 희미한 존재로 관찰되곤 한다. 따라서 이 시의 '낮달'은 시적 화자의 기억 공간 속에 희미하게 존재하는 '순이'의 대리물로 작동한다.

화자의 유년 공간은 낙동강과 긴밀하게 관련되어 있다. 어린 시절의 화자는 낙동강 가에 거주하는 것으로 보인다. 유년의 화자는 낙동강과 대화를 할 정도로 자신의 유년 공간을 지배한 낙동강을 환기한다. 유년의 화자는 어린 아이였지만 나름의 "곡절"을 간직하고 있다. 그 곡절에 대한 기억이 이 시의 중심 테마이다. 어린 시절 강물은 평화로운 장면을 제공하였다. 강물은 유정성을 확보하여 자연 사물인 "패랭이꽃, 달맞이꽃"과 조응하고, 나아가 "실랑이질"까지 하는 존재이다.

그 낙동강 가 "과수원집"에 일하러 온 순이의 기억은 화자의 두근거리는 유년의 첫사랑으로 각인되어 있다. 화자는 순이를 이성으로 지각하는 경험을 한다. 화자에게 환기되는 순이의 모습은 "거친 손, 허연 다리, 얼굴, 댕기머리" 등이다. 그러나 무엇보다 강하게 환기되는 순이의 기억은 "호야 밥 먹어라"고 부르던 다정한 음성이다. 그리하여 그들은 이성 사이에 벌어지는 미묘한 밀고 당기기를 하는 연습을 한다. 아마도 둘은 처음으로 이성과의 맑고 투명한 마음의 떨림을 체험한 것이다. 유년 공간의 "가난" 과 "날품" 속에서도 순수하고 여린 사랑의 마음은 낙동강을 따라 맑고 잔잔하게 흐르고 있었던 것이다.

그러나 낙동강은 역사의 부침을 간직하고 묵묵히 흘러 현재에 이르렀다. 예컨대 낙동강은 홍수가 질 때면 "가난한 농사꾼들"을 수몰시키거나, 한국전쟁 때에는 군인들의 시신을 쌓기도 하며 세월 따라 흘러 왔다. 과거로부터 현재에 이르기까지 변함없이 흐르는 낙동강 따라 화자도 세월을 지나왔다. 그럼에도 화자는 여전히 유년 시절의 순이가 부르던 "호야, 밥 먹어라"는 음성이 기억 속에 각인되어 있다. 이 시는 어린 시절의 낙동강과 순이의 기억을 통해 세월의 무상함과 맑고 투명한 첫사랑의 동심을 흐뭇한 분위기로 직조하고 있다.

대동아전쟁 말기
늦둥이 핏덩이 낳은 산모가
미역국에 쌀밥 한 그릇 못 먹었다는데

그러고도 한 평생 허리 펼 날 없어
늘그막엔 ㄱ자로 걸어 다녔는데

죽어서는 살기 편했는지
영감 할멈 나란히
시루봉 초랭이 고봉 쌀밥 두 그릇

젖배 곯은 막내아들 물리려고
퉁퉁 불은 젖무덤 한 쌍

한경동, 「쌀밥」 전문

이 시는 무덤을 통해 무덤 속 고인의 인생을 회상하고 있다. 이 시에는 무덤 속 고인의 살아생전의 기구한 삶의 곡진함이 전경화 되어 있다. 그러나 이 시의 미학은 고인의 무덤을 "고봉 쌀밥"과 "젖무덤"으로 인지하는 화자의 연민의 상상력으로 인해 도드라진다. 이 시의 시공은 고인의 살아생전의 과거의 삶과 죽은 다음 화자가 인지하는 현재의 상황으로 구분된다. 과거의 고인의 삶은 비극적인 풍경으로 제시된다. 반면에 현재 고인의 상황은 긍정적으로 인지된다. 고인의 과거의 고통의 삶이 현재의 평화로 상쇄되고 있는 것이다.

이 시의 구조는 총 4연으로 되어 있다. 그러나 의미구조와 시공간에 따라 전반부인 1, 2연과 후반부인 3, 4연으로 나뉜다. 전반부는 고인의 과거 삶에 대한 회상이고, 후반부는 고인이 잠들어 있는 무덤에 대한 화자의 인지이다. 1연에서 화자는 대동아전쟁 말기 즉 1945년 무렵 일어난 출산의 일화를 제시한다. 사족을 덧붙이자면, 대동아전쟁은 일본이 1941년 제2차 세계대전 당시 일으킨 태평양전쟁이다. 일본은 동아시아 지역에서 구미 열강의 식민지 지배를 타파하고 아시아 모든 민족의 해방을 위한다는 명분으로 대동아공영권을 주장하며 침략 전쟁을 일으켰다. 전쟁 종료 이후에 세계는 일본 측 입장인 대동아전쟁이라는 용어의 사용을 금지하고 태평양전쟁으로 용어를 정리하였다.

어찌됐든 1연은 태평양전쟁 말기에 산모가 늘그막에 아이를 출산하고서 산후조리의 필수 음식인 "미역국에 쌀밥 한 그릇" 먹지 못한 불우한 상황을 말한다. 여기서 산모에 대한 연민과 안타까움의 정조는 "못먹었다는데"의 미완성문장으로 여운을 길게 끌고 가는 효과를 거두고 있다. 2연 역시 아이를 키우며 한평생 노동에 시달려 늘그막엔 허리가 굽은 채 생활할 수밖에 없었던 고인의 삶을 이야기한다. 이 연의 마지막 서술어인 "걸어다녔는데" 역시 미완성문장으로 인해 화자의 안타까움과 연민의 정서가 길게 여운으로 남는다. 이러한 어조는 1, 2연의 마지막에 반복됨으로써 각운의 리듬 효과도 아울러 성취하고 있다.

3연은 화자가 고인이 죽고 난 뒤의 상황을 미루어 짐작하는 내용을 말하고 있다. 화자는 고인의 무덤을 "고봉 쌀밥 두 그릇"으로 인지한다. 이는 고인에 대한 추모이자 저승의 삶에 대한 염원이 반영되어 있는 것이다. 말하자면 고인의 이승의 삶은 고단하고 불우한 것이었다 하더라도 저승의 삶만큼은 풍요롭고 풍족하기를 소망하는 화자의 희구가 표상된 것이다. 4연 역시 무덤을 "젖무덤 한 쌍"으로 인지한다. 이는 고인이 아이를 양육하면서 가난과 궁핍함 때문에 자식에게 젖을 풍족하게 물리지 못한 원망과 탄식의 해소로 보인다. 이 역시 화자의 고인에 대한 연민의 정서가 반영된 인지이다.

이 시는 시상 전개의 구조적 균형감이 미학을 형성한다. 1,2연의 이승과 3,4연의 저승의 의미 층위에 따른 대비가 구조적 안정감을 확보한다. 또한 1연 3행, 2연 2행의 전반부와 3연 3행, 4연 2행의 후반부의 대비적 시행 배열 역시 형태적 균형감을 조성한다. 나아가 전반부의 "한 그릇"에서의 "한"이라는 홀수 사용은 고인의 이승에서의 부정적이고 비극적인 삶/상황을 효과적으로 드러낸다. 그리고 후반부의 "두 그릇, 한 쌍"에서 "두"와 "쌍"이라는 짝수 사용은 고인의 저승에서의 화평하고 긍정적인 삶/상황을 적절하게 암시한다. 이 시는 이와 같은 의도적 작시 방식을 통해 간명한 구조미와 선명한 의미망을 성취하고 있다.

인간은 현실과 환상의 적절한 교직을 통해 안정감 있는 생을 영위한다. 현실에서 충족하지 못한 욕망은 환상을 통해 극복한다. 환상은 자유롭고 발랄한 사유작용으로 인해 생성된다. 그러나 상상력이 빈약한 노년에 이르면 주로 과거 자신의 체험이 저장되어 있는 기억과 추억을 소환하게 된다. 과거의 기억은 가혹한 지금 여기의 강팍한 삶을 위로하고 위안하는 기능을 하기 때문이다. 기억은 시간의 흐름에 따라 간명해짐과 동시에 추억으로 변용된다. 우리는 기억과 추억을 활발하고 발랄하게 작동하며 건조한 생의 강물을 따라 경쾌하게 흘러갈 뿐이다. 허위허위.

I-6 삶 혹은 인생에 대한 존재론적 성찰

시를 왜 쓰는가, 나는, 궁금했다. 모든 문인들은 문학청년 시절 글을 쓰면서 이와 같은 근본적인 질문에 대해 고민해본 적이 있을 것이다. 아니 나는 지금도 여전히 문뜩 혹은 불현 듯 이와 같은 질문을 하는 경우가 있다. 물론 그에 대한 답변은 스스로 해결해야 할 것이다. 그러나 문청 시절 그 궁금증을 해소하기에는 뭔가 불안했다. 하여 선배 문인들의 시를 쓰는 이유, 혹은 자기 명분을 참조하고자 하였다. 당시에는 각종 문학잡지에서 앙케이트를 통해 선배문인들의 글 쓰는 이유, 목적, 까닭을 소개하곤 했다.

나는 글 쓰는 이유를 묻는 설문에 대한 문인들의 답을 읽으면서 더욱 미궁에 빠졌다. 왜냐하면 인생에 대한 질문과 마찬가지로 매우 다양한 이유들이 제시되었기 때문이다. 그러나 대체로 시를 쓰는 이유는 존재와 세계에 대한 성찰, 자기갱생과 인격수련, 인간 정서의 표현 욕구 충족, 세계의 변혁에 대한 욕망 등으로 요약되었다. 어찌 되었든 시를 쓰는 작업은 모두 긍정적인 행위로 표명되었다. 특히 자아와 존재에 대한 해명을 위해 시를 쓴다는 답변이 우세했다. 달리 말해 시를 쓰는 행위는 자기 구원의 종교적 차원으로까지 격상되기도 하였다.

물론 시를 쓰는 이유는 개인적인 차원이기 때문에 가치를 논할 수 없다. 개인의 삶의 이유가 모두 다르듯이, 시를 쓰는 모든 이유는 각자의 타당성을 확보하기 때문이다. 문제는 시가 예술이기 때문에 예술적 완성도, 즉 미학에 대한 논의는 전문적이고 포괄적으로 개진되어야 한다. 그러나 각 작품의 미학적 완성도에 대한 논의는 작품의 분석을 통하여 규명할 수밖에 없다. 따라서 여기서는 특히 시인들이 시를 쓰는 이유, 의도에 주목하여 살펴보기로 한다.

눈 솜이불인 바닷가 어선 한 척
길고 무거운 회한에 잠겨

바다의 헐렁한 수갑을 풀어놓고
그물 속 은비늘 무게도 내려놓은 채

길 잃은 바닷바람
파도와 싸우며 울부짖던 한평생이
늙어서

이제는 시름마저 갯바닥에 던져놓고
비린 꿈자리 파고드는 쌀쌀한 겨울밤

손짓해도 무표정한 어선 한 척

깊고 무거운 회한에 잠겨 있다

이운룡, 「어선 한 척」 전문

이 시는 “어선”에 대한 관찰을 형상화하고 있다. 그런데 항용 그렇듯이 이 “어선”은 단순한 자연 사물이 아니라 인격적 존재로 치환되어 인지된다. 이 “어선”은 은유를 통해 유정물, 그 중에서도 인간 존재로 상징화되고 있다. 특히 이 “어선”은 “회한”의 감정을 지닌 존재로 표상되고 있다. 이러한 인지 태도로 인해 “어선”을 형상화한 이 시는 존재론적 성찰을 의도한 작품으로 드러난다.

먼저 “어선”은 “눈 솜이불”로 은유된다. “어선”의 존재는 “눈”과 “솜이불”의 속성을 빌려 존재론적 특성을 드러낸다. 예컨대 “눈”은 표면적으로 아름다운 감각을 제공한다. 또한 “눈”은 시간 감각 차원에서 머지않아 소멸을 예비한 존재 속성을 지니고 있다. 이를 통해 “어선”은 시간의 한계를 내재한 아름다운 존재임을 표상한다. 한편 “솜이불”은 따뜻한 온기와 평화로운 휴식을 제공하는 사물이다. 그리하여 “눈 솜이불”은 이러한 속성을 융합하여 “어선”이라는 사물에 비극적 아름다움을 지닌 존재론적 특성을 부여한다. 그런데 이 “어선”은 “바닷가” 공간에 존재한다. 이를 통해 “어선”은 항해를 멈추고 정박 중인 상태에 처해 있다는 존재 속성을 지닌다. 또한 이면에는 ‘인생은 항해이다’는 기본개념은유가 작동하고 있다. 말하자면 “어선”으로 치환된 존재/인간은 항해/삶을 치루고 정박/휴식 중이다. 나아가 이 “어선”은 “한 채”라는 단독자의 성격을 부여 받음으로써 고독한 존재 속성을 환기한다. 그리하여 바닷가에 홀로 정박 중인 “어선”은 “길고 무거운 회한에 잠겨” 고독과 쓸쓸함의 존재 속성을 드러내고 있다.

“어선”으로 표상된 외로운 단독자는 항해를 멈추고 정박/휴식의 상황에 놓여 있다. 정박 중인 “어선”/존재는 삶을 구속하고 억압하던 “수갑”으로부터 해방되어 있다. 뿐만 아니라 생계를 위해 포획해야 했던 “은비늘”/경제활동의 “무게”/부담감으로부터도 벗어나 있다. 어찌 보면 치열했던 삶의 중심으로부터 물러나 지나온 삶의 과정을 회한의 시선으로 관조하고 있다. 과거의 회상은 삶의 이정표를 잃을 정도로 치열한 상황으로 묘사되고 있다. 예컨대 과거의 삶은 “바닷바람”과 “파도”와의 “싸움”으로 드러난다. 화자/어선의 인생은 항해로 은유되는 바, 지나온 항로의 풍경은 “싸움”으로 요약되고 있는 것이다. 나아가 그 “싸움”/젊은 시절의 삶은 “울부짖음”으로 표상되고 있다. 이는 젊은 시절의 삶/항해가 치열하고 격렬했음을 드러낸다.

4,5연은 인생이라는 항해를 마치고 부두에 정박하여 회한에 잠긴 어선의 정서를 표출하고 있다. 젊음을 통과한 어선/존재는 물이 빠져 항해할 수 없는 “갯바닥”에 “시름”까지도 방기한 채 무기력한 상태에 처해 있다. 다만 지나온 젊음의 열정이 “비린 꿈자리”로 회상되는 처지이다. 이러한 상심과 우울의 정서적 상황은 “쌀쌀한 겨울밤”의 분위기를 통해 더욱 극화되고 있다. 특히 타인과의 교감도 적극적으로 수행하지 못하고 “무표정”으로 외로운 존재성을 드러내고 있다. 치열했던 젊은 시절의 삶을 지나온 어선/존재는 과거를 회상하며 고즈넉이 “깊고 무거운 회한”에 잠겨 있을 뿐이다.

이 시는 “어선”을 통해 ‘인생은 여행이다’는 은유를 형상화하고 있다. “어선”은 외로운 단독자의 존재성을 대리하는 상징물로 기능한다. 지나온 삶을 반추하는 한 인간의 회한의 정서가 어선의 이미지를 통해 일관되게 표상되고 있다. 각 연 말미의 완결되지 않는 서술형 종지법은 이 시의 회한의 정조를 다음 연에 연쇄시킴으로서 지속 강화하는 시적 전략으로 보인다. 이러한 작시 전략으로 인해 이 시의 존재론적 성찰의 의미는 더욱 농밀해지고, 구조는 긴밀성을 확보하는 효과적인 성격을 띤다.

산의 높이를 밟으면
구름이 발밑에서 다투어 머리 조아리고
나무숲이 달팽이처럼 뻘뻘 긴다

다시 높이를 밟고
더 높은 높이를 잰다

하지만 산의 깊이에 이르면
풀 한 포기 될 수 있다

새들은 소리 내지 않고 날고
산양들이 풀을 뜯지 않고 모인다

승리와 패배가 스러진 풍경 속에
오명 가명 바람이 볕을 나르고

풀씨는 흙내에 몸을 비비다
때 맞춰 물바가지 끼얹는다
산의 높이는 산을 더 점지게 하고
산의 깊이는 조금씩 산을 나누라 한다

신진, 「산의 깊이」 전문

이 시 역시 인생에 대한 성찰을 형상화하고 있다. 등산하는 방법에 대한 천착을 통해 삶의 방식에 대한 깨달음을 표상한다. 등산하는 방법은 먼저 산의 높이를 지향하는 방식과 산의 깊이를 추구하는 방식으로 나뉜다. 시인/화자는 산의 높이를 지향하는 산타기를 부정적으로 인식한다. 대신 산의 깊이를 추구하는 산타기를 긍정적으로 평가한다.

높이를 지향하는 산타기는 "다시 높이를 밟"는 반복행위를 통해 끝없는 욕망 추구를 드러낸다. 이 욕망 추구는 "밟는" 행위를 통해 이루어진다. "밟는" 행위는 타자와의 경쟁을 수반하는 바, 승부의 개념을 내포한다. 말하자면 높이를 추구하는 산타기는 타인과의 승부를 통해 이겨야만 하는 목표를 드러낸다. 나아가 이 승부 개념의 산타기는 무한욕망을 증식하는 속성을 지닌다. 왜냐하면 높이를 지향하는 등산은 필경 "더 높은 높이를" 추구하는 관성의 법칙에 지배당하기 때문이다.

반면에 깊이를 추구하는 산타기는 "풀 한 포기"가 되는 자연합일의 조화로운 삶의 방식이다. 예컨대 존재와 자연/세계는 갈등하지 않고 공존하는 양상으로 드러난다. 자아와 세계는 합일을 통해 평화로운 삶을 전개시킨다. 깊이를 추구하는 삶의 방식은 세계의 풍경을 평화롭고 안락한 장소로 변환시킨다. "승리와 패배"가 존재하지 않는 합일의 세계는 욕망과 갈등이 존재하지 않는 이상적인 구경을 제시한다. 이상적인 삶의 공간에 존재하는 생명들은 현실의 다양한 한계를 벗어난다. 그리하여 "새들은 소리 내지 않고 날고/ 산양들이 풀을 뜯지 않고 모인다// 풀씨는 흙내에 몸을 비비다/ 때 맞춰 물바가지 끼얹는다."

결국 높이를 지향하는 삶의 방식은 "산을 더 짐지게"하는 노역으로 기능한다. 반면에 산의 깊이를 추구하는 삶의 방식은 "산을 나누는" 공존의 세계로 인도한다. 이 시는 등산의 방식에 대한 이원론적 접근을 통해 무욕의 삶이 제공하는 화평한 정신세계를 꿈꾼다. 예컨대 자아/존재와 타자/세계가 합일을 추구하는 삶의 방식을, 이 시의 중심 상상력인 깊이를 추구하는 산타기 은유를 통해 성공적으로 형상화하고 있다.

내 버릇은 밤을 껴안고
여름에서 겨울까지
바다 냄새를 맡으며
달콤하게 지쳐
장구 장단 없이도
자진모리로 일렁이는 파도

꿈에 흔들리는
잠에 빠지는 것,
그리고 그 속에서
이젠 새로운 단어가 하나도 없는
시를 꿈꾸는 것

강위석, 「밤」 부분

이 시는 어두운 밤에 이루어지는 삶의 쾌락을 보들레르 어법으로 현란하게 작시하고 있다. 지나간 낮은 노동이 이루어지는 시간이었다. 그러나 화자가 맞이한 현재 밤의 시간은 휴식을 취하며 쾌락을 탐닉해야 할 시간이다. 인생의 시기를 낮과 밤으로 단순하게 구분한 상상력은 생체험의 포용력을 전제로 한다. 예컨대 노동을 기준으로 장년까지의 삶은 낮의 시간으로 정년 이후의 삶은 밤의 시간으로 양분하는 것이다.

이제 밤의 시간에 거주하는 화자는 지나와버린 노동의 낮 시간을 회상하는 상황에 처해 있다. 그는 과거의 노동 시간을 "버릇"으로 표상되는 추억에 잠긴다. 이는 실제로 이루어지는 현실적 삶이 아니다. 그가 항해했던 "바다"는 가상의 공간으로 존재한다. 화자는 과거의 "바다 냄새"를 회상하며, 자동반사적으로 습관처럼 출렁일 뿐이다. 이러한 낮 시간에 대한 회억은 "달콤한" 정서적 치원의 "파도"로 표상된다.

결국 화자는 밤의 시간에 "꿈"과 "잠"의 세계에 몰입한다. 그러한 세계는 활력 있는 노동의 현실 공간이 아니다. 추억과 몽상과 회상의 상념 공간인 것이다. 화자는 그 상념의 공간에서 "새로운 단어가 하나도 없는 시"를 몽상한다. 화자는 노동이 존재하지 않는 밤의 시간 속에서 오직 무기력한 상태로 권태로운 시간을 수용할 뿐이다. 설렘과 활기를 잃어버린 밤 시간의 적막을 고즈넉이 받아들이는 것이다. 밤이 상징하는 무기력한 무위의 시간은 비극적 적막과 외로움으로 점철되고 있다.

산더미 파도가 슬픔을 몰아왔다
슬픔을 맞이할
등대와 방파제가 내게는 없었다
내 서글픈 마음의 해안에 닿는
수없는 생환의 물무늬 살들이
밀려오고 밀려나갔다

(중략)

언제든 인성을 좀 먹는 슬픔은
자기 몸뚱이에 와닿는
방파제

수없는 일상 욕정의 파도에 휩쓸려
자기의 모습을 보지 못할 때가 많은 것을
어쩌는가

변윤, 「짙푸른 기억들 몇 개」 부분

이 시 역시 지나온 삶을 추억하는 단상들을 통해 자아와 인생을 성찰하는 존재론적 상상력이 중심축을 형성하고 있다. 시의 제목 "짙푸른 기억들"에서 '기억들'은 지나온 삶을 회상하는 인생론적 소재들이다. 또한 '짙푸른'은 과거의 치열한 삶을 암시하는 색채감각이다. 화자는 살아온 과거 삶을 거시적 관점에서 바다 이미지를 통해 회상한다.

인용 부분에서 화자는 지나온 삶을 슬픔의 시간으로 추억한다. 삶은 슬픔이 "산더미 파도"처럼 걷잡을 수 없이 다가온다. 그럼에도 화자에게는 그 슬픔을 치유할 수 있는 "등대와 방파제"가 존재하지 않는다. 그는 하릴없이 그 슬픔을 그대로 받아들일 뿐이다. 이는 인생의 본질을 슬픔의 속성으로 파악하는 인생론으로 보인다. 그는 인생이 "미움과 질시와 갈등"으로 인해 슬픔을 야기하는 것으로 인지한다. 슬픔의 파도타기가 곧 인생인 것이다.

그 슬픔은 인간의 내면에 상처를 내는 기제로 작용한다. 나아가 화자는 슬픔의 삶을 영위하며, "일상의 욕정"에 함몰된다. 반복되는 일상의 삶은 진정한 자아를 상실한 채로 슬픔에 젖게 만든다. 이 시는 지나온 삶의 편린을 반추하며, 삶의 속성을 허무와 슬픔의 반복으로 형상화한다.

어둠에 숨었다
등 뒤에 가렸다

아무도 알 수 없다
자신도 알 수 없다

덩실덩실 춤을 춘다

세상을 향해
던지는
춤사위다

숨겨진 내 마음
들어낼 일 없다

덩실덩실 춤을 춘다
내 인생 뒷짐 지고
저 만치
저 만치서
춤사위 속에 방황한다

조규수, 「페르소나」 전문

이 시는 자아 존재의 정체성에 대한 혼란에 대해 형상화하고 있다. "페르소나"는 진정한 자아를 대신하는 사회적, 심리적 자아이다. 존재의 본성을 대신하는 가면적 자아로 인식되기도 한다. 화자는 자신의 인생이 페르소나에 가려진 삶으로 인하여 진정한 자아를 상실한 것으로 성찰한다. 페르소나로서의 삶은 "숨거나", "가려진" 상황으로 인지된다. 자아 존재를 정당하게 있는 그대로 노출하지 않고 "어둠"이나 "등 뒤"에 숨은 상태로 살아온 것이다. 이러한 삶으로 인하여 타자는 화자의 본질적 자아를 전혀 알 수 없다. 나아가 심지어 화자 자신도 자신의 정체성을 상실하고 미궁에 빠진다.

본질적 자아를 상실한 삶은 광대의 삶으로 표출된다. 광대의 춤사위는 진정한 자아가 추는 것이 아니라 주어진 역할에 따라 위장된 자아가 추는 행위에 불과하다. 자아의 표출행위가 아닌 춤사위는 세상이 요구하는 의도에 맞춰 이루어지는 공연인 것이다. 페르소나로서의 삶은 "숨겨진 내 마음"인 본질적 자아가 표출되지 않고 사회적 자아로서의 의무적인 표출로 드러난다. 그리하여 "덩실덩실 춤을 춘다"는 독백은 자조적인 페이소스를 짙게 환기한다.

화자는 자아가 아닌 페르소나로서의 춤을 추는 행위를 기실 삶의 속성으로 은유하고 있다. 예컨대 자신의 인생은 주어진 타자로서의 춤을 추는 행위와 마찬가지로 진정한 자아를 표출하는 삶이 아니었다는 것이다. "내 인생 뒷짐 지고"에서 "내 인생"은 본질적 자아를 표출하는 진정한 삶을 암시한다. 화자는 그동안 살아온 삶이 본질적 자아의 진정성을 멀리 하고 이루어졌음을 통감하고 있다. "저 만치"의 거리감은 진정한 본질적 자아의 삶으로부터의 거리감에 다름 아니다. 이 시는 자신의 인생이 "페르소나"로서의 삶이었음을 통해 자아의 존재론적 성찰을 표상하고 있다.

얼음이 서걱거리는 강변을 걷다가 안암천변이 생각나 찾아왔다
아직도 어느 반지하방 어린 울음이 그때처럼 들리고
틈새로 보이는 아이는 똥오줌을 뭉개며 놀고 있다
골목 끝에는 소주병 서넛 변함없이 뒹굴고

간간이 휘도는 바람도 예전 그대로인데
땅따먹기하며 까르륵대던 아이들은 보이지 않는다
노인 한 사람만 이방인을 경계하는 눈빛으로 나를 쏘아본다

격랑에 젖은 날개가 널브러진 골목
아직도 이 도시 구석구석에는 맨발의 새들이 모여 산다
강가에 얼음 녹고 새 순환의 봄이 와도
비상하는 법을 잊어버린 새들
날개 잃어 생의 끝자락에 몰린 사람들

그 사이에서
후드득 까치 한 마리가 힘차게 날아올랐다

이화국, 「겨울철새」 부분

이 시는 "겨울철새"의 생태를 통하여 인생을 회고하는 상념을 형상화하고 있다. 그 겨울철새는 화자의 상상력을 자극하는 촉매가 된다. 화자는 시의 앞부분에서 과거 유년의 삶을 매우 서정적으로 묘사한다. 그리고 후반부에서는 유년의 공간을 찾은 현재 시점의 풍경을 묘사한다. 물론 과거 유년이나 현재의 삶이 이루어지는 공간의 풍경은 모두 비극적 성격을 지니고 있다. 과거나 현재의 "안암천변" 풍경은 궁핍하고 꾀죄죄한 장면으로 일관되고 있다. 다만 화자의 시선에 포착되는 비극적인 외부 풍경은 내면의 정서화를 통해 아릿한 추억으로 밝게 윤색된다.

유년의 시간을 통과한 화자는 어느 날 불현듯 과거의 공간인 안암천을 방문한다. 그곳에는 아직도 예전의 풍경이 온존한다. 물론 이는 현실의 공간 풍경임과 동시에 화자의 기억에 저장된 풍경이 혼재되어 나

타난 것이다. 시간의 경과에도 안암천변 풍경은 가난과 궁핍함이 여전히 상존하는 풍경으로 다가온다. 다만 화자는 가난과 궁핍함 속에서도 천진난만하게 살아온 자신의 유년 시절이 상실되었음을 확인한다. 나아가 현실의 공간에서도 여전히 "날개를 잃은, 맨발의 새"들이 살고 있음을 안타까워한다. 시인은 과거의 유년 추억과 현실의 냉혹함이 공존하는 안암천변 풍경 묘사를 통해 인생살이의 한 단면을 성찰하고 있는 것이다.

시를 쓰는 다양한 이유 중 하나로 인생과 삶에 대한 존재론적 성찰을 들 수 있다. 시는 자아 고백적 성격을 띤 일인칭 서정 장르이기 때문에 존재에 대한 고민과 성찰은 필수불가결한 측면이 있다. 시인은 자아와 존재, 그리고 세계와의 관계 등에 대해 지속적인 탐구를 수행한다. 자아와 존재에 대한 성찰은 인간의 삶을 본질적으로 검토하여 세계와 화평한 관계를 맺도록 추동한다. 시인은 이와 같은 작업을 통해 바람직한 삶의 자세와 인생의 의미 등을 구현한다. 그리하여 시는 인간의 영혼을 맑고 순수하게 정화시키는 예술로 자리 잡는다.

특히 급속도로 이루어지는 과학의 발전과 물질문명의 팽창은 자아와 존재를 타자화 시키는 경지에 이르렀다. 아니 심지어 자아와 존재에 대해 망각하도록 부추기고 있다. 인간은 매일 무수히 타전되는 정보의 파편들로 인하여 자아 정체성을 상실한 채 부유하는 생을 이어가고 있다. 그리하여 기계적이고 반복적으로 이루어지는 삶을 영위하는 존재는 자아를 상실한 채 궤도를 이탈한 혹성처럼 이방인으로 세계를 떠돌고 있다. 그러나 시인들은 인간의 영원한 숙제인 삶과 존재의 비밀에 대한 성찰을 통하여 자아와 세계를 불 밝히는 고투를 묵묵히 수행하고 있다.

I-7 잃어버린 '자연'을 찾아 배회하는 상상력

봄을 맞아 한반도에 연일 미세먼지주의보가 발령되고 있다. 세상은 암울하고 나아가야 할 길은 흐리멍덩하다. 요즘 부쩍 미세먼지가 많아지고, 또한 과민한 반응도 폭발적이다. 그리하여 마스크와 공기청정기의 판매량이 급증하고 있단다. 미래학자들에 따르면 머지않아 청정공기가 일상적으로 판매될 것이다. 우리들은 편의점에서 생수를 구입하여 마시듯 청정공기를 사서 흡입해야만 하는 운명을 맞이할 것이다. 따지고 보면 미세먼지를 발생시키고 난 다음 사후약방문으로 미봉책을 마련하는 것이다.

미세먼지의 발생은 인간의 편리 추구 욕망으로 인해 발생한다. 예컨대 과학의 발달과 문명생활의 추구로 인한 것이다. 다양한 원인이 있겠지만 우선 생활 편의를 위하여 제품을 생산하는 제조업의 발달을 들 수 있다. 또한 신속한 공간 이동을 위하여 자동차가 내뿜는 매연이 미세먼지의 주범이기도 하다. 일정한 편리를 위하여 반대급부로 불편을 감내해야 하는 것이다. 그러고 보면 인간의 삶은 편리와 불편의 함수에 저당 잡힌 꼴이다. 역설적으로 생활의 불편을 감수하면 반대급부로 다른 형태의 편리가 제공된다.

한편 인간은 급속도의 과학 발전으로 인하여 농경사회에서 굴뚝산업을 거쳐 서비스산업도 통과하고 현재는 정보화 사회에 살고 있다. 정보화 사회는 다른 말로 디지털시대라고도 불린다. 디지털시대의 핵심사물은 물론 컴퓨터이다. 컴퓨터를 통해 인간은 절대량의 정보를 축적하였다. 이로 인해 교육기관에서는 예전의 지식정보 전달의 기능이 폐기하다시피 되었다. 인간에게 필요한 지식 나부랭이들은 인터넷에서 검색만 하면 너무도 간단하게 충족되기 때문이다. 말하자면 인터넷은 예전의 백과사전을 무용지물로 파기한 것이나 다름없다.

이제는 인간에게 필요한 모든 정보를 스마트폰을 통해 검색만 하면 되는 세상이다. 그리하여 인터넷에 축적되어 있는 일차 정보를 가공하고 체계화시키는 작업이 새롭게 부과되었다. 요즘의 화두는 물론 '통섭', '융복합', 혹은 빅 데이터이다. 인터넷에 저장되어 있는 정보와 지식을 통섭하고 융복합하여 새로운 지식과 정보를 창출하는 숙제가 제시된 것이다. 나아가 컴퓨터로 인해 가상현실이라는 새로운 사이버 공간이 대두되었다. 컴퓨터는 복합적이고 다양한 현실 공간의 조건들을 인공적으로 구축하여 가상공간에서 유사한 생체험을 하도록 편리를 제공한다. 이제 인간의 희로애락조차 사이버 공간에서 향유하게 된 것이다.

이로 인해 인간은 편리를 얻은 대신 감각을 잃게 되었다. 고층아파트의 주거 생활이 편리함 대신 자연과의 스킨십을 잃은 것과 마찬가지로. 예컨대 고층아파트에서의 주거는 계절 감각을 봉쇄한다. 계절의 변화에 따른 바람과 비와 풍경과의 접촉을 차단한 것이다. 낙숫물 지는 소리,

나뭇잎을 후득이고 가는 밤바람소리, 먼지 자욱이 일으키며 사라지는 돌개바람, 멸망하듯 찬연히 지는 저녁 무렵의 석양은 아득한 전설이 되고 말았다. 현대인은 가상공간이나 진배없는 생활공간에서 반복적 삶을 이루는 기계적 인간이 되고 말았다. 그들은 권태를 소비하고 허무를 생산하는 호모노마드가 되었다.

프랑스의 철학자이자 문인인 들뢰즈는 현대인을 지칭하는 용어로 '노마드'를 사용한다. 그는 특정한 가치와 삶의 방식에 얽매이지 않고 끊임없이 자기 자신을 바꾸어 나가며 사는 인간, 또는 여러 학문과 지식의 분야를 넘나들며 새로운 앎을 모색하는 인간을 긍정적인 시각으로 '노마드'라 칭한다. 그러나 부정적 시각에서 보면 현대인은 과학과 문명의 급속한 발달로 인해 '자연'을 잃고 방황하는 방랑자이다. 그들은 지향해야 할 가치와 '중심'을 잃고 방황하는 디아스포라이다. 그들에게 신봉해야 할 절대 가치는 존재하지 않는다. 그들은 급변하는 시대 가치에 임시방편으로 적응하는 방랑자일 뿐이다.

현대인은 '자연'을 잃고 과학을 얻었다. 그들은 예측 가능한 세계를 잃고 불확실한 미래를 얻었다. 현대인은 실재를 상실하고 환상을 획득했다. 그들은 자연으로부터 소외당했다. 그리하여 미세먼지 자욱한 불확정적인 미래를 향하여 이리저리 배회하는 이방인이 되었다. 그들이 바라보는 세계와 삶은 미분화되었으며, 그들의 인식은 파편이 되어 헝클어져 버렸다. 그리하여 현대인은 총체적이고 거시적인 전망을 갈구한다. '자연'이 제공하는 예측 가능한 세계에서 안주하고 싶은 욕망을 드러낸다. '자연'과 동일화되고 싶은 욕망은 잃어버린 '고향'을 찾아 방황하도록 이끈다. 현대인에게 귀촌생활은 잃어버린 '자연'을 찾아 돌아가는 신화가 되었다.

시인들은 실재와 가상/환상이 혼재되어 있는 세계에서 잃어버린 신화의 세계를 꿈꾼다. 신화의 세계는 '너'와 '나', 자아와 세계가 일체화되어 있는 세계이다. 시인들은 추상과 가상이 영역을 확장하면서 더욱 불확실해지는 세계에서 구체와 감각을 찾아 고군분투한다. 그들은 '자연'의 이법을 해석하고, '자연'의 현상에 의미를 부여한다. 그들은 삶과 세계에 대한 전체적이고 거시적인 전망을 위하여 '자연'의 상상력을 탐구한다.

빈 들에
바람의 살 내음이 가득하다
하루의 일 다 마치고 황혼을 바라보는
아버지 야윈 뒷모습 같은 허수아비
나는 겨울녘 들풀들의 신음마저
사랑한다
박제로 남아있는 풀벌레소리들의
침묵도 사랑한다
황금빛 가을에 이루어야 할 삶의 과제들
모두 마치고
부스러져야 할 땐 부스러지는
저 당당한 퇴임
눈부신 정적의 틈을 비집고 들어온
먼 산사 범종소리 들을 채우면
수만 개의 번뇌처럼 반짝이는 눈발
눈발 속으로 꺼지듯 지워지는 허수아비

엄기창, 「겨울 허수아비」 전문

이 시는 겨울 들녘의 허수아비를 통해 노년의 인생을 서정적으로 제시하고 있다. '허수아비'는 노년에 이른 시적 화자의 마스크/아바타로 기능하고 있다. 시적 화자의 노년은 다양한 자연의 이미지와 상상력을 통해 구체화되고 있다. 특히 소멸의 아름다움을 자연 사물과 풍경의 유려한 직조를 통해 감각적으로 구상화시키고 있다.

시인의 '자연'에 대한 인지는 "바람의 살 내음"이라는 감각은유를 통해 탁월한 표현 효과를 성취한다. 여기서 "바람"은 화자의 살아온 생애에 대한 상징적 의미를 압축적으로 심화하고 있다. 나아가 무색무취의 "바람"에 "살 내음"이라는 구체적 감각을 부여함으로써 추상을 구상화하고 있다. 말하자면 "빈 들에/ 바람의 살 내음이 가득하다"는 화자의 열정적인 생애가 공허한 세계를 충만하게 변용하는 풍경을 선명하게 드러낸다.

시인은 텅 빈 공허의 세계 속에서 "허수아비"에 주목한다. 그는 허수아비로부터 "아버지"를 환기한다. 물론 이러한 직관은 화자 자신에게로 전이되어 나아간다. 예컨대 시인의 상상력은 들판의 허수아비로부터 아버지로 또 다시 자아에게로 투영된다. 결국 화자는 노년에 이른 자신의 삶이 아버지의 살아온 생애와 겹치는 것임을 자각한다. 다시 말해 인생의 공통성을 인지하는 것이다. 그 공통성은 "야윈 뒷모습"으로 표상된다. 다시 자신과 아버지 둘 사이의 인생의 공통분모는 "허수아비"로 수렴된다. "허수아비"는 삶/인생에 대한 허무적 페이소스를 강하게 부각시킨다. 말하자면 인생이란 허수아비의 이미지와 같이 공허하고 운명론적인 것임을 감각적으로 표출한다.

노년에 이른 화자는 이제 사라져가는 것들에 대한 애정과 연민의 정서를 드러낸다. 그의 시선은 죽음의 계절에 당도한 "들풀의 신음"과 "풀벌레소리의 침묵"에까지 확산되어 나간다. 화자는 이렇게 소멸이 예정

되어 있는 자연 사물들이 자아의 존재론적 상황과 유사함을 이해한다. 화자는 궁극적으로 자연 사물을 통해 자신의 존재론적 위상을 읽어내는 것이다. 그리하여 그가 사랑하는 자연 사물의 소멸의 운명은 결국 자신의 삶으로 치환된다. 화자는 자신의 존재론적 소멸의 상황에 대한 연민의 정서를 표출하고 있는 것이다.

겨울이라는 계절의 상징/죽음 앞에 당도한 자연 사물들은 "삶의 과제들"을 수행한 뒤 순연히 운명을 맞아드리고 있다. 그것은 "당당한 퇴임"으로 표상된다. 자연 사물들의 퇴임은 기실 화자의 존재론적 운명이나 다름없다. 그리하여 존재의 소멸에 대한 화자의 태도는 의연하고도 강직하다. 그러한 당당한 태도는 "부스러져야 할 땐 부스러지는" 생로병사라는 자연의 이법을 수용하고 있기 때문이다. 자연의 상징을 수긍하는 화자의 의연한 자세는 "눈부신 정적"의 순간에 삶의 번뇌를 해탈하는 "범종소리"와 조우한다.

이 시는 허수아비라는 사물을 통해 존재론적 고뇌를 형상화하고 있다. 그 존재론적 고민은 허무와 소멸의 관념으로 드러난다. 그러나 화자는 존재의 소멸과 허무를 자연의 이법으로 "당당하게" 수긍한다. 그리하여 존재론적 허무와 소멸에 대한 고뇌는 긍정적인 수용의 태도로 인하여 맑고 투명한 정서로 승화된다. 이 시의 이러한 관념과 정서는 다채롭고 선명한 자연 사물과 이미지를 통하여 구체성과 감각성을 훌륭하게 성취한다.

꽃을 보면 알겠네
절로 맺었다 하면서
오죽하면 이리 피는 것이랴

앉은뱅이꽃 장다리꽃
앞앞이 새벽을 열고 와서
울렁울렁 피는 것을 보면
꽃술 높이 들고
꽃 가는 꽃길 따라
하루를 모두 바친다는 것

김형오, 「하루를 바치다」 전문

이 시는 "꽃"을 바라보며, 존재론적 성찰을 통해 자신의 인생을 관조하는 작품이다. 화자는 "꽃"/자연의 관찰을 통해 깨달음에 이른다. 피상적으로 "꽃"은 "절로" 피는 것처럼 보인다. 그러나 화자는 "꽃"의 개화가 저절로 이루어지는 단순한 일이 아님을 간파한다. 화자가 보기에 "꽃"은 "오죽하면" 피는 것이다. 이 시어는 부사어 "이리"(이렇게)와 어울려 관찰자의 애정 어린 시각을 드러낸다. 예컨대 화자는 "꽃"의 핌이 존재론적 열정과 고투의 소산임을 직관한다. 세계에 존재하는 모든 사물은 나름의 명분과 가치를 위하여 고군분투하는 것이다.

"꽃"의 핌, 즉 존재의 존재 행위는 모두 각자의 의지와 의미를 지니고 있다. 모든 존재가 "꽃"이 피기 위해서는 각자의 "앞에" 당면한 "새벽"을 여는 행위가 전제 조건이다. "새벽"은 시간의 순차적 흐름에 따라 자동적으로 진행되는 것이 아니다. 모든 존재는 자아 의지로 자신의 고유하고 독자적인 시간을 확보해야만 한다. 말하자면 "꽃"/존재의 능동적인 존재의 자세는 객관적이고 물리적인 시간이 아니라 주관적이고 심리적인 시간에 직면하는 것이다.

나아가 화자는 "꽃"의 핌의 행위, 즉 존재 행위를 "울렁울렁"이라는 부사어를 사용하여 효과적으로 표상한다. "꽃"이 피는 것은 존재의 존재 활동에 다름 아니다. 그런데 그 존재 행위는 "울렁울렁"이 환기하는 설렘과 긴장감으로 이루어진다. 모든 존재의 삶은 각자의 흥분과 희열로 세계와 관계를 맺는다. 심지어 들판/세계에 주변사물로 존재하는 "앉은뱅이꽃 장다리꽃"조차 삶에 대한 희열과 설렘으로 충만하다. 화자는 자연 사물의 관찰을 통하여 이러한 존재 가치를 통찰해낸다.

자연 사물을 통한 존재의 가치는 자아에게로 투영된다. 시적 자아는 꽃의 핌이라는 자연 현상에 자신의 존재 의의를 중첩하여 인지한다. 그리하여 화자는 "꽃 가는 꽃길 따라" 전력투구하는 것이 인생의 본질이라 확인한다. 예컨대 꽃이 피는 자연 현상은 자신의 존재 의의와 일치하는 행위로 인지된다. 꽃이 전력을 다하여 피어나는 것과 마찬가지로 자신의 인생 역시 "하루를 모두 바치는" 자세를 지향한다. 이 시는 일견 단순한 어휘와 어법의 형식미학을 지니고 있다. 그러나 단순함 속에 밀도 있는 함축과 여운을 내장하고 있다. 이 시는 인생의 본질에 대한 천착을 담백하게 형상화하는 매력이 있다.

> 햇볕을 널면 고추처럼 맑게 마르는 곳
>
> 비 내린다
>
> 젖어드는 잎새들
> 능선을 따라 나선 뽀얀 빗줄기
> 한기에 몸 맡긴 채
> 도랑물로 떠내려간다
> 시월은 붉게 젖어들고

너와 나누었던 기억도 젖어
발등에 걸린다
마른 잎처럼 버석거렸던 말과
말 속으로 끼어들던 미지근한 침묵
사랑이 왜 변하는 걸까
네가 중얼거렸고 나는 말의 맥락을 짚지 못해
한참을 멍하니 있었다
이후로도 네 말이 낯설어 오래 마음을 만지러 다녔다
왜 사랑이 변했을까

상림원 숲길에도
어둠 스며 든다
수령 긴 나무들
밤을 끌어다 덮고 서서
빗소리 듣는다

널어 말린 시간도 젖는다

허순행, 「함양, 비」 전문

이 시는 가을날 비 오는 풍경을 바라보며 과거의 추억을 회상하는 작품이다. 추억은 사랑했었지만 작별하게 된 옛 연인과의 에피소드이다. 화자와 연인 사이의 추억은 구체적으로 "함양"이라는 공간에서 이루어진다. 그 공간은 맑고 투명한 '자연'이 충만한 서정적 이미지를 지니고 있다. 이 시의 '자연'의 이미지는 화자와 연인 사이의 추억을 순수하고 진지한 속성으로 환기하도록 담보하는 배경으로 기능한다. 특히 사랑의 변화와 계절의 변화를 중첩시키는 의미구조의 조직이 돋보인다. 예컨대 인간(사랑)의 변화와 세계(계절)의 변화를 맞물리게 함으로써 시의 구조를 중층화 시키는 효과를 성취한다.

1연은 화자와 옛 연인 사이의 사랑이 이루어졌던 공간을 제시한다. 그 공간은 "햇볕을 널면 고추처럼 맑게 마르는 곳"이라는 역설로 표상된다. 일상 구문의 경우 '고추를 널면 햇볕에 맑게 마르는 곳'이다. 그런데 주체와 객체를 역전시켜 시적 긴장감을 유발한다. 여하튼 이 시의 공간인 "함양"은 찬란한 햇볕이 맑고 투명한 분위기를 조성한다. 그런데 오늘은 평소와 다르게 "비"가 내린다. 오늘의 날씨는 일상의 경우와 다르게 궂은 날이다. 시의 공간 풍경은 일상에서 특수한 상황으로 변용된다.

화자의 시선은 비 내리는 풍경을 정밀하게 주목한다. 먼저 내리는 비에 젖는 잎새들을 바라본다. 이는 비와 잎사귀의 조응이다. 화창함과 궂음이 통섭되는 과정이다. 화자는 이어서 "능선"과 조응하는 "빗줄기"에 주목한다. 그 "빗줄기"는 하늘에서 내려와 지상의 "도랑물"로 흘러간다. 흘러가는 도랑물은 풍경의 변화를 암시한다. 나아가 풍경 속에 존재하는 인간의 변화까지 아우른다. 이는 화자의 연애/사랑이 변화하는 상황에 대한 복선으로 작용한다. 어찌 보면 이 시는 변화와 불변의 변증법에 대한 상념을 형상화하고 있다. 이러한 상념은 날씨의 변화와 사랑의 변화를 중첩하여 제시된다. 화자는 심리적으로 사랑의 불변을 추구한다. 그러나 현실의 사랑은 날씨의 마찬가지로 변화하는 것이다.

4연은 화자와 연인 사이의 사랑의 과정을 드러낸다. 비 내리는 가을날 풍경/세계가 젖듯이 화자의 사랑에 대한 추억도 젖는다. 그러나 사랑의 추억은 긍정적인 기억이 아니다. 사랑이 완성되지 못하고 변화했기 때문에 비극적인 결과를 함축한다. 화자와 연인 사이의 대화는 "버석거렸던 말"과 "미지근한 침묵"으로 요약된다. 사랑의 비극성은 시어 '버석거림'과 '미지근함'의 사용으로 구체적 감각성을 성취한다. 둘 사이의 사랑의 결별은 "말의 맥락"과 "마음"의 불일치에 기인한다. 사랑은 언어가 아니라 마음의 일치를 통해 이루어지기 때문이다. 결국 화자는 언어와 마음의 대화를 일치시키지 못하였으므로 사랑의 완성을 이루어내지 못한 것이다.

이윽고 화자의 공간에 "어둠"의 시간이 다가선다. 사랑의 추억에 젖은 화자의 심정이 페이소스에 물든 상황이다. 다음 연에서 화자는 객관세계의 주관화를 드러낸다. 화자는 외부 세계를 통해 자신의 내면 풍경을 표출한다. 숲 속의 나무들이 밤이 당도하였음에도 "빗소리"를 듣고 있는 것은 화자 자신의 태도를 암시한다. 예컨대 화자는 비에 젖는 세계의 풍경을 바라보며 과거 사랑의 추억을 지속한다. 그리하여 "널어 말린 시간도 젖는다"는 그동안 사랑의 추억을 애써 잊고 살았던 시간이 다시 부활하는 것이다. 시인은 다양한 자연의 이미지, 특히 비오는 날의 풍경 묘사를 구축하여 슬픈 사랑의 추억을 아름다운 풍경화로 제시한다.

> 눈에 덮여 세상은 온통 하얗고
> 보름 근처 내리는 달빛도 하얗고
> 자다가 일어나 군불 넣는 한데아궁이
> 시린 어깨 너머 펄럭이는 불꽃
> 금방 따뜻하여라, 정다워지도록
> 찬 하늘 속으로 개 짖는 소리
> 다새벽 때 잠은 벌써 멀리 가고

김석규, 「산촌」 전문

이 시는 시 제목 “산촌”이 표출하듯 산촌생활의 정경을 서정적으로 그려내고 있다. 말하자면 겨울 산촌의 적막한 풍경이 고즈넉이 묘사되고 있다. 특히 차가운 겨울밤 잠 못 이루는 화자의 외로운 심경이 자연 서정과 어울려 그림처럼 선명하다. 화자가 거주하는 공간은 “산촌”이고, 시간은 겨울의 밤이다. 그런데 그 거주 공간에는 눈이 내려 하얀 설경으로 변모된다. 더군다나 보름을 맞아 달빛까지 쏟아져 더욱 신비롭고 평화로운 겨울 공간 풍경을 연출한다.

화자는 잠을 이루다가 추위에 깨어나 아궁이에 군불을 지핀다. ‘자연’에서의 삶은 불편함 속의 평화를 제공한다. 화자는 불을 지피며 황홀한 “불꽃”과 만난다. 추위와 따뜻함의 변증법이 완성된다. 하얀 눈이 내려 적막한 산골에서 추위에 잠이 깨어 “불꽃”을 바라보며 온기를 획득하는 것이다. 시인은 겨울 산골의 세계를 “하얀” 색채감과, “차가운” 온도로 감각적이고 구체적으로 묘사하고 있다. 이는 화자가 능동적으로 수용하는 맑고 투명한 외로움으로 표상된다. 한편 겨울밤 산골생활의 적막한 외로움은 “군불”의 온도와 “불꽃”의 황홀을 만나 따뜻한 위안의 정경으로 변화한다.

산골생활의 외로움과 적막감은 “찬 하늘 속으로 개 짖는 소리” 확산되어 나가는 풍경을 통해 더욱 심화된다. 그리고 화자의 내면은 “다새벽때 잠은 벌써 멀리 가고”에서 외로운 존재의 본질과 대면한다. 적막한 산촌에서 외로운 삶을 이루며 인간의 본질적 쓸쓸함을 고즈넉이 수용하는 삶의 자세가 두드러진다. 하여 이 시는 겨울 산촌생활의 담백한 묘사를 통해 외로운 인간의 존재론적 본질을 미려하게 성취해내고 있다.

사랑은 빈 하늘이다
사랑은 빈 들녘이다
나는 사랑을 찾아 길을 떠난다
아직도 하늘을 채우는 사랑
빈 들녘을 채우는 사랑
찾지 못한 채
하늘에서 떨어져
빈 들녘 건초더미 속에 누워 있다

이유식, 「사랑」 부분

이 시는 "사랑"의 정체와 갈구에 대해 형상화하고 있다. 사랑의 정체는 은유를 통해 드러난다. 우선 사랑은 "빈 하늘"로 규정된다. 여기서 주목할 특성은 "빔"이라는 결핍의 의미소와 "하늘"이라는 물성이다. 예컨대 화자에게 사랑은 충족되지 않은 결핍의 대상이다. 또한 "하늘"은 무한 자유의 의미를 환기한다. 사랑은 다시 "빈 들녘"으로 정의된다. 여기서도 여전히 사랑은 결핍의 대상으로 반복된다. "들녘"은 지상의 한계 조건을 함축한다. 화자는 하늘과 지상이라는 상방과 하방 공간에서 모두 사랑의 결핍을 인지한다. 시인은 "사랑"의 결핍 상황을 대표적 '자연' 사물인 하늘과 들녘의 공간 이미지를 활용하여 구축한다.

화자는 빈 공간인 세계에서 결핍된 사랑을 찾아 헤맨다. 그가 사랑을 찾아 떠나는 길은 인생의 길이다. 인생 자체가 사랑을 갈구하며 사랑을 찾아 방황하는 여정이기 때문이다. 그러나 하늘과 들녘으로 표상된 세계는 여전히 사랑이 부재중이다. 다만 그 빈 공간에는 사랑이 채워지고 있는 중이다. 비어 있는 세계의 황막한 공간을 사랑으로 채우는 것이 우리 인간에게 부여된 사명이다. 하여 화자는 사랑을 찾아 하늘과 들녘이라는 세계의 빈 공간을 떠돈다. 어찌 보면 사랑을 찾아 헤매는 과정 자체가 사랑을 채우는 것이다. 그런데 화자가 찾아 헤매는 사랑은 "빈 들녘 건초더미 속에 누워 있다." 사랑은 우리의 일상 도처에 편재하는 것이다.

현대인은 과학과 문명의 발달로 자연으로부터 소외당하였다. 아니 인간은 현대에 이르러 물신주의, 자본주의의 심화로 자연을 경시한 측면이 있다. 그 결과 현대인은 자아와 세계의 동일화를 이루지 못하고 인생의 궁극을 놓치고 말았다. 인간은 삶과 세계를 전체적으로 조망하지 못하고 파편화된 인식으로 부유하게 되었다. 인간은 자연으로부터 별리되어 방황하는 디아스포라가 된 것이다. 이러한 상황에 직면하여 시인들은 '자연'의 회복을 꿈꾼다. 즉 예측 가능한 자연의 논리에 따라 사는 평화로운 삶을 지향한다. 오늘도 시인들은 '자연'이 함축, 상징하고 있는 신선한 이미지를 창출하며, 밝고 희망찬 미래를 향해 배회하고 있다.

I-8 "인간적인 너무나 인간적인" 사람의 시학

"사람이 먼저다." 요즘 우리 시대를 관통하는 명제이다. 그러나 이 말은 의도적인 불완전 문장으로 되어 있다. 이 문장은 주어 "사람이"에 서술어 "먼저다"가 결합한 완벽한 단문이다. 따라서 형식적으로는 별 문제가 없어 보인다. 그러나 의미론적으로 보아서는 완벽하지 않다. 서술어 "먼저다"는 선후의 우선순위를 다투는 의미소를 지니고 있다. 우선순위를 헤아리기 위해서는 비교의 평가행위가 동반된다. 따라서 비교의 대상이 제시되어야 한다. 그러나 이 문장에는 비교의 대상이 생략되어 있다. 예컨대 이 문장은 "사람이 (----보다) 먼저다"의 구조로 되어 있다.

이 문장에 비교의 대상이 명시되지 않은 이유는 무엇인가. 만약 단일한 비교대상을 제시하면, 이 명제가 지닌 의미의 포용력이 축소되어 버린다. 따라서 의도적으로 비교의 대상을 열린 항목으로 여백화한 것이다. 그리하여 이 문장을 접한 독자는 (----보다)를 메꿔 읽어야 할 숙제에 봉착한다. 괄호 안에 들어갔으면 좋을 단어와 개념은 다양하게 열려 있어 포괄적 성격을 띤다. 예컨대 제도, 국가, 이념, 물질, 자본, 형식, 빵, 자동차, 노동, 규칙 등 괄호를 메울 어휘나 개념은 무궁무진하다. 요컨대 이 문장은 궁극적으로 열린 인본주의를 표상한다.

인간중심주의, 즉 인본주의 사상은 중세 봉건으로부터 근대로의 이행을 가름하는 중요한 지표이다. 중세에 인간의 가치는 신에게 봉사하기 위한 수단적 의의를 지니고 있었다. 그러나 데카르트가 "나는 생각한다, 고로 존재한다."는 언명을 갈파함으로써 세계의 중심은 신으로부터 인간으로 이동하였다. 이후 근대에 이르러 인간을 위하여 신이 필요한 시대정신이 부각되었다. 그리하여 "신은 죽었다"고 외친 니체는 『인간적인 너무나 인간적인』에서 인간의 자유정신과 창조정신을 거듭 강조하였다. 마침내 인간 위주의 휴머니즘은 세계의 중심 가치로 확립되었다.

우리 한국의 경우도 인간의 자유정신과 민주 개념은 오래 전 「단군신화」나 건국이념에서 찾아볼 수 있다. 특히 건국이념인 "홍익인간"은 직접적으로 인간 중심의 가치를 표방한다. 이후 근대에 이르러 동학의 "인내천" 정신은 "사람이 먼저다"의 씨앗이 되는 역할을 하고 있다. 그러나 우리는 산업사회 이후 정보화시대에 이르기까지 '인간'의 가치가 폄훼되는 시류에 휩쓸리고 있다. 과학과 기계문명의 발달, 자본과 물질 중심의 생활환경으로 인하여 '인간' 중심의 가치관이 약화되고 있는 것이다.

현대인은 인간들 사이의 마음의 소통이 약화되는 상황에서 각박한 삶의 현장을 표랑한다. 그리하여 현대인은 소외와 고독의 초상으로 새겨진다. 예전에 우리는 '인심' 혹은 '인정'을 인간이 지녀야 할 중요한 가치 덕목으로 삼았다. 그러나 다정다감한 인간의 품성으로서의 인심과 인정은 경쟁과 효율이 우선시되는 자본주의/신자유주의 시대에 그리 환영받지 못한다. 치열한 경쟁이 자욱하고, 효율성이 무한 강조되고,

타자보다 잽싸게 앞서가야만 하는 속도의 시대에 휴머니즘은 거추장스럽기만 하다. 그러나 역설적으로 이러한 시대 분위기로 인하여 인간 중심의 인정과 인심은 더욱 소중한 가치로 내세워져야 할 것이다.

시인들은 이러한 각박하고 황량한 시대에 즈음하여 인정과 인심을 소중한 덕목으로 헤아린다. 타자와의 인정과 인심의 교감을 통하여 인간 중심의 휴머니즘을 구가한다. 그 중에서도 특히 육친과의 인정 혹은 인심의 소통에 주목한다. 인간의 가장 기본적이고 본질적인 인정의 소통과 교감은 부모 자식 사이에서 이루지기 때문이다. 부모와 자식 사이에서 이루어지는 인정은 주로 그리움의 정서로 표상된다.

무적함대였던 등판과 막강했던 어깨가 아버지였다

힘없는 두 다리 사이,
습하고 냄새나는 아버지의 부자지를 주물럭거려가며
내가 태어난 DNA의 통로가 되어준 흔적과
씨앗주머니의 주름 사이사이를 닦는다
퀴퀴한 역사의 어두운 길을 더듬어 들어간다
초점 없는 시선으로 그윽하게 나를 들여다보시는
아버지, 부끄러움도 없다
어쩌면 아버지는 지금
생명의 시원을 찾아 바이칼 어디쯤을
고비사막의 모래언덕 어디쯤을 찾아 헤매며
원시 이전의 시간이 고여 있는 웅덩이를
응시하고 있을지도 모른다
그 회로의 어디쯤에서 우린 만나고 있는지도 모른다

아버지, 돌아오세요!

권천학, 「아버지의 흔적」 전문

이 시는 병상에 누워 있는 아버지를 간호하는 정회를 형상화하고 있다. 화자는 노년에 이르러 병상에서 죽음을 기다리는 아버지를 돌보며 젊은 시절의 아버지를 회상한다. 자식의 부모를 향한 인간적인 정서가 주요 시상으로 작용한다. 예컨대 화자는 젊은 시절의 아버지와 노년에 이른 아버지를 비교하며 아버지의 건강 회복을 기원한다. 특히 병상에 누운 아버지의 허약한 신체를 통해 부자지간의 소통의 부재를 안타까워한다.

1연은 아버지의 건강했던 과거 시절의 모습을 드러낸다. 젊었을 적 아버지는 건강하여 "무적함대"로 느껴질 정도였다. 아버지는 가장으로서 세상을 상대로 건강하게 삶을 유지하고 있었다. 이러한 과거의 아버지의 모습에 대한 회상은 2연에 이르러 반전된다. 아버지는 자신의 인간적인 존엄이 훼손된 상태로 병상에 누워 자식의 간호를 받는 상태이다. 심지어 생물학적 배변도 스스로 다스리지 못하고 부끄러움도 느끼지 못한 채 타자의 조력을 받아야 하는 위약한 모습이다. 화자는 아버지의 생식기를 닦으며 자신과 아버지의 소중한 육친의 연결을 생각한다.

아버지의 위중한 병세는 "생명의 시원"과 "원시 이전의 시간"으로 환원하기 위한 방황의 과정을 겪고 있는 중이다. 이러한 아버지의 사투/방황은 공간 차원에서 "생명의 시원"으로의 회귀를 암시한다. 한편 시간 치원에서는 "원시 이전 시간"으로의 이동을 함축한다. 말하자면 아버지의 죽음을 목전에 둔 화자는 삶과 죽음을 순환하는 것으로 이해한다. 그리하여 아버지의 죽음을 삶의 단절로 인식하지 않는다. 이러한 순환적 생사관은 삶이 변용의 과정을 거치며 영원히 유전된다는 동양적 사고의 편린이다.

하여 화자는 부모와 자식 사이의 인연을 "만남"의 과정으로 이해한다. 이 만남은 이승에서의 일회적인 과정이 아니다. 시간의 순차성을 극복하고 다시금 만남을 예비하는 반복적인 것이다. 마지막 연에서 화자가 "돌아오세요!"라고 기원하는 태도 역시 순환적 생사관에 기초한 소망이다. 이 시는 부모와 자식 사이의 육친의 정회를 병간호의 상황을 통해 구체적으로 그리고 있다. 아버지의 죽음을 목전에 둔 상황에서 안타까운 혈육의 정을 연기론의 관점에서 섬세하게 묘사하고 있는 것이다.

> 한 가지 휘도록
> 가득 품은 개구리 알처럼
> 제 몸 힘겨워도 알알이 영글어
> 자식 자랑 햇살 아래 늘어놓아
>
> 붉은 한 알 두 알 따 담다
> 휜 허리 펼 겨를 없이 미나리 다듬던
> 여덟 자식 입치다꺼리
> 뜬눈 새우던 울 엄마
>
> 발갛게 익은 핏방울
> 한 알 입에 물면
> 속울음 눈물방울
> 입안에서 터진다

노승문, 「방울토마토」 전문

이 시 역시 부모에 대한 그리움의 정서를 "방울토마토"의 묘사를 통해 형상화하고 있다. 화자는 어머니가 재배하던 방울토마토를 바라보며 그니를 회상한다. 방울토마토는 어머니의 삶을 추억하도록 추동하는 촉매로 작용한다. 동시에 방울토마토는 어머니의 소중한 양육의 대상인 자식들을 환유한다. 이처럼 방울토마토는 이 작품의 시상 전개에 있어 중심 역할을 수행한다.

1연에서 화자는 방울토마토에 인격을 부여하여 어머니의 이미지를 중첩시킨다. 예컨대 여덟 자식을 기르는 어머니의 모습과 알알이 영근 방울토마토는 유사성을 확보한다. 그 자식들을 양육하는 어머니의 노고는 "한 가지 휘도록"의 무게감으로 드러난다. 또한 많은 자식들은 "개구리알"의 군집성으로 구체화되고 있다. 이러한 이미지는 방울토마토의 형상을 시각적으로 더욱 섬세하게 구상화하는 역할을 담당한다. 어머니의 자식 양육에 대한 수고는 "알알이 영금"과 "자식 자랑"으로 수확된다.

2연에서 어머니는 가정을 돌보는 다양한 부양의 모습을 보여준다. 어머니의 이미지를 비유적으로 환기하던 방울토마토는 객관적 실체로 변용된다. 그리하여 어머니는 방울토마토를 수확하는 작업, 미나리를 다듬는 일, 식구들의 식사를 위해 수고로움을 아끼지 않는다. 가족을 위한 어머니의 노동은 가혹한 수준으로 형상화된다. 예컨대 가혹한 노동의 강도는 "휜 허리 펼 겨를 없이"와 "뜬 눈 새우던"으로 구상화되고 있다. 이는 육체노동의 힘듦과 자식을 향한 어머니의 간절한 자세를 드러낸다.

3연에서 화자는 방울토마토를 통해 촉발된 어머니에 대한 그리움을 표출한다. 잘 익은 방울토마토의 붉은 색깔은 어머니의 노고를 상징하는 "핏방울"로 인지된다. 화자는 방울토마토를 먹으며 어머니에 대한 그리움의 "속울음"을 흘린다. 이 시는 방울토마토의 이미지를 통해 어머니를 그리워하는 서정을 간명하게 형상화하고 있다. 또한 '방울' 혹은 '알'의 다양한 반복을 통해 이미지의 통일성과 아울러 유효적절한 소리 효과를 성취하고 있다.

> 소음이 지켜주는 정적에
> 아버지는 들어 있다
> 오른쪽 눈과 왼쪽 눈의 시력이 다르듯이
> 왼쪽 귀와 오른쪽 귀의 세상이 다르다
> 점점 더 침묵의 바다로 빠져드는 아버지는 말을 잃고
> 손동작과 눈치로 세상을 읽는다
> 사람의 낯빛을 훑고
> 말보다도 속내를 먼저 파악하는 바람처럼
> 마음을 먼저 읽어낸다
> 엎질러진 물을 담지 못하듯
> 소음 사이로 스며들어간 청력
> 말이 필요 없는 시간을 만든다
> 톡톡톡
> 수면에 물비늘 펴지는 소리가 옮게 보인다
> 소리를 눈으로 본다
>
> 심우기, 「백색소음」 전문

이 시는 청력을 상실한 아버지의 노년에 대한 정서를 형상화하고 있다. 청력을 상실한 아버지가 세상과 소통하는 상황을 구체적이고 섬세한 관찰을 통하여 묘사하고 있다. 아버지는 청각이 아니라 시각으로 세상과 소통한다. 소리가 거세된 정적과 고요의 삶은 역설적으로 "마음"

을 읽어내는데 집중된다. 어찌 보면 인간들 사이의 진정한 소통은 말이 아니라 마음을 통해 이루어진다. 불가에서 말하는 염화시중의 미소처럼. 물론 이 시에는 화자의 아버지에 대한 안타까운 정서가 시의 주조를 이루고 있다.

화자는 아버지의 청력 상실 상황을 "소음이 지켜주는 정적"으로 인지한다. 이는 소음이 거세된 고요한 세계로, 긍정적 인지과정을 함축한다. 나아가 세상을 응시하는 좌우의 시선이 변별되는 것과 마찬가지로 청력 또한 좌우 각각의 가치를 지니고 있다. 이는 세상을 살아가는 가치관의 차이를 인정함과 동시에 모두 일정한 의미가 있음을 표출한다. 화자는 아버지의 세상에 대한 균형 잡힌 태도를 읽어낸다. 세상을 살아가는 방식은 '좌우'의 관점이 아니라 '마음'을 읽어내는 것이다.

그리하여 아버지는 '말'을 상실하고 '마음'을 획득한다. 그는 "손동작과 눈치"로 세상과 소통한다. 표면적으로는 시각으로 타자와 소통하는 것 같지만 이면에서는 "속내"를 읽어내는 관심법에 도달한다. 소통의 진정한 가치는 불완전한 표현수단인 '말'이 아니라 '마음'의 교호인 것이다. 아버지의 청력은 소음 사이로 사라져 버렸다. 청력이 거세된 아버지의 삶은 이제 "말이 필요 없는 시간"으로 인하여 고요한 평정의 경지에 이르게 되었다. 하여 '소리'는 공간적 지표인 '물비늘'로 변용된다. 마침내 아버지는 "소리를 눈으로 보는" 고요한 정적의 세상에서 평화롭기만 하다. 이 시는 청력을 잃은 아버지의 삶을 긍정적인 시선으로 응시함으로써 안타까운 정서를 밝고 투명하게 변모시킨다.

돌기둥에 2층으로 지어진
천안 삼거리 정미소

주인으로부터 경영을 맡아
정미소를 돌리긴 했지만
인부들은 모두 마을 어른들이라
갓 스물을 넘긴 아버지는
항상 먼저 일을 할 수밖에 없었단다

6.25전란
9.28수복
1.4후퇴
그 때마다 정미소는
남, 북 군인들의 은신처가 되었고
1.4후퇴 때
급기야 아버지는
국군을 도왔다는 구실로
인민재판을 받으셨는데
정미소 마당에 둘러선 인부들 중 한 사람도
자식 같은 아버지를 죽이라는 사람이 없었단다
간신히 총살을 면한 아버지에게
어느 인부가 일러준 대로
팔뚝에 붉은 띠를 매고 부산으로 피신
목숨을 건진 아버지는
부산서 20년을 사시는 내내
고향의 인정을 그리워하셨다

이순욱, 「아버지 3 —인민재판」 전문

이 시는 아버지의 신난한 생애를 통해 현대사의 질곡을 서사적으로 형상화하고 있다. 가급적 수사를 절제하고 역사적 사건 기술을 위주로 시상을 전개하고 있다. 화자의 아버지는 역사적 사건을 거치며 개인과 집단 사이의 길항관계를 몸소 체험한다. 아버지의 삶은 화자에게 구술로 전해진 것으로 보인다. 그것은 아버지의 삶의 내용이 '--단다'라는 간접서술형 종결을 통해 이야기되기 때문이다. 화자는 아버지의 생애를 전해 듣고, 이를 시간의 흐름에 따른 순차적 구성으로 담담하게 시상을 전개한다.

1연은 아버지가 일제강점기 시절 천안삼거리에서 정미소를 위탁 받아 운영하던 내용이다. 정미소의 인적 구성은 특이하다. 위탁을 받아 정미소를 경영하는 아버지는 제일 나이가 어리다. 나머지 인부들이 오히려 마을 어른들로서 화자의 아버지보다 연장자이다. 직장의 서열구조와 나이의 구조가 어긋나 있다. 이러한 조건임에도 아버지는 운영자의 위세를 드러내지 않고 솔선수범하는 태도를 보인다. 예컨대 아버지는 휴머니즘에 입각하여 인간적으로 정미소를 운영한다. 이는 아버지의 삶의 태도를 반영한다.

그러다 아버지는 한국전쟁을 겪는다. 전쟁의 와중에서 천안삼거리에 위치한 정미소는 전세에 따라 국군 혹은 북한군의 은신처로 기능한다. 그리고 마침내 1.4후퇴 때 북한군의 점령으로 인하여 아버지는 국군을 도왔다는 구실로 인민재판에 회부된다. 그러나 아버지는 그동안의 사람을 중시하는 인간적 삶의 행적으로 인하여 총살을 면한다. 아버지는 죽음의 문턱에서 구사일생으로 살아나 고향을 떠나 부산으로 피난한다. 그리고 타향살이 내내 자신을 구명한 고향 사람들의 인정을 그리워하며 살아간다.

이 시는 화자의 아버지가 격동의 근현대사를 몸소 겪은 체험을 질료로 삼고 있다. 첨예한 좌우 이데올로기의 대립 속에서 인간을 중시하는 삶의 태도로 인하여 죽음을 모면한 체험이 중심을 이룬다. 물론 어디선가 한 번 들었음직한 사건의 보편성으로 인해 시적 긴장감을 유발하지는 않는다. 그렇더라도 이 시는 제도나 이념에 앞서는 것이 바로 '사람'이라는 구체적인 사건을 그리고 있다. 따라서 요즘 회자되는 '사람이 먼저다'의 구체적인 실증 사례로 손색이 없다.

> 갯벌은 인간의 뒷모습을 닮았다
> 먹먹한 잿빛 그 끝에
> 인생의 무채색 살갗이 닿아 있다
>
> 햇살과 노닥이는 갯벌을 바라보고 있으면
> 너덜너덜할 때까지 일해도
> 그저 팍팍하기만 한 노동자의 짓무른 눈시울이 떠오르고
> 저뭇한 저 낮은 몸짓은
> 무릎 꿇고 절하는 스님의 뒷모습 같기도 하고
> 생사의 축축한 이별을 애도하며
> 한없이 고개 숙인 겸양 같기도 하다
>
> 자연이나 인간이 안고 있는 무채색은
> 모두가 상처에서 온다
> 갯벌은 돌의 수많은 상처를 품었고
> 사람은 살갗 속에 주근깨와 잔털, 점들의 상처를 박고
> 배의 닻처럼 우아한 무채색이 된 게다

저 아낙 역시도
새끼들 다 돋보이게 해놓고 자신은 난장으로 물러나
무채색으로 익고 있는 게다

한 끼의 양식을 서리서리 이고
무채색 갯강을 건너고 있다

김일곤, 「무채색 인생」 전문

이 시는 바닷가 갯벌의 풍경을 인생의 다양한 의미로 이미지화하고 있다. 즉 서경을 통해 서정을 환기하고 있다. 시인은 갯벌을 미시적으로 관찰하여 인생의 의미를 부여하고 있다. 특히 갯벌의 풍경 속에서도 "무채색"이라는 색채 감각에 주목하여 인생의 허무주의 혹은 무욕주의를 강조하는 것으로 보인다.

1연에서 화자는 '갯벌'과 '인간'의 유사성을 유추한다. 그 유사성을 성립시키는 '뒷모습'의 속성은 허전하고 아쉬운 정서이다. 시인은 갯벌이 지닌 풍경 중에서 아쉽고 허전한 이미지를 발췌한다. 특히 갯벌이 환기하는 "먹먹한 잿빛"의 풍경으로 인생의 한 자락을 읽어낸다. 예컨대 인생은 바닷가 갯벌과 마찬가지로 '무채색'으로 인지된다. 이러한 시인의 인지 태도에는 인생은 허무한 것, 혹은 무욕의 상태이어야 한다는 이중적 내포의미가 잠복해 있다.

2연은 갯벌의 구체적인 풍경과 인생의 특수한 성격을 대응시키고 있다. 우선 화자는 저녁노을에 물든 갯벌의 풍경을 제시한다. 그런데 이 갯벌의 풍경은 "햇살과 노닥이는" 수식을 통해 긍정적인 세계 조망의 인식으로 드러난다. 말하자면 낙낙하고 화평한 세계의 모습을 관조하는 것이다. 그런데 시인은 그 풍경 속에서 노동에 시달리는 인간의 모습을 읽어낸다. 강팍한 노동 현장의 속성은 '너덜너덜'과 '팍팍하기만'의 형용을 통해 구체적으로 제시된다. 여기서 세계는 화평한데 반해 인간의 삶은 불화를 겪고 있다는 역설적 상황이 부각된다.

이어서 갯벌을 '몸짓'으로 의인화한 풍경 묘사가 제시된다. 갯벌의 '낮고 저뭇한' 상황은 "절하는 스님의 뒷모습"으로 은유된다. 이는 갯벌에서 묵묵히 수도하는 경건하고 겸손한 삶의 자세를 환기하는 것이다. 또한 갯벌에서 인생의 비애를 고즈넉이 수긍하는 풍경을 드러내기도 한다. 갯벌의 풍경은 삶과 죽음을 포용하는 낙낙한 슬픔의 공간으로 환치된다. 그리고 낮게 갈앉은 갯벌의 조망은 "고개 숙인 겸양"의 속성을 부각시킨다.

3연은 인간과 자연을 '무채색'의 유사성을 고리로 결부시킨다. 그리고 그 무채색에서 "상처"를 읽어낸다. 인간이나 세계는 모두 '상처'를 필수요소로 간직한 채 존재한다. '갯벌'은 '돌의 상처'를 포용한 채 존속한다. 마찬가지로 인간 역시 다양한 상처 체험을 겪으며 존재한다. 이와 같은 '상처'의 체험과 공유로 세계와 인간은 동질성을 확보한다. 달리 말하면 이 세상에 '상처' 없이 존재하는 것은 아무것도 없다. 시인에게 '상처'와 '무채색'은 동류항으로서 은유의 형식을 제공한다. 그런데 그 '상처'는 "우아한 무채색"으로 수렴된다. 주목할 점은 이 상처가 '우아한' 속성을 지니게 된다는 것이다. 즉 인간과 세계의 본질적 존재 속성인 '상처'는 긍정적 가치로 인정된다.

화자는 갯벌에서 노동하는 '아낙'에게로 시선을 옮긴다. '아낙'의 노동은 일종의 상처로 인지된다. 나아가 그 노동은 '무채색'의 매개항을 통해 '상처'와 갯벌과 일체화를 이룬다. 예컨대 갯벌과 동일시된 '아낙'의 노동은 새끼들을 위한 헌신의 가치로 인지된다. 타자를 위해 헌신하는 삶의 자세를 통해 마침내 '갯벌'의 존재 속성이 정체를 드러낸다. 나아가 '무채색'의 의미도 타자를 위하여 자신을 지우는 헌신과 배려의 내포를 지닌다. 마지막 연에서 '아낙'의 노동은 "한 끼의 양식"을 위한 구체적 삶의 목적성을 지닌다. 이로 인해 '갯강'의 풍경은 시 제목이 제시하는 '무채색 인생'으로 수렴 포괄된다.

예전에, '우리 고장은 인심이 넉넉해', '그 사람은 인정이 많아', '그 마을은 인정이 흘러넘치는 곳이야', '그 사람은 인심이 좋아'와 같은 자랑이 흔히 회자되곤 했다. 그런데 요즘 이런 자랑은 듣기 힘들다. 현대사회에서 인정과 인심이라는 가치는 유효기간이 마감되어버린 것처럼 보인다. 이는 마음보다 물질이 우선시되는 풍조 때문이기도 할 것이다. 예컨대 물신주의와 자본주의의 팽배로 인하여 상대적으로 마음을 중시하는 정신주의가 약화된 것으로도 보인다. 그러나 인정과 인심이라는 정신 가치는 오히려 각박한 현대사회에서 더욱 요구되는 휴머니즘의 필수요소이다.

시인들은 여전히 현대사회에서 '인정'의 소중한 가치에 주목한다. 그러나 앞에서 살펴보았듯이 인정의 구체적인 착목은 가족의 '정'으로 한정되어 제시된다. 이제 '인정'에 대한 감각과 인지는 가족주의 범위로 좁혀진 느낌이다. 말하자면 인정의 확인은 주로 '효'의 차원에서 이루어지는 안타까운 상황이다. 그렇더라도 시인들은 현대의 도저한 물질과 문명의 범람에 맞서 '인정'의 소중한 가치를 추켜세우는 작업에 매진할 것이다. 자본과 물질의 미세먼지가 점령군처럼 진주해오는 이 풍진 세상을 맑게 정화하기 위하여.

II
CHAPTER

1 고독과 허무와 정면 승부하는 견고한 사색

2 시간 여행자가 부르는 보헤미안 랩소디

3 추억의 회상과 자아 성찰로 빚어내는 사랑의 노래

4 떠나가는 계절을 탄주하는 슬픈 소야곡

5 술술 읽히는 순수 서정 담백한 미학

6 은은한 서정과 풍경 표상의 낙관주의

7 소박하고 조촐한 삶에 대한 그리움의 서정

8 지리산, 그 모성의 원형에 대한 지향

II-1 고독과 허무와 정면 승부하는 견고한 사색

시집의 해설을 쓰는 일반적인 방식은 시집의 전체 작품을 관통하는 주제 의식과 형식미학을 구체적이고 선명하게 설명하는 것이다. 그리하여 해설자는 시집을 통독한 다음 시인의 주된 관심사를 주제별로 분류하여 범주화한다. 다음으로 시인의 세계관과 가치관이 작품으로 형상화된 의의와 가치를 규명한다. 이러한 작업에는 시가 예술로서 지녀야 할 문학성/미학을 동시에 고찰해야만 한다. 말하자면 시집의 해설은 시인의 세계인식/시의식과 형상화 방식을 꼼꼼하게 분석하여 독자의 이해를 돕는 친절한 안내를 목표로 한다.

이운룡 시인의 14번째로 출간되는 이번 시집은 총 4부로 나뉘어 도합 70편이 실려 있다. 이 시편들을 주제 의식에 따라 거칠게 범주화 하면 존재론적 성찰, 과거의 삶에 대한 기억, 세계에 대한 치열한 응시 등이다. 그런데 재미있는 현상은 1부 "멀고 먼 소리향香"에 실려 있는 작품 12편이 이 시집을 관통하는 이와 같은 주제 의식을 골고루 함축하고 있다는 점이다. 나아가 작품의 완성도 역시 우수한 면모를 보이고 있다. 이러한 점에서 이 글은 이 시집의 1부에 소속되어 있는 작품을 주요한 분석의 대상으로 삼는다.

이운룡 시인은 그 동안 끈질기고 지속적으로 인생, 삶, 존재 등에 대해 천착하여 왔다. 그는 삶의 본질, 존재의 근원 등에 대한 묵직하고 중후한 사색을 형상화 한다. 시인은 사물에 대한 감각이나 마음에서 출렁이는 정서보다 삶과 존재의 근원에 대한 사유를 중시한다. 특히 노년에 이른 그는 삶과 세계에 대한 성찰을 함에 있어 간명하고 담백한 관조적 태도를 지향한다. 그의 시는 현란하고 복합적인 수사를 배격한다. 고졸하고 담백한 응시를 통해 주제 의식을 선명하고 구체적으로 부각시킨다. 이로 인해 그의 시는 관조적이고 달관적인 품격을 성취한다.

시인은 이번 시집에서 특히 자아 존재를 정면으로 응시하고 성찰한다. 일상의 삶 속에서 맞닥뜨리는 소소한 체험을 통해 존재론적 사색을 집요하게 수행한다. 그리하여 시인은 다양한 자연 현상의 이면에서 인생의 본질을 유추한다. 그에게 자연과 일상은 인생의 본질을 현현하기 위한 메시아/매체로 기능한다. 그는 삶의 진행되는 동안 내내 본질과 근원에 대한 궁극적 질문을 멈추지 않는다. 이러한 엄정한 사색의 과정을 거쳐 그의 시는 마침내 존재의 고독과 허무를 형상화 한다. 이런 점에서 그의 시작詩作은 자기 검열임과 동시에 자아 수련의 과정으로 이해될 수 있다.

눈 솜이불인 바닷가 어선 한 척
깊고 무거운 회한에 잠겨

바다의 헐렁한 수갑을 풀어놓고
그물 속 은비늘 무게도 내려놓은 채

길 잃은 바닷바람
파도와 싸우며 울부짖던 한평생이
늙어서

이제는 시름마저 갯바닥에 던져놓고
비린 꿈자리 파고드는 쌀쌀한 겨울밤

손짓해도 무표정한 어선 한 척
깊고 무거운 회한에 잠겨 있다.

「늙은 어선」 전문

이 시는 "어선"에 대한 관찰을 형상화하고 있다. 그런데 항용 그렇듯이 이 '어선'은 단순한 자연 사물이 아니라 인격적 존재로 치환되어 인지된다. 이 '어선'은 은유를 통해 유정물, 그 중에서도 인간 존재로 상징화되고 있다. 특히 이 '어선' 은 "회한"의 감정을 지닌 존재로서 표상되고 있다. 이러한 인지 태도로 인해 '어선'을 형상화한 이 시는 존재론적 성찰을 의도한 작품으로 드러난다.

먼저 '어선'은 "눈 솜이불"로 은유된다. '어선'의 존재는 '눈'과 '솜이불'의 속성을 빌려 존재론적 속성을 드러낸다. 예컨대 '눈'은 표면적으로 아름다운 감각을 제공한다. 또한 '눈'은 시간 감각 차원에서 머지않아 소멸을 예비한 존재 속성을 지니고 있다. 이를 통해 '어선'은 시간의 한계를 내재한 아름다운 존재임을 표상한다. 한편 '솜이불'은 따뜻한 온기와 평화로운 휴식을 제공하는 사물이다.

그리하여 '눈 솜이불'은 이러한 속성을 융합하여 '어선'이라는 사물에 비극적 아름다움을 지닌 존재론적 특성을 부여한다. 그런데 이 '어선'은 "바닷가" 공간에 존재한다. 이를 통해 '어선'은 항해를 멈추고 정박 중인 상태에 처해 있다는 존재 속성을 지닌다. 또한 이면에는 '인생은 항해이다'는 기본개념 은유가 작동하고 있다. 말하자면 '어선'으로 치환된 존재/인간은 항해/삶을 치루고 정박/휴식 중이다. 나아가 이 '어선'은 "한 채"라는 단독자의 성격을 부여받음으로써 고독한 존재 속성을 환기한다. 그리하여 바닷가에 홀로 정박 중인 '어선'은 "깊고 무거운 회한에 잠겨" 고독과 쓸쓸함의 존재 속성을 드러내고 있다.

'어선'으로 표상된 외로운 단독자는 항해를 멈추고 정박/휴식의 상황에 놓여 있다. 정박 중인 '어선'/존재는 삶을 구속하고 억압하던 "수갑"으로부터 해방되어 있다. 뿐만 아니라 생계를 위해 포획해야 했던 "은비늘"/경제활동의 "무게"/부담감으로부터도 벗어나 있다. 어찌 보면 치열했던 삶의 중심으로부터 물러나 지나온 삶의 과정을 회한의 시선으로 관조하고 있다. 과거의 회상은 삶의 이정표를 잃을 정도로 치열한 상황으로 묘사되고 있다. 예컨대 과거의 삶은 "바닷바람"과 "파도"와의 "싸움"으로 드러난다. 화자/어선의 인생은 항해로 은유되는 바, 지나온 항로의 풍경은 '싸움'으로 요약되고 있는 것이다. 나아가 그 '싸움'/젊은 시절의 삶은 "울부짖음"으로 표상되고 있다. 이는 젊은 시절의 삶/항해가 치열하고 격렬했음을 드러낸다.

4, 5연은 인생이라는 항해를 마치고 부두에 정박하여 회한에 잠긴 어선의 정서를 표출하고 있다. 젊음을 통과한 어선/존재는 물이 빠져 항해할 수 없는 "갯바닥"에 시름까지도 방기한 채 무기력한 상태에 처해

있다. 다만 지나온 젊음의 열정이 "비린 꿈자리"로 회상되는 처지이다. 이러한 심상과 우울의 정서적 상황은 "쌀쌀한 겨울밤"의 분위기를 통해 더욱 극화되고 있다. 특히 타인과의 교감도 적극적으로 수행하지 못하고 '무표정'으로 외로운 존재성을 드러내고 있다. 치열했던 젊은 시절의 삶을 지나온 어선/존재는 과거를 회상하며 고즈넉이 "깊고 무거운 회한"에 잠겨 있을 뿐이다.

이 시는 '어선'을 통해 '인생은 여행이다'는 은유를 형상화하고 있다. '어선'은 외로운 단독자의 존재성을 대리하는 상징물로 기능한다. 지나온 삶을 반추하는 한 인간의 회한의 정서가 어선의 이미지를 통해 일관되게 표상되고 있는 것이다. 각 연 말미의 완성되지 않은 서술형 종지법은 이 시의 회한의 정조를 다음 연에 연쇄시킴으로서 지속 강화하는 시적 전략으로 보인다. 이러한 작시 전략으로 인해 이 시의 존재론적 성찰의 의미는 더욱 농밀해지고, 구조는 긴밀성을 확보하는 효과적인 성격을 띤다.

> 무심코 잘못했던 일들
> 하나, 둘, 셋
>
> 행복했던 날들
> 회한과 눈물이 젖은 밤낮
> 넷, 다섯, 여섯
>
> 밥상의 수저들 세고 나면
> 자식들 백조자리, 큰곰자리, 작은곰자리
> 일곱, 여덟, 아홉

연금 나오는 날짜
사랑과 아픔이 휩쓸고 지나간 잔해들
열, 열하나, 열둘

이럴 때 그리운 이들
읽고 쓰고 버리고 남은 시간의 톱니
열셋, 열넷, 열다섯

그 훗날의 빈들 더듬어가면서
아무 일없이 하루해가 저물어 가고

새벽잠의 단꿈,
아침 해는 몇 번이나 떠오를지
백, 천, 오만 가지 쓸데없는 생각
더불어

죽은 다음날에야 하얗게 늙겠다고
농담했던 헛소리만
어질어질 소용돌이친다.

「백, 천, 오만 가지 생각」 전문

이 시는 노년에 이른 화자가 자아 존재에 대해 “오만 가지” 사색을 하는 과정을 직접적이고 구체적으로 제시하고 있다. 잡념이라 부를만한 “오만 가지” 소재들은 과거에 대한 회상으로부터 현재의 상황을 거쳐 미래의 예측으로까지 나아간다. 말하자면 화자는 자아 존재에 대한 상념을 시간의 순차적 질서에 따라 열거하는 방식을 채택한다. 그런데 이 작품은 그 순차적 시간 질서에 따른 상념의 배열을 강조하기 위하여 연 말미에 숫자를 호명하고 있다. 물론 이 숫자도 적은 수에서 많은 수로 증가하는 양상을 보인다. 이 숫자의 배열은 화자의 상념이 꼬리를 물고 연쇄되는 상황을 환기한다. 나아가 상념이 잡다하다는 속성과 더불어 형식적 측면에서 리듬감을 조성하기도 한다. 또한 시의 구조적 통일성과 유기성을 확보하는 효과도 성취한다.

화자의 과거에 대한 상념은 추억, 후회, 연민, 안도, 위안 등 복합적 성격을 지닌다. 먼저 화자는 과거의 "잘못"에 대한 후회와 반성의 상념을 떠올린다. 그리고 이어서 행복했던 시간과 갈등과 번민의 날들을 추억한다. 화자는 자식을 부양하던 시절의 흐뭇한 기억을 환기한다. 화자에게 1녀 2남의 자식들은 별자리로 은유됨으로써 지극히 소중한 존재적 가치로 인지된다. 다음으로 일상의 조촐한 기억들이 환기된다. 화자는 "연금 나오는 날짜"를 헤아리며 반복적인 현실의 삶을 영위한다. 아울러 "사랑과 아픔"의 순간들을 호명한다. 그런데 그 순간들은 과거의 일이기 때문에 현재는 "잔해"로 남아 있을 뿐이다.

화자는 마침내 현재 시간의 인식에 당도한다. 화자는 지나가 버린 과거 시간을 되돌려 "그리운 사람들"을 추억한다. 이는 과거를 회상하며 사는 현재 삶의 소중함을 환기한다. 아울러 화자는 현재 시간을 "읽고 쓰고 버리고 남은 시간의 톱니"로 인지한다. 이러한 인지의 바탕에는 문학 행위를 통해 과거 시간을 보냈다는 화자의 삶의 면모와 더불어 '톱니'가 연상시키는 마모와 절단이라는 시간 특성을 표상한다. 또한 화자에게 현재는 미래의 "빈들"을 추상하는 시간을 제공한다. 화자에게 "하루"는 무미건조한 속성을 지니고 있을 뿐이다. 왜냐하면 '하루'는 "아무 일없이" 진행되어서 권태와 고독만을 제공하기 때문이다. 이로 인해 현재는 적막한 공간으로 드러난다.

화자는 적막하고 무료하고 권태로운 현재 공간에서 미래의 시간을 헤아린다. 화자는 자신에게 어느 정도의 미래 시간이 예비 되어 있는지 궁금하다. 그는 자신에게 허여된 시간이 얼마 남아 있지 않다는 것을 알고 있다. 그리하여 그는 "새벽잠의 단꿈"을 애틋하고 소중하게 인지한다. 그리고 "죽은 다음날에야 하얗게 늙겠다"는 과거의 농담을 떠올린다. 당시의 이 농담은 먼 미래의 일이기 때문에 심각하지 않은 농담이었다. 그런데 지금 이 농담은 현실적으로 당면한 일이 되어서 "헛소리"로 변용되고 만다. 즉 '죽음'은 농담 차원의 소재에서 현재는 심각한 현실의 문제가 된 것이다. 이로 인해 화자는 현실적으로 부각된 '죽음'으로 인하여 "어질어질" 심리적인 혼란의 지경에 처하고 만다.

이 시는 노년의 화자가 겪고 있는 삶과 죽음의 존재론적 고민을 직접적이고 구체적으로 형상화 하고 있다. 화자는 과거 시간의 회상, 현재에 대한 인식, 불안한 미래의 예측을 숫자의 반복적인 제시를 통해 구조적으로 안정감 있게 토로한다. 이 시는 노년의 무료하고 권태로운 정황을 실감나게 표출하고 있을 뿐 아니라 삶과 죽음에 대한 본질적인 고뇌를 솔직하게 드러내고 있다. 나아가 고요하고 적막하고 고독한 노년의 삶을 수긍하고 수용하는 화자의 낙낙한 세계관이 관조적 분위기로 인해 푸근하게 표상되어 있다.

묻거나 찾지도 마라.
나는 지금 여기에 없다.

과거와 현재,

미래에도 없다.

한 순간 있는 듯, 없는 듯
사라졌다.
새벽녘 별빛처럼 실구름처럼
한 생이 저물어간다 싶더니

내일이 오지 않는 허와 공의
어둠속으로
늦가을 빈 들판처럼 거두어가고
없다.

말라붙은 얼룩마저 지워진 피안에서
그림자처럼 내다보고 있을
나의 실루엣

그마저 여기에도 저기에도
없다.
과거와 현재, 미래에도
없다.

「나, 여기에 없다」 전문

이 시는 자아의 소멸에 대한 허무주의적 인식을 표상하고 있다. 특히 자아의 소멸을 절대적인 비극적 절망으로 형상화 하고 있다. 이 시의 서술어는 시종일관 "없다"라는 부정어가 반복 사용되고 있다. 이러한 부정 서술어의 반복을 통한 강조는 화자가 존재론적 허무주의에 깊이 침윤되어 있음을 드러낸다. 물론 화자는 존재의 가치를 부정하는 것은 아니다. 그는 역시 자아의 소멸에 대해 저항적 태도를 취하고 있지도 않다. 그는 다만 무의미한 인간 존재의 속성을 인정하고 수용할 뿐이다.

1연에서 화자는 "나는 지금 여기에 없다"고 진술한다. 이 진술문장에는 네 개의 의미소가 드러난다. 인식 주체자로서의 "나"는 현상적 존재자를 함의한다. "지금"은 시간 의미로서의 현재적 시점을 표상한다. "여기에"는 공간 의미로서의 화자가 존재하는 장소 표상이다. "없다"는 존재자의 부재라는 의미를 표출한다. 예컨대 이 진술은 존재하면서 부재하는 화자의 역설적 존재 상황을 의미한다. 아니면 화자의 존재 상황이 존재하지만 부재하는 것이나 다름없다는 판단일 수도 있다. 어찌 됐든 화자는 존재의 소멸에 대한 객관적 인식을 진술하고 있다.

2연은 존재의 부재 상황이 시간 차원에서 절대적 극한의 성격을 지니고 있음을 드러낸다. 예컨대 화자는 모든 시간을 초월하여 존재의 소멸이 영속적이라는 인식을 드러낸다. 이는 존재의 절대 부정을 함축한다. 3연에서 화자는 자아의 존재 상황을 묘사한다. 그는 설령 존재했다 하더라도 대단히 미약하게 지속된 존재 상황을 비유적으로 제시한다. 특히 "저물어간다"는 인식을 통해 존재의 소멸에 대한 인식에 방점이 놓인다. 4연에서 화자는 죽음에 대해 사유한다. 그에게 죽음이란 "허, 공, 어둠, 빈 들판"으로 변주된다. 즉 화자에게 죽음은 없음/부재의 함축성을 지닌다.

6연에서 화자는 이곳이 아닌 저곳/피안을 응시한다. 죽음 이후에 피안에 존재하는 자아는 "그림자" 아니면 "실루엣"으로 인지된다. 예컨대 실상으로 존재하는 것이 아니라 허상으로 존재하는 것이다. 그러나 화자는 마지막 연에 이르러 이와 같은 이승과 저승에서의 모든 존재 자체를 부정한다. 존재 상황을 절대 부재의 상태로 재차 강조한다. 이와 같은 화자의 사색은 삶과 죽음을 일원화 하여 절대 고독의 무화 상태로 인지하는 것이다. 이 시는 삶과 죽음을 동일시함으로써 인생이 근본적으로 허하고 무한 상태임을 역설한다.

이운룡 시인은 삶과 죽음의 화제에 대해 회피하지 않고 끈질기게 천착한다. 그의 시에서 죽음에 관한 명상은 고독과 허무를 배태한다. 그러나 그는 고독과 허무로부터 벗어나려는 태도를 지양한다. 대신에 그는 고독과 허무를 수긍하고 수용하는 자세를 취한다. 물론 이러한 사색은 관념 차원에서 이루어지는 것이 아니다. 그는 자신의 구체적이고 일상적인 삶 체험에서 '죽음'과 정면 승부한다. 이로 인하여 그의 시는 비록 관념적 주제를 다루더라도 구체성과 진정성을 확보하게 된다. 그의 시는 이러한 관념성으로 인하여 사유의 무거움을 획득한다.

한편 시인은 허무와 고독의 삶으로부터 벗어나 조촐한 위안을 받는 사유방식을 채택한다. 그것은 바로 과거의 유년과 고향에 대한 기억을 통해서이다. 그에게 과거의 시공은 부드럽고 온유한 감성을 자극한다. 유년의 부모에 대한 회상은 따뜻한 휴머니즘으로 드러난다. 또한 고향에서의 삶은 화평한 세계관으로 드러난다. 시인은 현재의 고독과 허무라는 세계와의 불화관계를 과거의 유년과 고향에 대한 추억을 통해 화해하는 양상을 보인다. 즉 그는 과거를 통해 현재의 삶을 스스로 위안 받고자 한다. 이러한 점 때문에 그의 시는 자족적이고 달관적인 특성을 함유한다.

세월이 흐르는 건너편 산속

제 울음주머니 찢어 뱉으려는 듯
산비둘기 목에 걸려 꺽꺽거리는 저 소리!

우리 어머니
겨울 햇볕 환한 방문 앞에 앉아
내 검정솜바지, 이불홑청 뜯으면서
입에 문 실밥 눈에 삼삼히 그늘진 날
파삭파삭 삭아 내린
한평생의 한숨을 물고 와서

귀곡성처럼 구~구~구~
산과 들 뿌리째 흔들리는 봄날의
저 깊고 아득한 소리!

「산비둘기」 전문

이 시는 시적 화자가 봄날 산비둘기의 울음소리를 통해 돌아가신 "어머니"와 조우하는 상상력으로 인해 사유 혹은 인식의 즐거움을 제공한다. 화자는 "산비둘기"를 어머니 영혼의 대리물로 인지한다. 예컨대 "산비둘기"는 자식을 사랑하는 어머니의 마음을 전달하는 메신저로 기능한다. 이처럼 현실적으로 만날 수 없는 어머니를 대리물을 통해 만나는 장면이 이 시의 핵심 요소이다. 이 시의 화자는 현실의 그리움을 비현실 혹은 환상의 만남으로 해소한다. 어찌 보면 이 시는 현실의 불통을 환상의 소통으로 대치시킴으로써 상상력의 즐거움을 제공한다.

1연은 현실 공간에서 화자가 만나게 되는 "산비둘기"에 대한 조망이다. 그런데 화자는 "세월이 흐르는" 시간의 경과를 예민하게 인지하고 있다. 이는 시간의 흐름이 이 시의 불통의 중요한 요소로 작용하고 있음을 암시 전제하는 것이다. 예컨대 화자와 어머니 사이의 만남의 불통은 "시간"으로 인해 야기된 것이다. 즉 화자는 어머니가 죽었기 때문에 만날 수 없는 것이다. 또한 공간 구성도 "건너편"으로 인지된다. 이는 화자와 어머니가 거처하는 공간이 이편/이승과 저편/저승으로 단절되어 있음을 표상하는 것이다. 이어서 화자는 산비둘기의 울음소리를 듣는다. 그 울음소리는 처절하다. 2연에서 밝혀지지만 이 "산비둘기"는 어머니의 영혼으로 환치되는 대리물이다. 따라서 산비둘기의 "꺽꺽거리는 저 소리"는 자식을 향한 어머니의 그리움의 강도를 암시한다.

2연은 화자가 기억하는 생전의 "어머니"의 모습을 묘사하고 있다. 그 기억의 풍경은 겨울에 가족들을 위해 노동하는 어머니로 드러난다. 어머니의 환영은 "그늘"과 "한숨"의 이미지를 거느리고 가사를 돌보는 모습으로 묘사되고 있다. 즉 어머니는 가족의 남루한 삶을 꿰매는 바느질을 하고 있다. 이러한 어머니의 바느질은 비록 당신의 삶은 "그늘" 지고 "한숨"이 나오는 초라하고 불편한 것이지만 미래를 향한 개선의 의지와 극복의 자세를 드러낸다. 특히 어머니가 "겨울 햇볕 환한 방문 앞에 앉아" 있는 모습은 어머니의 노동을 긍정적으로 부각시켜주는 기능을 훌륭하게 수행한다. 이 지점에서 2연에 묘사된 어머니의 기억은 저승/환상의 공간 속에 존재한다.

3연은 다시 화자가 존재하는 현실 공간으로 시점이 이동한다. 즉 어머니가 존재하는 저승/환상 공간으로부터 이승/현실 공간으로 이동한다. 그 시선과 공간의 이동은 어머니의 "한숨"을 물고 온 "산비둘기"에 의해 이루어진다. 저승/환상으로부터 이승/현실로 이동한 산비둘기는 화자와의 만남의 기쁨을 적극적이고 구체적으로 "구~구~구~"라고 표현한다. 그리고 이 산비둘기의 소통에 대한 기쁨은 이승/현실의 온 공간을 "뿌리째 흔들" 정도로 강력한 환기력을 드러낸다.

마침내 이 시는 이승과 저승 사이의 절대 분리의 세계는 활달한 상상력의 힘으로 무화되면서 소통과 통합의 세계로 변전된다. 그리하여 화자에게 어머니의 메신저 역할을 하는 산비둘기의 울음소리는 긍정적인 "저 깊고 아득한 소리!"로 인지된다. 이 시는 단절과 불통의 시공간으로 인해 제약받고 있는 어머니에 대한 그리움을 활달하고 발랄한 상상력으로 극복하는 즐거움을 주고 있다.

아버지가 구름밭을 갈아엎는다.
밭두렁에서 깨소금 낮잠 주무시다 일어나
기지개를 켜고 내리뻗은 팔 마주잡지 못해
눈물겨운 날,

한평생을 베어 닳아진
아버지의 낫 한 자루가
하늘 귀퉁이에 박혀 있다.

다 갈지 못한 하늘벌판 쟁기 손 놓고
펴져 누운 몸이 꼬부라져서
무딘 낫이 되었다.

사나흘 지나면 또
우거진 잡초를 베어내며 지나온 반세기,
낫날은 얼마나 닳아져 있을까.

저 낫,

잡초의 살과 뼈를 자르는 손이 아니라
살과 뼈 사이 빈틈을 후려쳤으니
낫은 처음처럼 반짝반짝 날이 선 채*
이제는 내 가슴을 후려친다.

가슴속 빈틈을 찾아
바람소리 따뜻이 어루만진다.

*『장자莊子』의 '포정庖丁의 도道' 패러디parody

「그믐달」 전문

이 시는 아버지에 대한 기억을 "낫"과 "그믐달"의 이미지를 차용하여 서정적으로 형상화 하고 있다. 아버지는 농부여서 "낫"을 사용하여 농사를 지으신 분이다. 그리하여 '낫'은 아버지를 대신하는 환유로 기능한다. 나아가 아버지는 도道를 깨우친 경지에 다다른 이상적 존재로 표상된다. 이는 「장자」에 나오는 포정의 일화에 대한 패러디를 통해 표상되고 있다. 한편 아버지는 "그믐달"로 환유된다. 물론 이는 매개체 "낫"의 개입을 통해 가능하다. 즉 농부인 아버지를 낫이 환유하고, 그 낫은 다시 그믐달로 환유되는 것이다. 여기에 작동하는 시인의 상상력은 활달하고 품이 낙낙하다.

1연에서 아버지는 "구름밭"을 경작한다. 이 '구름밭'은 아버지의 삶을 연상시킨다. 예컨대 아버지가 갈아엎는 밭은 자연 상태의 밭이 아니라 자신의 생애와 꿈이 저장되어 있는 터전이다. 그리하여 이 밭은 생활수단으로부터 꿈과 희망이 서려있는 정신공간인 "구름밭"으로 변전된다.

한편 자신과 가족의 삶을 위하여 희망의 노동을 하는 아버지는 과중한 밭일로 인하여 신체가 변형된다. 서로 맞잡지 못할 정도로 변형된 아버지의 팔은 과중한 노동을 상징하는 기표가 된다. 자식으로 설정된 화자는 이러한 아버지의 모습에 대해 "눈물겨운" 감정을 드러낸다.

2연에서 화자는 하늘의 그믐달을 바라보며 저승에 계신 아버지를 회상한다. 여기서 작동하는 상상력은 '아버지'와 '낫'의 동일화 과정을 거친 다음 다시 '낫'과 '그믐달'의 동일화로 연쇄된다. 가족을 위한 이승에서의 아버지의 노동의 흔적은 "닳아진" 낫의 상태로 표출된다. 저승의 아버지는 달 중에서도 사위어가는 '그믐달'로 표상된다. 저승에서의 아버지는 이승에서와 마찬가지로 중심인물이 아닌 주변인물로 인지되기 때문이다. 더군다나 저승의 아버지로 환유된 '그믐달'은 "하늘 귀퉁이"에 존재한다. 이러한 화자의 인지 태도는 아버지를 회상하는 자식의 안타까운 연민의 정서를 더욱 강화한다.

3, 4연에서 아버지에 대한 회상은 지속된다. 하늘의 그믐달은 "무딘 낫"으로 인지된다. 심지어 저승의 아버지는 여전히 노동에 시달리는 존재로 표상된다. 예컨대 "다 갈지 못한"은 아버지의 노동의 지속을, "꼬부라져서"와 "무딘"은 노동으로 인한 아버지의 노쇠한 모습을 환기한다. 심지어 이승에서의 아버지의 노동은 "반세기"에 걸쳐 지속된 상태이다. 그럼에도 저승에서까지 이어질 아버지의 노동에 대해 화자는 "얼마나 닳아져 있을까" 걱정하는 태도를 드러낸다. 화자에게 아버지의 모습은 여전히 노동으로 인한 안타까운 연민의 정서로 점철되어 있다.

6, 7연에서 화자의 태도는 아버지의 생애에 가치를 부여하여 연민의 정서로부터 공감의 정서로 변환된다. 아버지의 노동은 단순한 육체노동이 아니다. 아버지의 노동은 고기를 벼리는 백정인 "포정"의 일화를

차용하여 "도道"의 경지로 승화된다. 화자는 아버지의 농사를 세상의 사리와 이치를 터득한 경지로 인식한다. 이로 인해 아버지의 삶은 희미한 그믐달이 아니라 빛나는 그믐달로 변전된다. 그리하여 아버지의 삶은 화자의 "가슴을 후려치는" 교훈이자 모범으로 작용한다. 화자의 회상 속 아버지는 "가슴속 빈틈"을 따뜻하게 위안하는 어진 존재로 변전된다. 이 시의 환유와 연쇄의 상상력은 이와 같은 연민과 교감의 정서를 구축하는데 매우 효과적인 기능을 수행한다.

심심할 때 배 굴풋하여
하지감자 찌는
밥솥 향내 보풀보풀 살갗 터지던
어린 한나절

앗, 뜨거!
후우~ 후우~ 식히면
목울대 입맛 파고들던
시골집 한 채

그리운 옛 고향

아직도 식지 않은 기둥뿌리
다 뽑아간 세월이지만
백발의 성긴 머리 감고 나면
그래도 가슴은 따뜻해
하지감자 익는 그 부엌문

빼드득 열리던
멀고 먼 소리향香.

「멀고 먼 소리향香」 전문

이 시는 유년의 고향에 대한 따뜻한 회감의 정서를 매우 감각적으로 묘사하고 있다. 제목에서 암시하는 것처럼, 이 시에서 회상하는 시공은 "멀고 먼" 거리감을 노출한다. 물론 이 거리감은 시공간적 격리감이다. 따라서 이는 지나와버린 시간인 과거와 공간인 고향에 대해 회복할 수 없다는 안타까운 심정을 표상한다. "소리향"은 공감각적 조어이다. 화자는 유년 시절의 소리들을 청각이 아닌 후각을 통해 감각한다. 그 '소리'들은 비록 지금 이곳과는 격리되어 있지만 '향기'로 인지되는 긍정적 작용을 한다.

화자가 환기하는 소리는 "앗, 뜨거!", "후우 후우", "빼드득"이다. 앞의 두 소리는 하지감자 먹는 흐뭇한 정경을 실감나게 드러낸다. 뒤의 "빼드득"은 하지감자를 삶는 공간인 부엌의 문이 열리는 소리에 대한 감각적 인지를 표상한다. 화자는 유년의 고향에서 이루어진 추억의 회상을 통해 "가슴 따뜻한" 정서에 함몰된다. 즉 화자는 유년의 시골집에서 감자 먹는 장면을 공감각적으로 떠올리며 흐뭇한 위안의 정서를 환기한다.

이운룡 시인은 고독하고 허무한 존재 속성에 대해 정면으로 대응한다. 그리하여 고독과 허무한 인생을 구체적이고 직접적으로 형상화 한다. 이러한 시인의 태도는 고독과 허무를 부정적으로 인지하여 그것으로부터 도피/회피하려 하지 않는다. 그는 고독과 허무가 인생의 본질인 것으로 수긍한다. 다만 그는 이와 같은 우울한 정서에 대응하는 방식으로 고향, 유년, 부모에 대한 회상을 즐겨 채택한다. 유년의 고향 공간과 부모와의 인간적인 유대감은 고독과 허무를 대치할 수 있는 위안의 원천으로 작용하기 때문이다.

이운룡 시인의 시집『틈 · 생명의 집』은 노년의 삶을 시적 대상으로 하고 있다. 시인은 일상 체험에서 우러나오는 사실과 정서에 민감하게 반응한다. 그는 일상 체험에서 생성되는 소소한 사건이나 정황에 대해 현상학적 본질을 추적한다. 예컨대 일상생활의 현상 너머에 있는 인생의 본질적 의의에 대해 사색한다. 그가 사유하는 인생의 본질적 테마는 삶과 죽음이다. 삶과 죽음의 궁극적 의미에 대한 사색은 자칫 관념론의 함정에 빠질 가능성이 농후하다. 그러나 이운룡 시인은 자아의 체험으로부터 출발하여 상상력을 작동시킴으로써 구체성과 진정성을 획득한다. 이러한 그의 시의 특징은 자아 고백, 자기 검열의 작시태도로 인한 것이다.

시인은 삶과 죽음에 대한 사색으로부터 촉발되는 고독과 허무의 정서를 매우 구체적이고 실감나게 구축한다. 노년의 삶과 죽음에 대한 사유는 대체로 짙은 페이소스를 동반한다. 그것이 이 시집의 매력이다. 시인은 노년의 삶에서 유발되는 일상의 쓸쓸함과 외로움을 담백하고 달관적인 태도로 직조한다. 이 시집의 이러한 시적 분위기는 현란한 수사를 절제하고 간명하고 압축적인 담론을 활용하는 작시 방식 때문으로 보인다. 그리하여 이 시집의 담론은 경구 혹은 잠언으로 보이는 표현을 빈번하게 사용하고 있다. 인생의 본질인 삶과 죽음을 정면으로 사색하는 이 시집은 중후한 존재론적 성찰의 모범으로 손색없다.

시인은 존재론적 성찰과 아울러 과거 유년의 고향을 추억한다. 과거 유년의 고향에 대한 회상은 주로 부모에 대한 기억, 유년 체험과 동심으로 요약된다. 시인의 과거 유년의 고향에 대한 사색은 따뜻하고 흐뭇한 정서를 유발한다. 이는 현재와 미래의 고독하고 허무한 삶을 극복하도록 조촐한 위안의 정서를 제공함으로써 긍정적으로 작용한다. 예컨대 이는 미래의 죽음을 상쇄하는 기능을 담당한다. 그는 과거의 흐뭇한 추억을 통해 현재의 고독과 미래의 허무를 조율하는 것이다. 그의 사색은 미래를 향한 원심력과 과거를 향한 구심력이 유효적절하게 길항하고 있다. 이로 인해 그의 시적 사유는 적절한 균형을 잡는다. 그리하여 이 시집을 관통하는 인생에 대한 상상력은 견고한 사색이 된다.

II-2 시간 여행자가 부르는 보헤미안 랩소디

인간의 인생론에 대한 성찰은 끝끝내 해결할 수 없는 화두이다. 그렇더라도 모든 인생은 생 체험을 바탕으로 자신의 삶에 대해 정의한다. 특히 인생의 말년에 이르면 자신의 지나온 삶을 반추하며 인생을 규정하려는 욕망을 표출한다. 그리하여 앞서 살고 간 세대는 각자 나름의 인생을 다양하게 설파한 바 있다. 인생은 여행이다. 인생은 도박이다. 인생은 한탕이다. 인생은 일장춘몽이다. 인생은 남가일몽이다. 인생은 뜬구름이다. 인생은 연극이다. 인생은 허무이다. 인생은 후회이다. 인생은 전쟁이다. 인생은 유혹이다. 인생은 고해이다. 인생은 기다림이다. 인생은 막장이다. 인생은 사막이다. 인생은 붕어빵이다. 이와 같은 인생에 대한 정의는 함축적이며, 동시에 은유의 속성을 지닌다.

강남주 시인의 시집 『흔적 남기기』 역시 자신의 지나온 삶을 회고하며 인생에 대해 성찰하는 시편들이 주류를 이루고 있다. 그의 시의 화자는 대체로 '시간 여행자'의 풍모를 지닌다. 그의 시편들이 지나온 시간의 켜를 회억함과 동시에 시간의 갈피마다 몸소 느낀 감각을 형상화하고 있기 때문이다. 물론 그의 시는 노년에 이른 화자가 말년의 삶이 환기하는 고독, 외로움, 상실감, 체념, 조바심, 허무함, 쓸쓸함의 정서를 주로 표출하고 있다. 그러나 한편으로 그는 지나온 장년의 치열한 삶에 대한 기억과 유년의 행복하고 충만한 고향에서의 삶을 긍정적으로 표상하고 있다. 따라서 그의 시는 회고적 태도를 짙게 노출하고 있다. 나아가 자신이 관통해온 시간의 풍경과 그 시간 속에서 일어난 사건과 행위를 반성하고 정리하려는 의도를 지니고 있기도 하다.

시인은 지나온 시간의 갈피를 뒤적거리며 인생의 본질 혹은 속성에 대해 낮은 목소리로 중얼거린다. 그가 응시하는 인생의 의미는 거대담론이거나 관념적인 것이 아니다. 그는 자신이 손수 겪은 생 체험의 조각들을 기억해내고, 그것들을 시의 질료로 삼아 느낌과 감성을 서정적으로 처리한다. 이러한 작시 태도는 삶이나 인생에 대해 커다란 깨달음에 도달한 것처럼 과장하거나 침소봉대하지 않는다. 그저 담담하고 차분한 음성으로 '시간 여행'을 하며 느낀 소회를 조용히 읊조릴 뿐이다. 여하튼 강남주는 문학의 성찰 기능에 충실한 시인으로 보인다. 그는 자아와 존재의 본질을 감각적으로 탐색한 다음 인생에 대해 정의하려는 자세를 표출한다.

한 마리 짐승이었다
나는
나무 등걸에 몸 부비며
비늘을 짓이기고 털을 붙이고
잡아먹을까 잡혀 먹힐까

살기를 다툼하면서
나만 챙겼다
산야를 달리고 또 달려
영역을 넓히겠다고 오줌 누고
이빨 내밀며 안간힘 했다
결국 흔적도 없어질 목숨인 것을
뭔가 남기려고 기를 썼지만
끝내 한 마리 짐승이었다
나는

「흔적 남기기」 전문

이 시는 자아와 인생에 대한 성찰을 형상화고 있다. 시인은 자아 존재를 은유를 통해 "짐승"으로 정의한다. 짐승은 맥락에 따라 중의적 의미소를 지닌다. 하나는 이성을 소지하지 못하고 본능적이고 감각적으로만 행동하는 열등성을 지닌 부정적 의미소이다. 또 다른 하나는 본능과 감각에 충실하며 단순하고 정직하게 행동하는 긍정적 의미소이다. 이 시에서 화자는 시어 "짐승"에서 표면적으로는 부정적 의미소를 선택한다. 그는 자아 존재를 "짐승"으로 격하시켜 지나온 시간 여행을 부정적인 것으로 규정한다. 그러나 이면에는 "짐승"처럼 본능과 감성에 충실하게 살아온 삶을 솔직하게 고백하는 긍정적 뉘앙스를 환기한다. 더욱 명확하게 해석하자면, 이 작품은 지나온 삶에 대한 반성과 후회라는 의미적 차원보다 솔직 담백하게 자아 존재를 바라보는 화자의 태도가 미학을 획득한다.

화자는 자신의 지나온 삶을 통해 자아를 확인하고 반성한다. 화자는 자아 존재를 궁극적으로 "짐승"으로 인지한다. 여기서 "짐승"은 타자와 더불어 사는 삶을 포기하고 오로지 자신만을 위하는 이기적 태도를 함축한다. 또한 화자는 자아 욕망의 "영역" 확장을 위하여 타자에게 고통을 준 행위를 후회하고 있다. 예컨대 화자는 욕망 순응주의 태도를 지녔던 과거의 자아를 반성한다. 이와 같은 후회와 반성의 심리적 기저에는 "결국 흔적도 없어질 목숨"이라는 인생의 허무주의에 대한 인식이 자리 잡고 있다. 화자는 삶을 회고함으로써 인생은 무상하다는 성찰에 도달한 것이다.

시의 제목인 "흔적 남기기"는 이러한 시인의 인생관을 함축한다. 이 명사구를 완전 문장으로 복원하면 '흔적을 남기다'이다. 여기서 "흔적 남기기"는 자아 존재의 영속성을 의미한다. 자신의 지나온 삶이 가치와 의미를 지니기를 소망하는 것이다. 움베르토 에코는 인간이 영원히 사는 방식으로 두 가지를 들었다. 하나는 생물학적 영원성 확보이다. 이는 자신의 육체 DNA를 후손에게 이양하는 것이다. 또 다른 하나는 정신적 차원의 영속성 확보이다. 이는 정신의 DNA를 남기는 것이다. 구체적 방식으로는 책을 쓴다거나 기타의 창조물을 남기는 것이다. 그러나 화자는 "흔적"을 욕망의 이기심으로 등치시킨다. 하여 화자는 자신의 존재와 인생을 욕망 충족의 흔적 남기기로 인지하고, 후회와 반성의 태도를 보인다.

> 산다는 것은
> 실속이 무엇인지 모르면서
> 휙, 또는 휘익
> 헛팔 휘둘러 남에게 상처내고
> 그러면서 상처입기 되풀이었다
>
> 「헛팔질」 부분

산다는 것은 벽이다, 낭떠러지다
아니다, 꽃이다, 한판 굿이다

「벽 또는 낭떠러지」 부분

시간 여행자이자 보헤미안의 성격을 지닌 화자는 지나온 시간을 회고하며 인생을 종합정리하려는 의도를 드러낸다. 시「헛팔질」은 제목이 암시하는 바와 같이 인생이 오류와 실수투성이 자체임을 드러낸다. 말 바꾸어 다시 쓰면, '인생은 헛팔질'이라는 은유이다. 인생이란 사는 의미를 모르면서 그저 반복적으로 생을 영위하는 것이다. 문제는 그 인생/헛팔질이 타자에게 상처를 입히는 것이다. 나아가 자신에게도 역시 상처를 주는 악순환이 거듭되는 것이다. 이와 같이 시인이 파악한 인생은 타자와의 공존이 아닌 약육강식의 밀림생활 같은 것으로 인지된다. 특히 "헛"이라는 접두사는 인생의 허무를 본질적으로 함축한다.

시「벽 또는 낭떠러지」 역시 인생론적 성찰을 형상화하고 있다. 시인은 인생을 부정적이며 긍정적인 속성으로 파악한다. 말하자면 인생에 대한 양가적 입장을 표명한다. 부정적인 인식의 대리물로 "벽"과 "낭떠러지"가 동원된다. "벽"은 인생을 난관 극복의 과정으로 인지하는 것이다. "낭떠러지"는 인생을 위험한 실체로 인지하는 것이다. 예컨대 시인은 인생이 장애임과 동시에 위험한 것이라는 부정적 인지를 표출한다. 한편 긍정적 인식의 대리물로 "꽃"과 "굿"이 선택된다. "꽃"은 무엇보다 아름다움의 속성을 내포한다. 따라서 인생은 꽃처럼 아름다운 대상으로 인지된다. "굿"은 일종의 놀이이며 축제이다. 그리하여 인생은 재미난 놀이이거나 신명난 축제로 인지된다. 결국 시인은 인생의 양가적 측면을 역설적으로 인지하고 있다.

시인은 인생에 대한 반복적이며 집중적인 성찰을 시도한다. 인생을 성찰하는 방식으로는 자신이 지나온 시간 여행에서의 체험이 주를 이룬다. 그리고 시인은 생 체험을 표상하는 방식으로 우화를 즐겨 사용한다. 우화는 동물을 빌어 인간의 삶을 교훈적으로 형상화하는 글쓰기이다. 우화는 복잡한 세계와 인생을 단순하고 구조적으로 인식하는 데 유효적절하다.

시궁창 세상을 헤매다가도
때로는
더 높이 더 멀리 뛰면서
생존의 방법을 연출한다
그래 봤자 하찮은 양서류라지만
추워지고 살기 어려워지면
엄동 땅 속에서 숨죽이고 사는 지혜
세상의 냉엄에도 때는 오려니
경칩 차가운 날에 맞는 싸늘한 환생
얼음 위에 눈이 쌓여도
그 아래서 몸 섞어 뒤집어가며
생명의 긴 줄을 엮고 있으니
시궁창을 헤쳐 사는 양서류쯤의
가려진 위대한 삶의 부러움

「개구리로 살기」 전문

이 시는 "개구리"의 생태를 통해 삶의 지혜를 읽어내고 있다. 예컨대 개구리의 삶의 방식을 통해 자아의 삶을 반추함과 동시에 인생의 본질을 제시한다. 개구리가 사는 삶의 환경 혹은 세계는 "시궁창"으로 환유된다. 시인의 세계관은 부정적이다. 그러나 시궁창으로 인지된 세계에 몸담고 있는 존재는 불완전한 환경을 극복해야 할 숙명을 지닌다. 열악한 환경세계에서 생존을 지속하는 존재인 개구리는 생태에 적응하거나 극복하는 방식을 취한다. 극복의 방식은 "더 높이 더 멀리 뛰면서" 주어진 환경을 벗어나는 삶의 연출이다. 적응하는 방식은 "엄동 땅 속에서 숨죽이고 사는 지혜"를 수용하는 태도이다. 시궁창으로 환유되는 부조리한 세계에서 생존하는 방식은 궁극적으로 "싸늘한 환생"을 위하여 환경을 수용하거나 극복하는 것이다.

환경 세계를 수용하거나 극복하며 사는 개구리의 생존 방식은 "위대한 삶"으로 인지된다. 특히 그 위대함은 "몸 섞어 뒤집어가며/ 생명의 긴 줄을 엮고 있"는 공존과 조화의 방식이다. 말하자면 화자는 개구리의 공존의 삶의 방식을 보며 자신의 개인주의적 삶의 방식을 반성한다. 심지어 반성과 후회의 차원을 넘어 "부러움"의 심리까지 노출한다. 이 시는 개구리라는 시적 대상의 생태에 대한 섬세한 관찰을 통해 삶의 의미와 가치를 형상화하고 있다.

이 시집에는 개구리를 비롯한 다양한 동물들이 등장한다. 대충 훑어만 봐도 사자, 소, 뱀, 펭귄, 개, 닭, 새, 얼룩말, 영양, 임팔라, 표범, 하이에나, 악어, 고래, 사슴, 거북이 등이다. 시인은 이 동물들의 생태, 생존 방식, 속성 등을 주의 깊게 관찰한다. 그리고 관찰된 결과를 인간의 다양한 삶의 방식, 생태, 속성과 결합한다. 예컨대 시인은 인간 세계를 동물 세계를 통해 인지하려는 의도를 보인다. 이러한 사유체계는 우화에서 즐겨 사용하는 방식이다. 이 시집은 우화의 방식을 주요한 작시법으로 채택하고 있다. 우화의 작시법은 복잡한 인식 대상을 단순화, 요약화 하는데 유효하다. 뿐만 아니라 시인은 우화가 목표하는 교훈성을 통해 인생의 의미를 추출하려는 의도를 지닌다.

새끼 새들은
깃이 돋자 둥지를 떠났다
먹거리 힘들게 물고 오던
어미 새 날개는 차츰 가벼워진다
빈 둥지는 맑은 공기가 채우고
늙은 새 두 마리는
제대로 날 수 없게 돼도
추억은 차곡차곡 헤아리고 있다
섞여지고 포개지던 조잘거림은
불어오는 바람에 실려가고
바닥으로 뛰어내릴 때 받쳐주던
푸른 하늘은
이미 늙은 새의 마당은 아니다
나뭇가지 바람에 꺾이던 날
일몰은 시작인데 정전이다
빈 집은 침묵이 울타리를 친다

「빈 집」 전문

이 시는 노후의 상실감을 "빈 집"의 허적한 공간감을 통해 표출하고 있다. 자식들의 양육이 마감되고, 자식들이 집을 떠난 이후의 허탈한 심정이 표상되고 있는 것이다. 이 시의 기본 상상력은 인간이 새로, 집이 둥지로 치환되는 은유구조로 이루어져 있다. 따라서 인간의 가족적 삶의 풍경은 자연에서의 새들의 삶으로 변환되어 있다. 부모는 "어미 새"와 "늙은 새"로 자식은 "새끼 새"로 각각 은유되고 있다. 인간의 자녀 양육과 가정생활의 고단함이 새의 생태로 환치됨으로써 경쾌하고 즐거운 풍경을 연출한다. 그러나 이 시의 중심 의미는 다 자란 자식들이 집을 떠나면서 생성되는 관계의 단절로 인한 상실감이다.

모두가 그렇듯이 노후가 되면서 맞닥뜨리는 대표적인 심리 정서는 관계의 단절에서 오는 상실감이다. 관계의 절멸은 고독과 외로움을 생성한다. 노년이 되면 이러한 관계의 단절로 인하여 현실을 체념하거나 관계 복원에 대한 조바심을 노출하기 싶다. 노년의 존재에게 필수 요소인 고독과 외로움에 대처하는 방식은 자기 위안 아니면 자학이다. 노년을 위안하기 위한 상투적 방법은 전성기 시절의 자아 존재를 추억하는 '왕년의 이야기'를 반복 재생하는 것이다. 또한 자아를 복제한 것으로 생각하는 '손주에 대한 이야기'/자랑이다. 자학의 방법은 인간의 어리석음에 대한 잡다한 기억의 기록을 통한 후회와 반성이다. 나아가 상상력의 질식, 권태와 환멸의 인생을 터무니없는 한담으로 소비하는 것이다.

> 시간에는 인공관절이 없구나,
> 나 이렇게 절룩이며 키가 낮아지고 있으니
> 동구 밖 팽나무 아래서
> 함께 어울려 장기 두던 친구들
> 하나 둘 자리를 떠나듯
> 날 사랑한다던 얼굴 곱던 여자도
> 시간의 알츠하이머병을 앓더니
> 그렇게 떠나버렸구나

그래, 나 또한
고도에서 누군가를 기다리다가
다리를 끌며 어디론가
그 여자 찾아 절룩이며 가야겠지
고스톱 할 곳이나 찾아간다면서

「무연고 사회」 전문

이 시 역시 관계의 단절로 인한 노년의 외로움과 고독을 우수어린 어법으로 형상화하고 있다. 화자의 현실에 대한 체념과 수긍의 태도는 "없구나, 버렸구나, 가야겠지"와 같은 현실 인정과 수긍의 뉘앙스를 환기하는 탄식과 포기의 서술형 어미로 인한 것이다. 시의 제목 "무연고 사회"가 환기하듯이 화자의 현실은 인연이 끊긴 절대 고독의 상황이다. 화자는 어릴 적 친구들과 사랑하던 여자와의 별리로 인해 상실감을 느낀다. 그는 이러한 결별로 인한 상실감을 고즈넉이 수용하며 긍정한다. 화자는 시간 여행자로서 상실로 인한 고독을 감내하는 것이다. 노년의 바람직한 삶의 태도 중 하나는 주어진 현실을 무한 긍정하는 것이다.

화자는 자아의 현실적 상황을 건강 악화와 왜소해짐으로 파악한다. 특히 시간을 조정하거나 수정할 수 없다는 불가항력의 인식은 "인공관절"의 부재를 통해 감각적으로 제시한다. 시간의 경과에 따라 이루어진 "친구들"과 아내의 떠남은 "떠나버렸구나"의 자조와 탄식의 어법으로 정서적 울림을 확보한다. 나아가 화자 자신 또한 외로운 섬/"고도"로 은유된 현실을 떠나 그들 곁으로 떠나야 할 수밖에 없는 운명을 예지한다. 그런데 그들과의 재회에 대한 명분이 "고스톱 할 곳을 찾는" 것이다. 이러한 이유의 제시는 요즘 젊은이들의 기발한 신조어로 '웃픈' 정서를 드러낸다. 슬프면서도 웃음을 짓도록 만드는 이러한 화법은 일종의 해학이다. 이 시의 해학성은 화자/시인의 인생에 대한 낙낙한 관조의 미학을 성취한다.

마음에 비가 오다
꿈도 희망도 젖다
처마 밑에서 비를 피하려고
발을 재겨 안으로 들어서다
사는 일까지 심드렁한 날
본질을 제치고 일렁이는 파도
우산을 접고 밖으로 나와
다시 비에 젖다
스산하게 서성거리며
비는
동서남북 아무데에서도
쉬 멈추지 않다

「우산을 쓰다」 전문

이 시는 노년의 외로움과 쓸쓸함을 비 내리는 풍경 묘사를 통해 서정적으로 형상화 하고 있다. 이번 시집에서 집중적으로 다루는 시적 정서는 노년의 외로움과 고독이다. 시인은 외로운 삶을 이루며 느끼는 마음의 쓸쓸한 풍경을 직접적인 체험을 통해 진솔하게 표상한다. 예컨대 자아 존재가 느끼는 마음의 파동에 대한 기록이 이 시집의 주요 테마로 작동한다. 이와 같은 자아 존재의 마음결에 대한 섬세하고 진지한 성찰이 이 시집이 획득하는 훌륭한 미덕이다. 시인은 노년에 필수적으로 겪게 되는 영혼의 독감이라 할 수 있는 소외감과 고독감을 차분하게 조곤조곤 읊조리는 것이다.

이 시의 비 내리는 고적한 풍경은 화자의 심경을 드러내는 배경으로 작용한다. 비는 외부 세계에서 내리지만 화자의 마음에도 내린다. 비 내리는 외부 세계의 풍경은 화자의 마음에 투사되어 혼연일체가 된다. 서정시에서 흔히 보이는 세계와 자아의 동일화를 이루는 것이다. 하지만 마음에 내리는 비는 "꿈과 희망"을 적시는 우울한 기제로 작용한다. 그리하여 화자는 "비를 피하려"는 현실적 거부의 몸짓을 보인다. 화자는 "사는 일"/삶에 대해 권태를 느낀다. 노년에 이르러 삶을 추동하는 "꿈과 희망"이 약화되었기 때문이다. 삶의 "본질"과 무관하게 피상적으로 출렁이는 일상의 감각/"파도"는 환멸과 권태를 불러올 뿐이다.

화자는 다시 세계와 자아의 일체화를 시도한다. 즉 밖에서 내리는 비를 피하지 않고 직접 젖기 위하여 "우산을 접고" 외부 세계로 나선다. 그리하여 "스산하게 서성거리며" 세계와 자아의 동일화를 꾀한다. 보헤미안으로서의 방황의 몸짓이 인생의 본질임을 자각하는 것이다. 어찌 보면 인간은 보헤미안이 되어 시간 여행을 하며 영원히 "스산하게 서성거리는" 존재인 것이다. 예컨대 인간은 보헤미안이며, 인생은 시간 여행인 것이다.

> 가을바람이 공원에서
> 철 늦은 빈 의자를 닦아내고 있다
> 한여름 옆 자리에서 뜨겁게 속삭이던
> 사랑의 약속을 닦아내고 있다
> 고개 숙이고 떠나버린 사나이의

그때 그 약속은 계절상품이었을까
낙엽이 되어 이미 떠나버렸는데도
단풍이 곱게 물들기를 기다리는
비에 젖어 더 외로운
빈 의자 하나

「비에 젖은 의자」 전문

이 시는 화자의 쓸쓸하고 외로운 마음을 "의자"에 투사하여 표상하고 있다. 예컨대 시적 대상인 "의자"는 T. S. 엘리어트가 말한 객관적 상관물로서 감정이입의 목표로 작용한다. 특히 그 의자는 "비에 젖은" 상태를 통해 외로움의 정서를 더욱 강화하고 있다. 화자의 외로움은 과거의 "사랑의 약속"이 현재는 존재하지 않는 상실감의 인지로부터 비롯된다. 과거의 사랑이 부재하는 현재의 시공에서 화자는 외로움의 정서에 깊게 함몰되고 있다.

화자는 가을날 공원에서 바람이 "의자"를 말리고 있는 풍경을 바라본다. 화자가 주목하는 의자는 "철 늦은", "빈"의 형용으로 일상의 물성이 특수화된다. 즉 그 의자는 시기를 놓쳐버리고, 타자를 앉도록 하는 고유한 기능을 상실한 빔의 상태이다. 그런데 바람은 그 비어 있는 의자를 "닦아내고" 있다. 이는 상실감을 위안하는 공감의 행위로 보인다. 나아가 가을바람이 닦아내는 것은 "사랑의 약속"으로 구체화된다. "사랑의 약속" 또한 한여름의 것이어서 가을인 현재는 부재하는 것이다. 따라서 가을바람이 닦아내는 것은 과거 사랑의 약속이 현재는 부재하는 데서 나타나는 의자의 상실감이다.

화자는 현재 상실한 "사랑의 약속"을 "계절상품"이라는 은유를 통해 사랑의 소멸에 대한 아쉬움과 안타까움을 드러낸다. 말하자면 연인과 굳게 약속했던 사랑의 다짐이 지속되지 못하고 단절되어버린 현실에 대한 쓸쓸한 심정을 표출하는 것이다. 그런데 화자/의자는 이미 그 약속이 단절되어버린 것을 알면서도 "단풍이 곱게 물들기를" 기대한다. 이는 아름다웠던 과거 시절에 대한 일종의 회고이자, 연민이며, 영원히 간직하고 싶은 소망과 기대이다. 이 시는 과거 시절 존재했던 사랑이 현재 부재하는데서 오는 상실감과 외로움을 비에 젖는 의자의 인격화를 통해 아련하게 서정화하고 있다.

> 이 동네 어간에는 큰 샘이
> 저쪽에는 작은 샘이 있었다
> 한 겨울에도 얼지 않아
> 큰 샘물로는 밥 짓고
> 작은 샘물로는 데워 목욕했다
> 여름 가고 겨울 가고 전쟁 덮치고
> 삼동이는 군복 입고 전방으로
> 끝동이는 경찰 되고
> 계동이는 빨치산 포로가 되고 말았다
> 순옥이만 작은 샘물로 목욕하며
> 추운 겨울밤을 울고 울었다
> 내 어릴 때의 이야기이건만
> 사람들은 옛일을 자꾸 잊는다
>
> 「혜량촌을 지나며 1-큰 샘 작은 샘」 전문

강남주 시인은 노년의 외로운 삶의 풍경을 직설적 감정 토로와 감성의 분위기 제시 방식으로 직조하고 있다. 말년의 쓸쓸하고 고독한 삶의 현실은 시인으로 하여금 유년의 행복했던 과거를 추억하도록 이끈다. 그는 세계와 자아가 화평하게 동일화되었었던 유년의 삶을 회고하며 건조하고 강팍한 현실을 극복하려 한다.

이 시는 고향을 떠났던 화자가 다시금 고향을 찾아 유년의 행복했던 시간을 회고하는 심경을 드러내고 있다. 예컨대 시간 여행자 혹은 보헤미안으로 세계를 떠돌던 화자는 화평했던 고향의 추억을 "샘물"을 매개로 환기한다. 이 샘물은 마을 사람들이 함께 사용하는 우물로 공동체를 상징하는 기능을 한다. 샘물은 땅에서 솟아나기 때문에 여름에는 시원하고, 겨울에는 따뜻한 온도를 유지한다. 화자의 고향 마을에는 다행히도 두 개의 샘물이 존재했다. 그리하여 마을 사람들은 큰 샘은 취사용으로, 작은 샘은 목욕용으로 기능을 구분하여 사용하였다. 화자는 마을 사람들이 샘물을 공동으로 사용하며 평화로운 공동체 생활을 영위했던 과거 유년의 고향에 대한 추억을 떠올린다. 이는 노년의 화자에게 현실의 외로움과 쓸쓸함을 상쇄하는 작용을 한다.

그러나 공동체 생활을 하던 유년의 친구들은 시간이 지나면서 격동의 세월을 맞는다. 특히 한국전쟁을 겪으며 친구들은 운명이 달라진다. 어찌 보면 유년의 친구들은 시간 여행을 하며 삶의 곡절을 겪는다. 남자 친구들은 서로 다른 이념에 종속됨으로써 공동체의 연대성이 파괴된다. 여자 친구인 "순옥"이는 고향에 남아 여전히 평화로운 삶을 유지한다. 그러나 "순옥"이는 연대와 평화와 우정을 깨트린 불가피한 현실 앞에 반복되는 슬픔을 노출한다. 따라서 "순옥"이의 인생은 언제나 "겨울밤"으로 인지될 뿐이다. 화자는 자신의 어릴 적 고향의 상황을 추억하며, 유년의 기억이 점점 소멸되어 가는 것을 안타까워한다.

흘러든 물은 논에 고이고
밭작물은 모두 하늘을 향해
천천히 천천히 손을 흔든다
세월에 녹슨 풍경화를
싱싱한 공기가
여유롭게 씻어내고 있다
모두가 바쁜 비인간 세상
그러나 섬진강이 유유한 하동은
슬로우 시티의 눈을 뜨고 있다
투명한 강물에 얼굴을 씻고
중세의 이른 아침을 노크하며
눈을 비비고 일어나고 있다

「혜량촌을 지나며 7-중세의 아침에 깨어나」 전문

이 시도 유년의 고향을 그리워하는 순수 서정을 형상화고 있다. 고향인 하동의 혜량촌 풍경은 "중세의 아침"으로 인지된다. 시간 여행자인 화자는 시간의 흐름에 따라 세상과 자아의 급격한 변화를 겪는다. 그럼에도 고향은 여전히 유년의 평화로운 공간으로 남아 있다. 예컨대 유년의 고향은 자아와 세계의 변화와 무관하게 변화하지 않고 "중세"의 시간에 머물러 있다. 시간 여행자인 화자에게 유년의 고향은 행복하고 평화로운 삶의 원형으로 작동하고 있는 것이다.

고향의 풍경은 "물이 논에 고이"는 풍족한 자연 환경을 제시한다. 또한 "밭작물은 하늘을 향해" 푸르른 성장을 하는 풍요로운 광경을 보인다. 화자의 시선에 포착된 고향은 자연의 이법에 따라 원만구족한 삶의 원형을 이룬다. 심지어 시간으로 인하여 "녹슨 풍경"조차 맑고 투명한 공기가 정화하는 지극히 아름답고 풍요로운 공간으로 인지된다. 그러나 현실은 "비인간 세상"으로 각박하고 강팍한 비극적 공간이다. 화자에게 현실의 다른 지역 공간과 과거 유년의 고향 공간은 대립적 의미로 다가온다.

화자는 현실 공간 중에서도 유년의 풍경이 지속되고 있는 고향의 모습을 시간이 멈추어 있는 "중세"의 풍경으로 인지한다. 그 중세의 시간은 자연과 인간이 평화롭게 공존하는 모습을 드러낸다. 섬진강이 고요히 흐르는 고향은 여전히 "슬로우 시티"의 평화로운 긍정적 공간으로 묘사된다. 보헤미안의 성격을 지닌 시인에게 유년과 고향은 모성을 지닌 원형으로 작동한다. 시간 여행을 하며 노년에 이른 시인은 그 동안 상처 입은 삶을 고향과 유년을 통해 치유하려는 욕망을 드러낸다.

「혜량촌을 지나며」 연작시가 갖는 의의는 시간 여행의 종착지로서, 또는 원형 회귀로의 안정감을 확보해주는 기제로 작용한다는 점이다. 달리 말하면 유년과 고향은 노년의 시인이 외로움, 소외, 고독, 상실감 등을 치유하는 심리적 안정제로 기능한다.

강남주의 시집 『흔적 남기기』는 노년의 시학 속성을 짙게 형상화하고 있다. 시인은 노년에 이르러 지나온 시간 여행을 돌아보며 인생의 의미를 추적하고 있다. 인간은 모두 일정하게 주어진 시공간을 떠도는 보헤미안의 자질을 지니고 있다. 그리하여 인생이란 시간 여행의 말미에 이르면 지나온 삶의 가치와 의의를 정리하는 경향을 보인다. 이 시집도 인생론적 성찰이 주요한 상상력으로 작동하고 있다. 자신의 삶이라는 여행을 통과하며 겪은 인간의 어리석음에 대한 잡다한 기억의 기록이라 할 수 있다. 나아가 자신의 삶에 대한 후회와 반성의 참회록이라 할 수도 있다. 물론 이 시집에 표상된 인생의 의미는 허무주의적 속성을 드러낸다.

한편 시인은 노년에 이르러 맞는 다양한 심리 정서를 표상하기도 한다. 주로 고독, 소외, 외로움, 체념, 상실감, 쓸쓸함의 정서가 표출된다. 이러한 정서는 노년에 이르러 맞이하는 관계의 단절로 인한 것이다. 인간은 사회적 동물이다. 인간은 관계 속에서 자아의 정체성을 확인하며 존재를 유지한다. 노년에 맞는 가족과의 별리나, 사회적 관계의 단절은 자아 존재를 타격하는 심리적 상처가 된다. 하여 노년은 체념과 상실의 계절이 된다. 이를 극복하기 위하여 노년은 현실을 무한 긍정하는 수용의 자세가 요구된다. 현실의 외로움과 쓸쓸함을 스스로 위안하는 정서적 자기 관리가 필요한 것이다.

이 시집은 노년의 상실감으로 인한 고독의 정서를 수용하며, 말년의 다양한 외로움과 쓸쓸함의 서정을 고즈넉이 표상하고 있다. 특히 노년에 이른 삶의 권태와 환멸은 뚜렷하게 제시되지 않는다. 시인은 노년의 현실을 인정하고 인생의 원리로 받아들인다. 다만 그는 노년의 소외와 고독을 유년과 고향의 추억을 통해 상쇄하려는 경향을 보인다. 유년과 고향은 치열한 삶의 시간 여행을 통과한 시인에게 평화와 행복의 원형질로 작용한다. 그리하여 시인은 노년의 쓸쓸한 시간 여행을 자족적 태도로 조곤조곤 건너가고 있다. 헛헛한 시간 여행자로서 시인은 자신의 지나온 삶의 풍경을 보헤미안 랩소디로 읊조리며, 외롭고 쓸쓸한 시간의 강을 높고 단호한 자세로 허위허위 흘러가고 있다.

Ⅱ-3 추억의 회상과 자아 성찰로 빚어내는 사랑의 노래

1. 아름다워서 그리운 추억 여행

이소애 시인은 2002년 첫 시집 『침묵으로 하는 말』을 발표한 이후, 2009년 『쪽빛 징검다리』, 2013년 『시간에 물들다』, 2015년 『색의 파장』, 2017년 『수도원에 두고 온 가방』 등 모두 5권의 시집을 출간하였다. 여기서는 시인이 각 시집에서 3편씩 자선한 시 15편을 대상으로 이소애의 시세계를 개략적으로 검토하고자 한다.

이 시인의 작시법에서 가장 특징적인 것은 자신의 일상생활 체험을 진솔하게 형상화 한다는 점이다. 물론 시인의 직접 체험은 상상력의 프리즘을 통과하여 작시 의도에 따른 의미를 구축한다. 이러한 작시 특성은 이소애 시가 구체성과 현실성을 강화함으로써 리얼리티를 확보하도록 이끈다. 그는 사소한 일상생활로부터 시의 소재를 채택한다. 나아가 반복적이고 권태로운 일상의 사소함이라는 표피를 뚫고 들어가 이면에 잠복한 삶과 인생의 본질 혹은 정수를 포착하는데 능란하다.

시인은 자신의 체험한 사소한 일상에서 삶의 지혜, 인생의 비밀, 삶의 지침, 인생의 깨달음과 같은 서정을 길어 올린다. 특히 그는 과거 체험으로부터 삶의 서정을 이끌어내곤 한다. 예컨대 그에게 과거의 추억 혹은 기억은 작시의 비옥한 텃밭으로 기능한다. 이는 서정시의 본령이자 오랜 경륜의 시인에게 주로 작동하는 작시 방식이다. 시인이 재생하는 과거의 기억은 아련한 향수를 제공함과 동시에 부박한 현실의 삶을 지탱하거나 추동하는 기제로 작용한다. 설령 심리적으로 아프거나 상처로 인지되는 과거의 기억도 시인의 상상력을 통과하면 긍정적이며 낙관적인 추억으로 변용된다.

흰 옥양목 버선을 손질해 놓고
풀 먹인 이불 홑청 속에
맺힌 한도 한 오락 씩 포개어 놓으며
다듬잇돌은 차디찬 어두움을 깨고
별똥별 하나를 마루에 앉히네

이슥하도록 밤은
어머니의 다듬이 소리로
이마의 주름살
한 오락 씩 만지고 있네

빈 쌀독에는 설움들이 가득 차고
밀린 방세 때문인지
문풍지의 아우성도 요란스러우나

어머니의 하얀 손은
차가운 달빛에도 온기로 흐르고 있네

이슥하도록 밤은
어머니의 다듬이 소리로
가슴 속 응어리
한 오락 씩 매만져지고 있네.

「다듬이질」 전문

이 시는 화자가 유년시절에 겪은 어머니의 삶을 형상화 하고 있다. 특히 당시의 어머니들이 감당해야만 했던 다듬이질의 노동을 가족을 위한 숭고한 헌신으로 묘파한다. 시인은 어머니의 삶에 대한 추억을 통해 어머니의 내면 풍경을 소상하게 그려내고 있다. 이러한 어머니의 심정에 대한 딸의 이해는 교감과 공감의 차원으로 확장되어 훈훈한 가족애의 분위기를 환기한다. 예컨대 어머니의 가족을 위한 고초의 삶은 딸의 이해와 공감을 통해 아름다운 모성애의 전범으로 자리매김 된다.

1연은 다듬이질하는 어머니의 노동행위를 '다듬잇돌'의 존재로 치환하여 서정적으로 제시한다. 어머니의 삶은 가족들의 입성이나 이불 등을 세탁하고 다림질하느라 곤고하다. 어머니는 식구들의 버선을 빨래하여 정갈하게 개켜놓거나, 가족의 편안한 잠자리를 위하여 이불 홑청을 풀 먹여 고실고실 다듬는 일상을 보낸다. 그런데 이러한 어머니의 노동은 살아오며 "맺힌 한"을 해소하는 기능도 아울러 지닌다. 어머니의 가족을 위한 헌신의 노동은 '다듬잇돌'로 은유되어 가족들의 불안한 미래를 환기하는 '어두움'을 제거한다. 나아가 미래의 희망을 암시하는

'별똥별'을 가정으로 인도하는 역할을 보인다.

2연은 지속적으로 이루어지는 어머니의 고단한 일상을 연민의 시선으로 포착하고 있다. 어머니는 밤늦도록 '다듬이 소리'로 상징되는 가사에 복무한다. 이처럼 힘든 집안일은 어머니의 '주름살'을 생성하는 기제로 작동한다. 여기서 화자는 '밤'이 어머니의 고단한 삶을 위무하는 능동적 행위를 하는 주체로 인지한다. 예컨대 주체(어머니)와 객체(밤)의 전도를 통하여, 세계가 어머니 노동의 의미를 인지하는 것으로 전환시킨다. 이는 어머니 삶의 정당성과 보편성의 가치를 강화하는 역할을 수행한다.

3연은 가난하고 궁핍한 가정임에도 불구하고 어머니의 헌신으로 인해 화평한 분위기를 확보한다. 가난한 살림살이는 "빈 쌀독"과 "밀린 방세"와 "문풍지의 아우성"이라는 직접적 언표로 드러난다. 이처럼 궁핍한 살림살이에도 어머니의 가족을 위한 노고는 "차가운 달빛"이라는 세계상을 "온기" 흐르게 하도록 작용한다. 즉 3연은 어머니의 힘든 가사노동이 비극적 세계를 긍정적 세계로 변용시키는 힘으로 작동하는 것이다.

4연은 어머니의 힘든 가사노동을 드러내는 "다듬이 소리"가 어두운 가정의 분위기를 환기하는 "밤"의 "응어리"를 해소하는 모습을 보여준다. 예컨대 고달프고 궁핍한 한 가정의 비극성이 어머니의 가족을 위한 사랑의 노동으로 용해되어 긍정적 상황으로 변용되고 있다. 이 시는 어머니의 모성애를 추억하는 화자의 연민어린 시선이 시종일관 중심축을 이루고 있다. 그리하여 어머니의 고달픈 가사노동은 가족을 위한 사랑의 "별"과 "달"로 떠올라 가족의 미래를 환하게 비춘다. 뿐만 아니라 어머니 자신의 "한", "주름살", "설움", "응어리"를 해소하여 주기까지 한다.

빛바랜 옥양목 버선 한 죽이 모였다.
장롱에서 금방 꺼낸 삼호장 노랑저고리들이다.

꼰지발 딛고 시내버스마다 손 흔들면 가시내들이
시끌벅적 책가방 허리춤에 메고 후닥닥 올라탄다.
가쁜 숨소리가 먼저 의자에 앉는다.
비포장도로를 구르는 목소리가 덜커덩 웃음을 뱉어낸다.

버스 행선지를 한눈에 들여놓지 못해
첫 글자만 좇아왔다는 수다쟁이는
차가 멈추자 고개를 앞으로 기울이더니 뒤로 꺾는다.
아직도 관성의 법칙에 서투른 불균형이다.
출석부도 없이 하나하나 이름 부르며 빨리 내리라고
독신의 상팔자가 손사래 친다.

소풍 때 가본 호숫가 그 집, 새우탕 시켜놓고
깔깔대는 소리를 스마트폰 카메라에 담는다.
벌겋게 등 굽은 새우들이 따로 없다.
봄이 한참 지났는데 입가엔 하얀 밥풀 망울이 맺혔다.
시간을 악물고는 퍼석퍼석 말라버린 꽃빛들

아, 그 물듦이다.

「시간에 물들다」 전문

이 시 역시 과거 시간을 통과한 화자가 회상하는 아름다웠던 학창 시절의 추억을 형상화 하고 있다. 이 작품의 얼개는 현재의 시간을 다루는 1, 4연이 과거의 시간을 묘사하는 2, 3연을 감싸고 있는 액자형 구조이다. 5연은 1-4연까지의 시상을 아우르는 평가의 은유이다. 즉 이 시는 과거 학창시절을 같이 공유한 세대가 노년에 함께 모여 화평한 모임을 갖는 장면을 그리고 있다.

1연은 나이 들어 모인 친구들의 면모를 한복의 은유를 통해 흐뭇하게 드러낸다. 1행은 "빛바랜 옥양목 버선"을 통해 시간이 많이 경과하여 노년에 이르렀음을 뜻한다. 물론 이는 현재에 이른 노년을 제유하고 있다. 2행은 비록 노년에 이르렀더라도 "삼호장 노랑저고리"의 제유를 통해 여전히 마음만은 설렘과 생기를 유지하고 있다. 1, 2행은 현상(겉모습)과 이면(마음)의 대비를 통해 노년의 상황을 역설적으로 드러낸다.

2연은 학창시절의 통학 장면을 생동감 있게 묘사한다. "시끌벅적", "가쁜 숨소리", "웃음"이 마냥 행복하고 순수했던 학창시절의 회상을 선명하게 불러일으킨다. 그 시절의 친구들은 모두 "가시내"로서 순진무구한 세계 인식을 하고 있다. 3연에서는 "가시내"들의 에피소드가 구체적으로 제시된다. 우선 "수다쟁이"의 서투른 불균형의 모습은 당시의 미성숙하지만 희망적인 삶의 태도를 환기한다. 한편 현재 "독신의 상팔자"가 된 어떤 친구는 당시 친구들의 이름을 낱낱이 호명하며 배려하는 다정한 모습을 연출한다. 어찌 됐든 과거의 친구들은 노년에 이르기까지 모두 정답게 서로를 챙기고 배려하며 세월을 보낸 후 왁자지껄한 모임을 갖는 중이다.

4연은 학창시절 소풍 때 갔었던 호숫가의 식당에 모여 행복하게 우정을 나누는 장면이 제시된다. 그들은 오늘의 행복한 시간을 스마트폰에 저장하며 즐겁지만 어느새 "등 굽은 새우"와 동일시된다. 또한 봄이 한참 지난 그들의 삶은 "입가에 맺힌 밥풀"로 은유되기도 한다. 지나온 세월/시간은 그들을 "퍼석퍼석 말라버린 꽃"으로 환유되기도 한다. 모임으로 인하여 생성되는 우정의 즐거움 이면에 시간의 침식으로 노년에 이른 친구들의 슬픈 상황은 짙은 페이소스를 자아낸다. 시인은 이러한 역설적 상황을 긍정적 시선으로 포착하여 과거의 시간을 능동적으로 수용한 "물듦"으로 파악한다.

2. 종교적 시선으로 성찰하는 자아 존재

이소애 시인은 자아 성찰과 존재론적 규명, 그리고 바람직한 현실적 삶의 실천을 위해 종교에 의지하고 있다. 뿐만 아니라 작시 과정을 통해서도 이러한 작업을 동시에 진행한다. 그는 기도를 통해 종교적 삶의 완성을 지향하듯이 시를 창작하는 과정을 통해서도 인격의 완성을 추구한다. 어찌 보면 이 시인에게 종교와 시는 동일한 추구 대상으로 기능한다. 종교는 이전투구의 현실세계를 사는 사람들에게 형이상학적인 정신과 영혼을 단련하도록 도와주는 기능을 한다. 시 역시 가혹한 현실을 사는 인생에게 위안을 주며 동시에 자아 성찰의 계기를 제공한다. 이 시인은 가톨릭 신자이자 시인으로서 자아와 존재의 성찰에 몰두하고 있다.

통증보다 먼저 일어나는 새벽
나는 수도원으로 달려갔다
달려가
용서를 청할 이름 빼곡히 적힌 손가방

수도원 대문 앞에 놓고 왔다

아직 미명이었기 때문일까
내 기도는 자주 정처가 없었다

소나무 사이로 부서지는 햇살이
심장 모서리를 찔렀다
찔끔거리며 돌아오던 사순절이었다
목련 꽃봉오리가 아프게 풀리고 있었다
환하게 피어나기 위해선
죄 감내해야 한다는 듯

용서를 청할 빼곡히 적힌 이름이 든 가방
수녀원 대문간에 두고 왔다
용서할 내 마음을 먼저 두고 왔어야만 했다
통증은 오래 가시지 않았다

「수도원에 두고 온 가방」 전문

일종의 참회록 형식을 빌은 이 시는 속죄의식을 통해 자아 존재를 투명하게 하려는 화자의 욕망을 드러낸다. 그 속죄의식은 주로 용서와 기도를 통해 이루어진다. 가혹한 현실의 세계를 살면서 종교에서 이야기하는 용서와 화해를 통해 사랑을 실천하려는 화자는 수도원을 찾아 기도하는 삶을 영위한다.

화자는 육체적, 물리적 통증에 앞서 새벽 일찍 일어나 자아 존재의 정화를 위해 수도원으로 달려간다. 그는 수도원에서 "용서"를 구하는 "기도"를 실행한다. 이는 종교적 삶의 실천을 통해 자아 존재의 순결한 삶을 희구함과 동시에 세계 평화에 대한 간절한 염원 때문이다. 그러나 화자의 "기도"는 일정한 목적을 동반하지 못하는 경우가 발생한다. 이는 분명한 현실적 목적의 기도가 아니라 막연하지만 전 인류의 고통을 제거하여 거시적인 평화를 꿈꾸기 때문으로 보인다.

한편 "화자는 소나무 사이로 부서지는 햇살이/ 심장 모서리를 찌"를 정도로 심각한 원죄 의식을 자각한다. 심지어 대속을 하여 부활한 사순절을 맞아 세계는 "목련꽃"이 피는 축제의 기간이다. 그럼에도 화자에게 인지되는 세계는 "목련 꽃봉오리가 아프게 풀리는" 지경에 이른다. 화자는 그 이유를 새롭게 부활하기 위해서 속죄의식을 지녀야 하는 것으로 생각한다.

화자는 속죄를 통해 구원에 이르는 기도를 위해 수도원에 "용서를 청할 이름"을 제공한다. 이는 타자에 대한 애정의 행위로 보인다. 그러나 화자는 타자의 용서를 구하는 일보다 선행되어야 할 것은 바로 "나" 자신의 용서하는 마음임을 각성한다. 말하자면 타자의 행복과 평화를 기원하는 기도에 앞서 스스로가 타자를 용서하고 회개하는 것이 선행되어야 함을 인식한 것이다. 그러나 화자의 속죄를 통한 참회 혹은 부활은 쉽게 성취되지 않는다. 여전히 원죄의식은 화자의 마음속에 똬리를 틀고 지속될 것이다. 여기서 중요한 것은 화자가 속죄와 참회를 통해 자아의 구원과 동시에 타자와의 평화로운 공존을 모색하고 있다는 점이다.

> 어쩔거나
> 생각하면 두근거리던 그 소리,

펑

펑

펑

풍선처럼 터지는 고백소의 냉기,

꼭 토하고 말 것이라는

심장의 박동,

고백성사 표를 들고 부들부들 떨었던

신열은 뜨겁기만 했다

눈물이란 그렇듯 가슴을 무너뜨리는

홍수일 수도 있는 걸까

성호를 긋던 손이 먼저 알아버린 참회

그 파장이 끈끈한 먹이사슬에 걸려 퍼덕거리던

욕망을 물고 칭칭 감는 그 소리

아직도 떨고 있는 손

어쩔거나.

「나는, 내가 두렵다」 전문

이 시 역시 "고백 성사"라는 종교 체험을 형상화 하고 있다. 특히 고백성사의 장면과 심리에 대한 묘사가 매우 섬세하고 생동감 있게 표출되고 있다. 시의 제목 "나는, 내가 두렵다"에서 보이는 공포감은 사실 속죄의식의 발로임과 동시에 삶의 염결성에 대한 자의식의 표출이다. 따라서 이 시는 화자의 과거 삶의 과오에 대한 속죄의식과 미래 삶에 대한 자기다짐의 정서가 함축되어 있다.

1연의 "어쩔거나"에서 드러난 판단 유보적인 태도는 고백의 갈등을 암시한다. "두근거리던 소리"로 표상된 갈등은 어찌 보면 인간적인 내면 고백에 대한 두려움과 긴장감 때문에 발생한다. 화자는 자아에 직면하여 인간의 불완전성 혹은 죄의식을 용납하기 어렵다. 그러나 화자는 갈등을 이겨내고 진심으로 자아의 죄를 고백하는 용기를 보인다. 그리하여 3-5행으로 행갈이 된 의성어 "펑 펑 펑"은 고백의 후련함과 충격의 강도를 제시한다. 그러나 화자는 여전히 "냉기, 박동"을 통해 두려움의 정서에 휩싸인다. 물론 이 두려움은 자아의 죄의식으로 인해 발생한다.

화자는 고백으로 인해 여전히 흥분되고 격정적인 순간을 체험한다. 2연의 묘사는 이러한 체험을 구체적이고 섬세하게 드러낸다. 화자는 고백의 경험을 육체적으로 실감나게 감각한다. 예컨대 "부들부들 떪"과 "신열의 뜨거움"이라는 육체 현상은 속죄의식의 치열함과 진지함을 반증한다. 또한 고백의 과정과 결과로 야기되는 "눈물의 홍수"는 순수성과 정화의 의미를 드러낸다. 말하자면 화자는 순수하고 극진한 고백을 통하여 인간성 회복의 카타르시스를 느끼는 것이다. 아마도 종교에서 속죄의식은 순수한 인간성의 근원 회복을 지향하는 제도일 것이다.

3연에서 화자는 참회의 결단 순간을 맞이한다. 하여 참회의 과정과 결과에 대한 의미부여를 시도한다. 화자가 해석한 참회의 의미는 "끈끈한 먹이사슬에 걸려 퍼덕거리던 욕망"을 제거하는 것이다. 그 욕망은 자의식적인 것이 아니라 '먹이사슬'이라는 타율적 관계에서 생성된 것이다. 이는 인간이 삶을 영위하며 근원적인 순수성을 잃어버리고 무의식적으로 동물세계의 관계인 '먹이사슬'의 질서에 함몰되는 것을 의미한다.

화자는 자아의 욕망을 고백하는 참회를 통해 인간의 근원적 순수성의 회복을 기도한다. 그리고 그 용감한 고백의 결과 여전히 "떨고"있는 자아를 인지한다. 여기서 화자의 "떪"은 고백의 결단에서 오는 긍정적인 의미의 전율로 읽히거나, 아니면 아직도 해소되지 않은 '욕망'으로 인한 두려움으로 읽히기도 한다. 어찌 됐든 불완전한 인간인 화자는 고백을 통한 참회에도 여전히 갈등할 수밖에 없는 존재이다. 그는 참회 이후에도 "어쩔거나"를 되뇌며 판단유보의 인생길을 나아갈 것이다.

3. 인생과 삶의 관조에서 길어내는 사랑의 의미

기실 시상 혹은 시의 정수는 일상 체험에서 길어 올리는 경우가 많다. 이소애 시인은 일상생활에서 문득문득 섬광처럼 일어나는 시심을 갈무리할 줄 안다. 시인은 과거의 추억에서 조촐한 삶의 위안을 얻으며, 일상의 종교 체험을 통하여 자아와 존재의 순수성을 회복하고자 노력한다. 한편 시인은 일상의 가정생활에서 피어나는 감정과 정서를 작시하기도 한다. 그것은 주로 부부 사이의 애정에 대한 소박한 정회로 드러난다. 일상에서 느끼는 소소한 사랑의 정서는 인류에게 허여된 소중한 감성이다. 이는 한 개인의 삶을 풍요롭게 해주는 동력으로 작용할 뿐 아니라 더욱 확장되어 종교에서 말하는 인류애의 기반이 된다.

> 예쁘다,
> 예쁘다고 하는 영감이
> 더 예쁘다
>
> 삼례시장에서 찐빵 대여섯 개

영감 가슴에 품고 오더니
사랑꽃 피어나 따땃허니 맛있다
사랑을 품에 안으면 따시지요

부뚜막 군불 지핀 아랫목처럼
할매 등짝이 꽃피는 봄날처럼
환하게, 생의 주름꽃이 화들짝 피어난다
장작 두어 개비 짊어질
기력 없는 영감이어도
안쓰러운 아내를 위한 간헐천 같은 열정은 남아
지핀 불쏘시개가 활활 탄다

댓돌 위 고무신 두 켤레는
함박눈이 겹겹 쌓이며
서로를 녹여주는 배려의 꽃,
사랑꽃이다

「사랑꽃」 전문

이 시는 늘그막의 노부부에게 피어난 사랑의 행위와 감정을 "사랑꽃"으로 은유하고 있다. 이 시에 소개된 사랑의 행위는 영감이 아내를 위하여 찐빵을 사다주는 소소한 일상의 편린이다. 영감이 사다준 찐빵은 단순한 사물로부터 사랑의 징표로 전유된다. 여기서 남편의 애틋한 사랑의 행위도 주목을 요하지만, 더욱 부각되는 것은 찐빵으로부터 남편의 사랑의 마음을 읽어내는 아내의 감수성이다. 예컨대 화자인 아내는 남편의 사소한 찐빵 선물을 자신을 배려하는 사랑의 마음을 함축하는 상징으로 이해하는 것이다.

1연은 아내가 "예쁘다"는 남편의 마음을 오히려 상대의 "예쁨"으로 주고받는 부부의 사랑놀이로 인해 흐뭇한 분위기가 조성된다. 2연에서는 남편의 사랑의 마음이 구체적 사건으로 드러난다. 그것은 영감이 찐빵을 선물하는 행위이다. 화자는 단순한 사물인 "찐빵"을 "사랑꽃"으로 인지한다. 그리하여 사랑하는 남편의 마음을 "따뜻함"의 온도로, 나아가 "맛있음"이라는 미각으로 지각한다.

3연에서 남편의 애정을 확인한 화자 아내는 행복감을 만끽한다. 그 행복에 대한 수용 역시 매우 감각적인 "아랫목, 봄날"로 은유되어 나타난다. 심지어 "생의 주름꽃"조차 긍정적인 것으로 인지한다. 이러한 행복감은 노년의 기력 없는 영감이 제공하는 "간헐천 같은 열정" 때문이다. 그리하여 이 노년의 부부는 사랑의 만족감과 행복감으로 "활활 타오르게" 된다. 뿐만 아니라 이 부부의 초상은 "댓돌 위 고무신 두 켤레"로 환유되고 있다. 이 부부는 서로 "배려"하는 마음으로 노년의 사랑꽃을 아름답게 피워 올리고 있는 것이다. 예컨대 이 시는 노년의 부부가 서로 배려를 통하여 사랑을 가꾸어가고 있는 정경을 흐뭇한 정서로 형상화 하고 있다.

그림자 서로 밟지 않을 만큼
소슬바람에 숨소리 전해질 만큼
어쩌다 눈빛만 보아도 뜨거움 느낄 만큼
눈가의 물빛만 보아도
가슴 찡하게 울려올 만큼
손잡지 않아도 서로 온기를 느끼는
사이

부둥켜안지 않아도 언제나 느끼는
내 마음 항상 당신 뜻대로 바꿀 수 있는
눈으로 보고 마음에 담는, 그 간격
나무와 나무 사이

「나무와 나무 사이」 전문

이 시는 "나무"라는 사물을 시적 대상으로, 사람 사이의 이해와 교감의 거리를 형상화 한다. 여기서 나무는 단순한 사물이 아니다. 나무는 존재론적 가치를 지니는 대상으로서, 쉽게 인간으로 전유된다. 즉 이 시는 나무를 빌어 사람 사이의 관계에 대해 이야기한다. 그 관계의 척도는 "사이"로 제시된다. 여기서 "나무와 나무의 사이"는 매우 가까운 거리감을 지닌 것으로 이해된다. 그리고 나무와 나무의 관계는 어쩌면 부부의 관계로 치환하여 이해하기에 적절하다. 즉 오래 같이 살아온 부부는 이심전심으로 서로를 이해하고 교감하고 공감하는 관계를 지닌다. 물론 이러한 경지에 이르기 위해서는 서로간의 사랑이 필수요소일 것이다.

1연은 부부 사이의 관계를 동일한 통사구조 "--만큼"을 네 번이나 활용하여 묘사하고 있다. 첫 번째 항목 "그림자 서로 밟지 않을 만큼"은 상대의 행동을 예측하는 숙련도와 아울러 상대 존중의 자세를 내포한다. 두 번째 묘사 "소슬바람에 숨소리 전해질 만큼"은 미풍에도 상대의 호흡을 감지할 정도로 가까운 관계임과 더불어 서로 상대에 대해 긴밀하게 주의를 기울이고 있는 상황을 암시한다. 세 번째 "어쩌다 눈빛만 보아도 뜨거움 느낄 만큼"은 여전히 지속되고 있는 서로에 대한 열정의 강도를 함축한다. 네 번째 "눈가의 물빛만 보아도/ 가슴 찡하게 울려올 만큼"은 서로에 대한 교감과 공감의 진폭이 매우 강력함을 드러낸다.

이상에서 반복 열거된 묘사는 모두 부부간의 애정으로 인한 교감과 공감의 의미소를 공통적으로 함유하고 있다. 그리고 계속 반복되는 통사구조 "--만큼"은 결국 모두 "느끼는 사이"에 의미를 귀결시키고 있다. 예컨대 1연의 서두에 반복되는 "--만큼"의 묘사는 "사이"의 추상성을 제거하고 구체성을 강화하고 있다. 부부는 서로 고유성을 지닌 개별적 존재이다. 그러나 애정을 지니고 오래 살다보면, 이 시에서처럼 부부는 일심동체의 경지에 도달한다. 예컨대 부부는 서로 접촉하지 않아도 "서로 온기를 느끼는 사이"를 형성한다. 물론 '사랑'을 전제로 했을 때 성립되는 관계이다.

2연에서 화자는 심지어 자신의 "마음"을 항상 "당신 뜻대로" 수정할 수 있는 무한긍정의 자세를 보인다. 그리고 "눈으로 보고 마음에 담는" 즉 현상의 이면에 사랑의 본질을 읽어내는 혜안을 소지하고 있다. 이로 인해 부부의 관계를 함축하는 거리감인 "사이"는 사실 무화되어 없어지고 만다. 말하자면 사랑하는 부부의 관계는 물리적으로 "사이"를 표출하지만 심리적으로는 거리감이 소실되어 서로 접촉한 관계 혹은 동일한 존재인 것이다.

이소애 시인은 자신이 살아온 과거의 경험을 반추하여 작시하곤 한다. 그 과거의 체험은 긍정적 시선에 힘입어 아름다운 시절로 재생된다. 이는 현실의 질곡을 살아내는 원천이자 동력으로 작용할 뿐 아니라 미래의 자아를 밀고 가는 불쏘시개로 작동할 것이다. 이로 보아 이소애 시인은 낙관주의자의 면모를 지닌다.

또한 시인은 자아와 존재에 대한 성찰을 게을리 하지 않는다. 물론 이 성찰의 배경엔 진지한 종교생활이 뒷받침되고 있다. 특히 종교에 기반을 둔 사유는 일상에 함몰되는 자아를 자정하는 역할을 충실히 해내고 있다. 그는 속화되는 자아를 경계하고 맑고 순수한 존재로서의 자아를 정립하려 분투한다. 이러한 자아 성찰의 바탕에는 속죄의식이 뿌리내리고 있다. 이로 보아 이소애 시인은 엄숙주의 삶의 태도를 지닌다.

한편 시인의 주된 관심사는 사랑이다. 이 사랑은 소소한 가정의 일상으로부터 종교적 차원의 인류애로까지 그 스펙트럼이 넓다. 사실 사랑은 개인의 삶을 풍요롭게 해줄 뿐 아니라 인류의 평화와 안녕을 위하여 가장, 매우 중요한 요인이다. 시인은 특히 노년의 부부 사이에서 피어나는 사랑의 풍경을 치밀하고 섬세하게 형상화 한다. 사랑을 노래한 그의 시를 읽으면 흐뭇한 미소와 함께 부박한 이 세상도 살만하다고 조촐한 위안을 받는다. 그는 천생 박애주의자임에 틀림없다.

Ⅱ-4 떠나가는 계절을 탄주하는 슬픈 소야곡

기억하는가. 이런 노래가 있었다. "새에에는 노래하는 의미도 모오르면서 자아꾸만 노래를 한다./ 새에에는 날아가는 곳도 모오르면서 자아꾸만 날아가안다." 이 가사의 주어인 "새"는 존재자를 표상한다. 따라서 이 노랫말이 함의하고 있는 것은 존재 혹은 인생의 본질이다. 예컨대 우리 존재는 삶의 불가해한 의미 속에서 불확정적인 지향을 향해 나아간다. 모든 존재에게 인생이나 삶의 성찰은 필수적인 것이다. 그러나 인생의 본질은 쉽게 간취되지 않을뿐더러 누구나 공유할 수 있는 보편적 의미도 성립하기 어렵다. 어찌 보면, 우리는 숙명적으로 침묵한 채 주어진 일상을 매급시 살아가고 있는지도 모른다. 새가 노래하는 의미도 모르면서 노래를 하고, 날아가는 곳도 모르면서 날아가야만 하듯이.

정희수 시인의 시편들은 삶이나 인생에 대한 천착을 보인다. 그는 존재가 몸담고 있는 세계를 바라보기보다 자아의 내면을 응시하는데 몰입한다. 이는 유족이 엄선한 아래의 시편들에 한정할 때의 이야기이다.

이 글은 정희수 시인의 시세계를 두루 섭렵하지 못하고, 유족이 선정한 시편들을 대상으로 논의하는 점에서 일정한 한계를 지닌다. 시인은 존재의 숙명, 삶과 죽음의 의미, 인생의 본질과 같은 궁극적인 화두에 집착한다. 나아가 삶이나 인생의 궁극을 탐색하면서 부각되는 존재의 서정을 매우 절실하고 실감나게 구축한다. 그리하여 그의 시는 내면 지향적이고 서정적이며 낭만적인 특질을 함유하고 있다는 점에서 순수시의 전범으로 자리매김 된다.

논의의 대상이 된 시편들은 교감을 넘어 매우 강렬한 공감의 자장을 형성한다. 그 이유는 무엇보다 시의 주제인 삶이나 인생을 바라보는 화자의 태도 혹은 자세 때문이다. 시적 화자는 삶과 인생을 경건하고 진솔한 자세로 이야기한다. 달리 말하면 그는 삶 혹은 인생을 간절하고 진정성 있는 어조로 토로한다. 또한 화자는 자신의 삶과 인생을 추억하고 반추하는 태도를 보인다. 그는 지나온 자신의 생애를 거시적 시선으로 돌이켜 보고 있는 것이다. 화자의 지나온 삶과 인생에 대한 감정적, 심리적 반응은 안타까움, 외로움, 아쉬움, 서러움의 정서로 표백된다. 화자의 삶과 인생에 대한 정서 반향과 곡진한 태도의 이면에 스며있는 숙명과도 같은 존재의 슬픔이 독자의 감성을 활발하게 자극한다.

촛불을 켠다는 일은
촛불을 끈다는 일이다

처음과 끝 맞닿아
어둠 슬며시 밀어내며
희생으로 빛내는

녹아내린 촛농은
성인의 발자국처럼
작아도 위대하다

태어날 때부터
시간을 지우며 타는 촛불
그것은 바로 운명이다

목숨 태워 빛나는
저 촛불의 거룩함
사람들은 알고 있을까

「촛불을 켜며」 전문

이 시는 촛불을 빌어 인생의 의미를 갈파하는 존재론적 사유를 형상화 하고 있다. 이 시에서 "촛불"은 단순한 사물이 아니라 존재의 표상으로 기능하고 있다. 촛불의 존재론적 의미는 '태움'으로 드러나는 희생으로 강조된다. 즉 촛불이 자신의 몸을 살라 어둠을 극복하는 희생의 가치에 방점이 놓인다. 희생으로서의 삶의 가치는 "거룩함"의 경지로 상찬되기까지 한다. 나아가 시간에 구속되는 인간의 존재론적 특성을 "운명"으로 인지하고 있다.

첫 연은 존재의 탄생과 죽음이 별개의 사건이 아니라 동일한 속성을 지니고 있음을 언명한다. 예컨대 모든 존재의 숙명은 탄생과 더불어 죽음까지도 잉태한다는 단언이다. 이 세상 모든 일에는 시작과 끝이 공존한다는 철리를 제시하고 있는 것이다. 촛불을 켜는 일과 끄는 일이 동일하듯이 존재의 삶과 죽음 역시 동류항이라는 인식은 '죽음'을 고즈넉이 받아들이는 수명의 자세이다.

2연에서 삶과 죽음은 “처음과 끝”으로 변주되고, 역시 이 둘은 “맞닿아” 있는 동일체로 인지된다. “촛농”은 세계의 “어둠”을 제거하는 촛불의 “희생”으로 표상된다. 나아가 자아를 희생하여 세계의 “어둠”을 극복하는 촛불과 같은 존재의 삶은 “성인의 발자국”으로 은유된다. 이 지점에서 성인과 범인의 삶 역시 등가적으로 인지된다. 시인의 상상력 혹은 사유체계는 삶과 죽음, 범인과 성인이 일원화되는 세계관으로 드러난다.

3연에서 시인은 촛불/존재의 운명이 “시간을 지우며 타는” 것임을 간파한다. 모든 존재는 운명적으로 시간에 굴복할 수밖에 없는 존재인 것이다. 이는 삶의 종착역이 죽음이라는 은유와 진배없는 사유이다. 이러한 생각 역시 존재의 운명을 통해 죽음의 절망을 극복하려는 극기정신으로 수렴된다.

4연에서도 존재의 운명이 “촛불”의 행위를 통해 반복 제시된다. 즉 존재는 자신의 생명을 불살라 세계의 어둠을 제거하는 촛불로 은유된다. 존재가 목숨을 태우는 것은 시간의 경과로 인한 소멸의 운명과 동일한 것이다. “태우는” 행위가 곧 소멸임에도 세계의 “어둠”을 제거하기 위하여 기꺼이 자신의 “목숨”을 지우는 “촛불”은 “거룩함”으로 빛나고 있다. 이 시는 죽음을 향해 자신을 “태우고, 지우고, 빛나는” 존재의 희생이 궁극적으로 “위대함, 거룩함”의 정신으로 변환됨을 말하고 있다.

① 은하수가 하얗게 흐른다
여린 입술들 꽃잎처럼 빛나
누군가 찾아 올 것만 같아
사립문 살짝 열어두고

가슴 두근거린다
② 혼자서 키워 온
갓 스물 순결
아주 비밀한 호기심으로 떨린다
③ 지금은 꽃잎도 지는 시간
어항 속 금붕어 졸고 있다
④ 숨도 못 쉬고 바라 본 하늘
하얀 별들
누군가 애타게 부르는데

「밤」 전문

이 시는 밤의 시간에 소멸하는 것들에 대한 안타까움의 정서를 간절하게 표출하고 있다. 화자는 "밤"을 "꽃잎도 지는 시간"이라는 소멸의 순간으로 주목하고 있다. 그러나 역설적으로 밤의 시간은 은하수가 흐르고 꽃잎처럼 빛나는 아름다운 세계상으로 인지되고 있다. 밤에 이루어지는 아름다운 사랑과 순결의 상황은 내밀한 호기심으로 화자의 가슴을 두근거리게 만든다. 세계는 아름답고 평화로운데 화자의 마음은 안타까움의 정서에 침윤되어 있는 것이다.

이 시의 의미론적 단락은 문장 단위에 따라 1-5행, 6-8행, 9-10행, 11-13행의 네 부분으로 구분할 수 있다. 첫 단락은 화자가 바라보는 세계의 모습과 그에 반응하는 자신의 내면 정서가 표출되어 있다. 밤의 시간으로 설정된 세계의 상황은 하늘에 "은하수가 흐르고" 지상에는 "여린 입술들"이 빛나는 긍정적인 공간으로 그려진다. 예컨대 하늘과 지상의 공간 모두 상호조응하며 화평한 세계상으로 인지된다. 화자는 "누군가"에 대한 그리움과 기다림 때문에 "사립문 활짝 열어두고" 설레는 감정을 느낀다.

화자의 "누군가"를 향한 그리움과 기다림은 "갓 스물" 때부터이며, 그것도 "혼자서" 가꾸어 온 것이다. 화자는 자신의 이러한 기다림의 정서를 "순결"한 것으로 생각한다. 나아가 자신의 내면에서 홀로 가꾸어 온 "아주 비밀한 호기심"이기 때문에 사뭇 가슴이 설레는 지경에 처해 있다. 곧 이어 화자는 자신이 처한 현재 상황을 부정적으로 인지한다. 그것은 "지금은 꽃잎도 지는 시간"이라는 소멸의 상황 인식으로 드러난다. 심지어 자신이 바라보는 "어항 속 금붕어"도 졸고 있는 상황이다. 이는 어찌 보면 화자 자신의 상황을 금붕어에 투사한 것이다. 예컨대 화자는 '어항'/세계라는 폐쇄적 공간에 갇혀 반성반수의 몽롱한 의식 상태에 놓여 있다.

화자는 마지막 단락에서 자신의 상황을 매우 간곡한 어조로 토로한다. 그는 "숨도 못 쉬고" "하늘"을 바라본다. 여기서 "숨도 못 쉬는" 상황은 화자의 육체적, 심리적 태도를 중의적으로 드러낸다. 예컨대 어떤 병고로 인하여 호흡이 장애를 받는 육체적 상황으로, 아니면 하늘을 우러르는 화자의 경건한 심리적 태도로 읽힌다. 어찌 됐든 화자가 우러르는 "하늘"은 "하얀 별들"이 반짝이는 긍정적인 공간으로 표상된다. 그런데 밤하늘의 별들은 "누군가"를 "애타게" 호명한다.

여기서 "하늘"과 "누군가"의 상징성이 문제가 된다. 하늘은 화자가 응시하는 긍정적 공간으로 보인다. '하늘'은 은하수가 흐르고 하얀 별들이 반짝이는 화자의 "순결"이 지향하는 곳이기 때문이다. 마지막 단락에 나오는 '누군가'는 익명의 존재 혹은 화자 자신으로 읽어낼 수 있다. 만약 미지칭의 타자로 읽는다면 천상과 지상의 화합을 노래하는 의미가 강조된다. 그렇지만 화자 자신으로 읽어낸다면 이 시는 천상의 부름을 수긍하거나 긍정하려는 순결하게 슬픈 노래가 된다.

① 떠나가는 그림자가 더 슬픈 것을
이제야 알았습니다
나뭇잎 우수수 떨구며 가는 바람
하늘 열어 유성들 쏟아놓고
달빛 앞세워 무너진 돌담을 넘습니다
② 밤은 점점 깊어져 가고
낮게 엎드려 살아온 내 삶을
종이 위에 하나씩 그려보며
지난날을 생각합니다
③ 온통 검게 휘감아드는 밤은
너무 깊고 드센 물결이어서
평소에 칭얼거리던 밤새도
바람에 내심을 흔들리고만 있습니다
④ 아직 숲속에는 이파리들 키득거리고
발끝 세워 걷던 수목들은
가슴 속 깊은 곳에 흐르는
그리움의 모닥불을 피웁니다

「처서 무렵」 전문

이 시는 지나온 삶을 회고하고 반추하며 자신으로부터 떠나가는 것들에 대한 아쉬움과 슬픔과 그리움을 토로하고 있다. 특히 처서處暑 무렵의 계절 변화 양상을 매우 적절하게 활용하여 별리의 슬픔을 직조하고 있다. 처서는 한여름이 지나고 가을이 시작되는 간절기로서 내성의 작용을 활발히 자극하는 시기이다. 이 시의 시상 전개는 문장의 구조와 의미 응집력에 따라 네 부분으로 나눌 수 있다.

①은 떠나가는 "그림자"와 "바람"에 대한 화자의 슬픈 마음을 드러낸다. 먼저 "떠나가는 그림자"의 정체가 불확실하다. 이 그림자의 주체가 화자 자신인지, 아니면 화자가 바라보는 사물인지 명확하지 않다. 만약 화자 자신의 그림자로 읽는다면, 이는 자신의 소멸성을 암시한다. 다른 사물의 그림자로 읽는다면, 세계와 자아의 분리로 이해된다. 화자의 "떠나가는 그림자"에 대한 심리적 반응은 "슬픔"으로 명시된다. 부사어 "더"는 그 슬픔을 더욱 강화하고, 부사어 "이제야"는 뒤늦게 알아차린 후회의 강도를 배가시킨다.

"바람" 역시 나뭇잎을 떨구고 사라지는 대상이다. 여기서 '바람'은 매우 능동적인 역할을 하는 주체이다. 바람의 행위를 받는 동사는 "떨구며, 열어, 쏟아놓고, 앞세워, 넘습니다"이다. 화자로부터 떠나가는 능동적 주체인 바람은 나뭇잎을 떨어뜨리고 사라진다. 뒤이어 바람은 하늘로 가서 밤하늘의 유성들을 낙하시킨다. 뿐만 아니라 하얀 달빛 비치는 "무너진 돌담"을 통과하여 사라진다. 바람이 하는 행위의 의미소는 대체로 하강과 분리와 소멸로 집약된다. ①에서 화자는 자아와 세계의 분리에 대한 상황을 슬픔의 정조로 인지하고 있다.

②는 화자가 떠나가는 세계의 응시로부터 벗어나 자아의 내면에 침잠하는 모습을 보인다. 자아와 분리되는 외부 세계는 "밤"의 상황으로 전이된다. 따라서 분리의 상황은 더욱 "깊어져" 가는 형국이다. 화자는 외부세계로부터 내면세계로 시선을 이동한다. 그리하여 자신의 과거를 회상한다. 그가 인지하는 과거의 삶은 "낮게 엎드려 살아온" 것으로 표출된다. 이는 자신의 지나온 삶이 겸손하고 경건한 것이었음을 환기한

다. 나아가 화자는 과거의 삶/"지난날"을 "종이 위에 하나씩 그려보며" 매우 섬세하고 세심하게 반추한다. 이러한 화자의 회고와 반추의 행위는 삶에 대한 경건하고 엄숙한 자세를 반증하는 것이다.

③은 화자가 직면한 세계 상황에 대해 관찰하고 있다. 화자가 바라보는 세계는 "온통 검게 휘감아드는 밤"으로 매우 부정적 상황이다. "밤"의 부정성은 "너무 깊고 드센 물결"이라는 은유를 통해 확장하면서 더욱 심각한 상황으로 전개된다. 이러한 밤의 공간에서 "밤새" 역시 어찌할 수 없이 심리적 동요를 일으키고 있을 뿐이다. 여기서 '밤새'는 객관적 사물임과 동시에 화자의 심정이 투사된 대리물의 역할을 담당한다. 그리하여 화자는 아무도 거역할 수 없는 "밤"의 "검은 물결" 앞에 낙심한 채 심리적 갈등을 일으키고 있을 뿐이다.

④에서 화자의 시선은 "밤"으로부터 "숲속"으로 이동한다. 비록 현재의 상황이 깊은 어둠에 쌓인 밤이지만, 숲속에는 이파리들이 "아직" 긍정적인 자세로 "키득거리고" 있다. 이는 극악한 현실 상황에서도 여전히 삶에 대한 낙관적인 면모를 드러내는 것으로 보인다. 그리하여 극악한 상황에서 조심조심 "발끝 세워 걷던 수목들은" 과거의 찬란했던 생의 순간들에 대한 "그리움의 모닥불"을 피워 올린다. 이 시는 세상과의 별리에 대한 안타까움과 아쉬움과 그리움의 슬픈 정조를 매우 곡진하게 형상화 하고 있다.

바람이 억새밭에서
하얗게 울고 있다
저무는 서녘 하늘
저녁놀 붉게 타다 스러지고

물살에 구겨진 내 모습도
어스름으로 흐려진다
눈 감고 졸던 부엉이도 깨어
쉰 목청을 높이고
채색하다 만 계절의 냄새
어깨 위 찬 서리로 내린다
이제 곧 저 서리 지면
밤마다 구겨지는 우리들 바람
깊은 무채색으로 덮이리라
지우지 못한 얼룩으로 남으리라

「저 서리 지면 —입동」 전문

이 시 역시 입동이라는 절기의 분위기를 활용하여 별리에 대한 외롭고 쓸쓸한 정서를 효과적으로 환기한다. 입동立冬은 가을에서 겨울로 넘어가는 간절기로서 겨울을 맞이하는 음울하고 절망적인 분위기를 자극한다. 특히 이 시는 "울고 있다, 스러지고, 흐려진다, 내린다, 덮이리라"와 같은 침체와 우울, 그리고 하강의 의미소를 지닌 서술어의 중첩으로 인하여 외로움과 쓸쓸함의 정조가 부각되고 있다.

"바람이 억새밭에서/ 하얗게 울고 있다" 구절은 화자가 늦가을 억새밭에 부는 바람소리를 울음으로 치환하여 인지하고 있는 것이다. 이는 화자가 자신의 감정을 세계에 투사한 것이다. 특히 "하얗게 울고 있다"는 억새의 하얀색과 소리의 결합을 통해 이른바 공감각적 효과를 자아내고 있다. 이러한 비극적 세계 인지는 결국 화자의 슬픈 심정이 세계에 반영된 것이다.

다음으로 화자는 시선을 지상으로부터 하늘로 이동하여 "저녁놀"에 주목한다. 저녁놀은 하루의 시간 중 후반부에 속하며 뒤이어 어두운 밤이 찾아오는 의미를 지니고 있다. 화자는 그 저녁놀에서 "붉게 타다"의 생에 진력하는 태도를 읽어냄과 동시에 "스러지고"에서 소멸의 운명을 간취하고 있다. 나아가 자신의 처지를 병치시킨다. 화자 자신의 모습은 "물살에 구겨진" 상황으로 인지된다. 이는 지나온 자신의 삶의 역정을 드러내는 동시에 "구겨진"이 환기하는 삶의 불완전성을 표출한다. 그런데 화자는 그러한 자신의 불완전한 삶 역시 "저녁놀"처럼 희미하게 "흐려지는"/사라지는 것을 느낀다. 예컨대 화자는 자신의 삶이 점점 소멸되어 가는 것을 자각하고 있다.

화자는 다시 자신이 몸담고 있는 세계의 상황을 관찰한다. 우선 화자의 시선에 포착된 "부엉이"는 어둠 속에서 자신의 존재를 증명하기 위하여 "쉰 목청"으로 울음을 울어 엔다. 이는 소멸과 종착의 의미를 지닌 겨울과 밤으로 향하는 세계의 시간에 대한 아쉬움과 안타까움의 분위기를 고조시킨다. 동시에 화자는 자신의 생을 "채색하다 만 계절"로 은유한다. 이는 자신의 불완전한 삶을 통해 아쉬움과 안타까움의 정서를 드러낸다. 심지어 그 불완전한 삶의 증표인 "계절의 냄새"는 "찬 서리"로 전이되어 지상으로 하강한다. 화자의 세계 인식은 음울한 부정적 시선으로 더욱 강화되고 있는 것이다.

화자는 곧 이어 지상에 내린 "서리"가 사라지리라는 불길한 예감을 한다. 나아가 밤의 세계에 당도하면 "우리들 바람" 역시 훼손되고 사라지리라는 것을 인지한다. 우리들의 소망은 낮에 이루어지는 활기찬 생명성을 내포하고 있다. 예컨대 밤이 되고, 서리까지 지게 되면 우리들의 삶에 대한 의지가 꺾이게 될 것이라는 불안한 미래 예감인 것이다. 아울러 우리들의 생명에의 의지가 "깊은 무채색"으로 소멸될 것이라는 부정적 인식으로 확장 심화된다. 또한 자신의 지나온 삶의 행적은 "지우지 못한 얼룩"으로 은유된다. 이는 지나온 삶의 불완전성에 대한 후회와 반성의 심정이 반영된 것이다. 이 시는 자신의 존재 소멸에 대한 아쉬움과 안타까움의 정서를 우울하고 처연한 분위기로 형상화 하고 있다.

이른 새벽
아직 여명도 눈 비비고 일어나지 못하던
그런 날이었지
밤 새워 흐르는 물소리로 잠 못 이루어
푸른 달빛 뒤척이던 그런 때
남 몰래 가슴 앓던 사랑
숨결 같은 그리움으로 그림자 되었지
밤 새워 울던 풀벌레 소리 슬퍼
못 견디게 서러워
떨어지는 꽃잎을 그냥 바라보고만 있었지
슬픈 눈으로 눈물 그렁거리며
가슴 저린 외로운 날들
짓눌리는 무거운 삶 위하여
산을 넘으려 서둘러 나서는 길도
사랑으로 깨끗이 닦으려 하였지
고추잠자리 서성이는 노을 길
긴 능선에 내리는 구름 보며

「내 사랑으로」 전문

이 시는 소멸에의 운명으로 인해 외롭고 슬픈 분위기에 침잠해 있던 존재가 "사랑"의 힘으로 극복하려는 자세를 보인다. 짙은 어둠의 밤을 전전반측으로 꼬박 새우며 새벽에 이르기까지 지나온 삶에 대한 슬픔과 서러움과 외로움에 젖어 있던 화자는 이윽고 "사랑"으로 이와 같은 부정적 상황을 타개하려 한다.

화자는 불면으로 밤을 통과하고 난 이후 꼭두새벽의 시공에 이른다. 그는 "밤 새워 흐르는 물소리"를 들으며 밤을 새고 난 이후 매우 예민한 상태에 놓여 있다. 이는 화자가 해결할 수 없는 곤고한 삶의 지경에 처해 있음을 암시한다. 화자는 어두운 밤을 새며 지나온 세월의 "푸른 달빛 뒤척이는" 회고의 정조에 젖어 든다. 그 회고의 시절은 "남 몰래 가슴 앓던 사랑"으로 드러난다.

그 "사랑"의 정체는 역동적인 삶을 향한 열정의 모든 부면을 포괄한다. 물론 이성을 향한 사랑을 포함하는 것은 당연하다. 나아가 그 사랑은 "숨결 같은" 매우 소중한 "그리움"의 분위기로 전이된다. 지나온 세월에 겪었던 사랑은 이제 삶에의 의지나 다름없는 간절한 그리움의 대상이라는 과거의 일이 된다. 나아가 현재 시점에서 과거의 삶에 대한 그리움은 실체가 아니라 "그림자"인 허상/추억으로 존재한다.

화자는 잠을 이룰 수 없는 번민으로 인하여 "밤 새워 울던 풀벌레 소리"에 주목한다. 적막하고 쓸쓸한 밤에 우는 풀벌레 소리는 슬픔과 서러움으로 인지된다. 이는 화자가 자아와 풀벌레를 동일화하여 감정 처리하고 있기 때문이다. 나아가 그는 "떨어지는 꽃잎을 그냥 바라보고만 있"다. 비애의 정서에 함몰된 화자는 현실 극복에의 자세를 포기하고 매우 수동적인 태도로 세계에 대응하는 것이다. 그는 소멸의 과정으로 이행하는 "떨어지는 꽃잎"을 망연히 바라보는 현실 수긍의 자세를 유지한다.

그는 다시 자신이 살아온 날들에 대한 회억에 사로잡힌다. 지나온 삶은 "가슴 저리는 외로운 날들"이어서 슬픔과 외로움의 감정이 교차한다. 또한 지나온 삶은 "짓눌리고 무거운" 역정으로 인지된다. 그는 외롭고 억압받은 지나온 삶을 "사랑"의 힘으로 극복하기 위하여 분투노력해 왔음을 회고한다. 화자는 곤궁한 처지의 현실에서, 지나온 자신의 삶이 외롭고, 슬프고, 험난한 것이었지만 '사랑'으로 이겨내려 고군분투했음을 회상하고 있다.

화자는 자신이 처한 지금/이곳의 시공간을 아름다운 풍경으로 바라본다. 그 풍경은 노을 지는 저녁 무렵 고추잠자리가 평화롭게 날고, 멀리 구름이 산자락의 긴 능선을 따라 내려오는 고즈넉한 모습을 연출하고 있다. 그런데 "서성이는 고추잠자리"는 단순한 객관적 사물이 아니라 화자의 이미지가 얼비친 중의성을 띤다. 예컨대 화자는 저녁 무렵 고추잠자리가 서성이는 모습을 보며 자신의 소멸을 향한 방황의 심정을 이입하는 것이다. 특히 "내리는" 구름의 하강 이미지는 소멸의 의미 속성을 더욱 강화한다.

> 내가 바라보는 하늘은
> 늘 푸른 하늘이게 하소서
> 세상이 어둡고 막막하더라도
> 하늘만은 언제나 푸른 하늘이게 하소서
> 사람들은 서로 속이고 미워하고
> 질투하고 싸우더라도
> 내 가까이 있는 하늘은
> 푸르고 푸른 하늘이게 하소서

오늘과 내일은 서로 다르지만
스스로의 빛깔대로 바라보는 대로, 있는 그대로
하지만 마음이 통하는 그런 빛깔이게 하소서
살아있는 것들과 죽은 것들
그 모든 것들도 함께 품어 안는
그러한 넓은 가슴의 하늘이게 하소서
빈 종이 위에라도 몇 줄 선을 그으면
모든 생명들 살아서 일어나는
그런 하늘이게 하소서

「내가 바라보는 하늘은」 전문

이 시는 순수한 이상세계와 생명의 부활에 대한 소망을 "하늘"을 향해 간곡하게 기도하는 작품이다. 특히 "내가 바라보는"의 조건구문을 통해 자신의 소망이 기대와 이상임을 전제하고 있다. 어찌 보면 현실 세계에 존재하지 않는 긍정적이고 이상적인 삶의 경지를 간절하게 희구하고 있다. 따라서 이러한 소망의 이면에는 부정적이고 비관적인 현실 인식이 자리 잡고 있다. 한편 상대 높임의 공손어미 '--소서'로 된 서술어 "하소서"의 빈번한 반복은 이상세계의 희구에 대한 화자의 간절함과 진정성을 강화한다.

이 작품에 빈번하게 반복되는 구문은 "--하는 하늘은 --하는 하늘이게 하소서"의 구조를 지니고 있다. 즉 동일어 "하늘"이 구문의 앞뒤에 반복되고 있다. 앞에 나오는 "하늘"은 화자가 바라보는 객관적이며 현실적인 대상으로서의 하늘이다. 반면에 뒤에 나오는 "하늘"은 화자가 소망하는 주관적이며 이상적인 대상으로서의 하늘이다. 예컨대 화자는 현실적이며 보편적인 “하늘”이 아니라 이상적이며 특수한 “하늘”이 지배하는 세상을 소망하는 것이다.

1, 2행의 “내가 바라보는 하늘은/ 늘 푸른 하늘이게 하소서”에서 화자는 “하늘”이 “늘 푸른” 속성을 지니게 되기를 희구한다. “늘”은 항상성과 지속성을 의미한다. “푸른”은 생명과 희망과 이성을 함의한다. 즉 화자는 자신이 응시하는 “하늘”이 언제나 건강하고 역동적이며 희망차고 이성적이길 염원한다.

3, 4행의 “세상이 어둡고 막막하더라도/ 하늘만은 언제나 푸른 하늘이게 하소서”에서는 세상과 하늘의 대조를 통해 자신의 소망을 부연한다. 즉 지상의 삶이 암울하고 비관적이라고 하여도, “하늘만은” 언제나 희망적이고 역동적인 상태가 지속되기를 바라는 것이다.

5-8행 “사람들은 서로 속이고 미워하고/ 질투하고 싸우더라도/ 내 가까이 있는 하늘은/ 푸르고 푸른 하늘이게 하소서”는 속된 지상의 삶을 구체화 하고 있다. 예컨대 지상의 인간들이 시기, 질투, 증오, 분쟁의 삶을 이룬다고 하여도, 그가 바라는 “하늘”의 삶은 희망적이고 생동적이며 이상적이기를 소망하는 것이다. 화자는 지상의 속된 삶을 떠나 ‘하늘’의 성스러운 세계를 염원하고 있다.

9-11행 “오늘과 내일은 서로 다르지만/ 스스로의 빛깔대로, 바라보는 대로, 있는 그대로/ 하지만 마음이 통하는 그런 빛깔이게 하소서”는 항상 일관되지 못하고 변화하는 세상사에 대한 아쉬움을 표명한다. 하여 화자가 바라는 세상은 “스스로의 빛깔대로”, 즉 언제나 항상적인 원형으로서 존재하기를 소망한다. 또한 인지주체와 세상이 서로 교감하고 공감하는 화평한 관계이기를 희구한다.

12-14행 “살아있는 것들과 죽은 것들/ 그 모든 것들도 함께 품어 안

는/ 그러한 넓은 가슴의 하늘이게 하소서"는 "하늘"이 삶과 죽음을 동시에 포괄하는 포용력 있는 존재이기를 소망한다. 이는 이원적으로 대립하는 세계상이 일원화되어 완전한 원형으로 존재하기를 바라는 마음이다. 화자는 삶과 죽음이 대립하는 지상의 세계를 벗어나 영원히 존재하는 "하늘"의 세계가 도래하는 소망을 품고 있는 것이다.

15-17행 "빈 종이 위에라도 몇 줄 선을 그으면/ 모든 생명들 살아서 일어나는/ 그런 하늘이게 하소서"는 삶과 죽음을 초월하여 완전무결한 세계가 이루어지기를 기원하고 있다. 심지어 화자는 죽음을 무화시켜 모든 죽어가는 존재가 재생, 부활하는 염원을 간절한 어조로 희구한다. 이 시는 이원적으로 대립하는 지상과 천상의 세계가 아니라 삶과 죽음이 일원화되는 완전한 세계상을 꿈꾸고 있다. 그리하여 소멸하는 존재가 새롭게 재생 부활되기를 바라는 소망을 곡진하게 표상하고 있다.

정희수 시인은 말년에 병고와 싸우다 작고한 것으로 알려져 있다. 이 글에서 논의한 시편들은 아마도 시인이 병상에 있을 때 쓰인 것으로 짐작된다. 시의 소재와 주제가 삶과 죽음이라는 인간의 근원적인 질문에 집중하고 있기 때문이다. 물론 우리는 간헐적으로 일상에서 삶과 죽음의 문제에 대해 사색한다. 그러나 평소에 사유하는 삶과 죽음의 화두는 관념적인 성향을 드러내어 건조하고 피상적이기 쉽다. 정희수 시편들에 구축된 삶과 죽음에 대한 명상들은 매우 직접적이고 구체적이며 생동감이 있다. 아마도 이는 시인 자신이 몸소 체험한 육체적, 정신적 고뇌와 번민이 시의 질료로 작동하기 때문일 것이다.

이로 인하여 정희수의 시편은 진솔성과 구체성을 획득한다. 정희수의 시들은 삶과 죽음에 대한 철저하고 진솔한 사유를 동반하고 있다. 이 때문에 그의 시에서 이야기하는 삶과 죽음의 화두는 공허함과 추상성을 벗어나고 있다. 시는 본질적으로 독자와의 교감, 그리고 공감을 목표로 한다. 그 공감에 이르는 가장 유효한 전략은 다름 아닌 진솔한 사색과 구체적인 사유일 것이다. 정희수 시는 이와 같은 진솔성과 구체성으로 인하여 공감의 진폭을 확장 심화하는데 성공하고 있다.

나아가 그의 시는 매우 경건하고 겸손한 어법을 채택하고 있다. 이러한 어조는 삶과 죽음을 바라보는 시인/화자의 세계관과 가치관이 매우 성실하고 웅숭깊은 것임을 증명한다. 정희수 시의 미덕은 특히 삶과 죽음을 노래하면서 느끼는 슬픔과 비애를 감상적 차원으로 몰고 가지 않는데 있다. 그는 소멸에의 슬픈 비극적 정서를 형상화 하면서도 차분하고 갈앉은 목소리로 이야기한다. 예컨대 감정의 절제를 통하여 애이불비哀而不悲의 서정을 정련된 어법으로 형상화 하고 있다. 오히려 그의 절제된 소멸에의 슬픈 소야곡은 마지막까지 '사랑'을 간구함으로써 독자를 울컥울컥하도록 이끈다.

이 글의 앞머리에서 인용한 송창식의 「새는」의 노랫말은 지상에서 삶을 영위하는 모든 존재의 숙명이라 할 수 있는 소멸의 덧없음을 다음과 같이 처연하게 읊조리고 있다. 이 노래는 정희수 시인의 시편들에서 느끼는 삶과 죽음에 대한 속절없는 비애를 동일한 맥락으로 가창하는 슬픈 소야곡으로 여겨진다.

> 저기 머나먼 하늘 끝까지 사라져간다
> 당신도 따라서 사라져 간다 멀어져 간다
>
> 당신의 덧없는 마음도 사라져간다
> 당신의 덧없는 마음도 사라져간다

Ⅱ-5 술술 읽히는 순수 서정의 담백한 미학

안정근 시의 가장 대표적인 특징은 술술 읽히는 가독성이다. 시집 『詩앗을 심고』를 통독하는 데에는 참말로 가락국수 한 그릇 비우는 시간이면 충분하고도 남는다. 그의 시를 읽는 데에는 시어의 중의성, 언표의 난해성, 메시지의 상징성, 구조의 복잡성에 대해 탐색할 고민이 필요하지 않다. 그냥 시인이 말하는 언술을 있는 그대로 따라 술술 읽으면 된다. 그의 시는 독자에게 이해만 하도록 요구한다. 시를 읽고 이해한 다음 따로 해석을 위해 전전긍긍할 기회를 제공하지 않는다. 따라서 시를 읽고 나서 느끼는 느낌 역시 담백하고 후련하다. 안정근 시의 시학에 대한 규명은 이와 같은 술술 읽히는 시적 특징을 탐색하는 것에 다름 아니다.

안정근 시의 빠른 속도로 읽히는 특징은 작시법을 통해 확인할 수 있다. 그의 작시법 중 주제의 형상화 방식에 주목할 필요가 있다. 시인은 주제를 중심으로 인접성이 강한 제재만을 활용하여 시상을 전개한다.

달리 말하면 시상을 전개할 때 주제와 긴밀한 소재만을 선택한다. 예컨대 그는 주제와 관련하여 가장 인접도가 높은 시어, 이미지, 정서만을 채택한다. 주제와 거리가 멀거나 희박한 것들은 과감히 삭제해버린다. 따라서 그의 독자는 주제에 집중하여 미적거리지 않고 빠른 속도로 읽을 수 있다. 이로 인해 통일성이 강화된 그의 시는 단순하고 간결한 구조적 특징을 지닌다.

이와 같은 간결하고 단순한 형상화 방식은 상상력에 기인한 것으로 보인다. 시인의 상상력은 복합적이지 않다. 그는 하나의 주제를 상상하면서 하나의 사건 혹은 하나의 서정만을 다룬다. 여러 가지 다양한 이미지, 사건, 상황을 버무리는 것을 싫어한다. 또한 시인의 상상력은 초월적이지 않다. 그의 상상력은 일상적이고 보편적이다. 그의 시에서 기괴한 이미지와 난해한 묘사는 찾기 힘들다. 어찌 보면 그의 상상력은 순차적이고 논리적이다. 그는 주제를 정하고 그에 맞는 심상을 순차적이고 논리적으로 전개한다. 따라서 그의 상상력은 매우 정제되어 있으며, 질서정연한 특징을 보인다.

시인은 단일한 의미 중심의 시어를 순수하게 사용한다. 즉 시인은 일차언어를 중시한다. 예컨대 그는 정보 전달을 목표로 하는 일상 언어를 즐겨 사용한다. 그의 시어는 사전적 의미를 제공하는데 만족한다. 언어가 품고 있는 역사성, 문화성, 상징성 등을 중시하지 않는다. 내포적이거나 함축적인 용법을 거의 활용하지 않는다. 언어를 부림에 있어 소박하고 단순한 본래의 의미를 환기하는데 기꺼이 만족한다. 이로 인해 그의 시는 담백하고 쌈박한 메시지 전달 중심의 쉬운 작품으로 다가온다.

시인은 무기교의 기교를 선호한다. 그의 무기교 시학은 무와 소금과 물의 배합으로 단순하게 발효시키는 동치미와 흡사하다. 즉 그의 시는 단순하고 밋밋한 동치미 맛과 유사한 심플하고 무덤덤한 미학을 형성한다. 그는 다양하고 현란한 수사학을 활용하지 않는다. 그의 시에서 은유, 상징, 역설, 패러디, 아이러니 등을 발견하기는 쉽지 않다. 그는 대체로 직설적 표현만을 애용한다. 그는 전달하고자 하는 의미와 내용을 직접 구술하는 어법을 채택한다. 메시지 전달을 우선으로 하는 작시법은 시를 읽으면서 바로 이해되는 소통의 수월성으로 드러난다.

안정근 시의 술술 읽히는 가독성은 직설의 시적 어법도 한몫을 차지한다. 시인은 시종일관 직설적으로 말 건네는 방식을 활용한다. 그는 어떤 주제나 소재에 대해 순차적이고 논리적인 말하기 방식으로 표출한다. 예컨대 그는 보여주기보다 말하기 방식을 선호한다. 달리 말하면 그는 묘사(showing)보다 말하기(telling)를 통해 메시지를 표상한다. 그런데 흥미로운 것은 묘사 위주의 시편이 드물기는 하지만 미학적 측면에서 매우 완성도가 높다는 것이다. 안정근 시의 화자는 시인과 동일시되는 경향이 농후하다. 시인/화자는 주어진 주제의 심상에 집중하여 메시지를 순차적이고 논리적으로 설파하는 형식을 주로 활용한다. 독자는 일관된 직설 어법으로 인하여 메시지를 쉽게 포착하고, 따라서 이해하기에 용이하다.

이와 같이 쉬운 시를 지향하는 작시법으로 인하여 안정근 시는 술술 읽히는 가독성의 수월성을 획득한다. 한편 그의 시의 또 다른 특징으로 순수 서정성이 부각된다. 그는 특히 '사랑'을 주요한 소재로 다룬다. 이 시집에서 빈번하게 형상화되는 '사랑'은 이성간의 순수한 에로스이다. '사랑'의 의미가 다양한 관계에서 유발되는 포괄성을 지니지 않는다. 예컨대 부모와 자식의 관계, 나라와 시민의 관계, 이념이나 가치나 신념과 개인의 관계에서 발생하는 사랑은 보기 드물다. 시인은 오로지 이성 사이에서 교감하는 순수한 사랑을 노래한다. 특히 시인은 사랑하는 마음의 순수성을 중시한다.

밝은 햇살로 보니
사람인데
밝은 마음으로 보니
사랑이네

초연한 눈빛으로 보니
사람인데
그윽한 마음으로 보니
사랑이네

두 눈에 들어오는 것은
그저 사람인데
내 맘에 들어오는 것은
한없는 사랑이네

사랑
그것은 마음으로 보고
마음에 자리하는 것이네

「사랑 3」 전문

이 시는 사랑은 마음을 통해 소통된다는 메시지를 간결한 형식과 어법으로 형상화하고 있다. 이 시에서 사랑의 존재 속성은 '마음'의 제약을 받는다. 사랑은 "밝은 마음"과 "그윽한 마음"이라는 전제를 통해 발현된다. 즉 사랑은 "밝고, 그윽한" 전제 조건의 마음 상태일 때 나타난다. 사랑의 소통과 존재 양식은 오로지 상대를 긍정하는 마음의 문제라는 것이다. 마치 불가에서 강조하는 인간사는 일체유심조(一切唯心造)라는 생각과 동일하다.

4연으로 구성된 이 작품의 1-3연은 동일한 통사구조와 연 배열 방식을 유지하고 있다. 각 연의 통사구조는 'A로 보니 C인데, B로 보니 D이다' 형식이다. 여기서 A는 일상적인 '시선'으로 묶여지고, B는 단순한 존재로서의 '사람'으로 드러난다. C는 '마음'으로 묶여지고 D는 '사랑'으로 일체화된다. 1-3연을 요약하면 대상을 일상적이고 객관적인 시선으로 보면 사물로서의 사람으로 단순하게 인식되지만, 상대를 애호하는 마음으로 인식하면 사람을 넘어서서 사랑으로 인지된다는 것이다. 이와 같은 동일한 통사구조와 연 배열 방식은 '사랑의 존재 조건'을 강조하고 집중화 시키는 효과를 성취한다.

4연은 1-3연의 전제를 귀결하는 역할을 한다. 즉 1-3연이 전제문장이라면 4연은 귀결문장의 역할을 수행한다. 4연 귀결문장의 의미는 사랑은 마음으로 소통되는 것이며, 마음에 존재하는 속성을 지니고 있다는 것이다. 결국 이 시는 사랑의 순수한 존재 양식이 인간의 마음에 내재하는 것임을 표상하고 있다.

눈뜬 세상
보지 못한 것
눈 감으니
보이네요
빤히

두 눈뜬 세상
보이지 않는 것
눈 감으니
보이네요

눈뜨면
사라질까
오래도록
눈 감고 있네요

「눈 감아요」 전문

비교적 단순한 구조로 되어 있는 이 시 역시 유심론의 가치관을 형상화하고 있다. 즉 세계를 응시할 때는 육체로 보는 것이 아니라 '마음'으로 보아야 한다는 단일한 주제를 드러낸다. 눈을 뜨고 바라볼 때는 세계의 전체상이 자의와 관계없이 총체적으로 지각된다. 눈을 감고 바라볼 때는 주체자의 선택에 따른 일정한 세계의 모습이 초점화 되어 나타난다. 세상이나 인생은 겉으로 지각되는 것이 아니라 내면의 인지 작용을 통해 의미화 된다. 그리하여 이 시는 눈 뜨고 보는 세상과 눈 감고 보는 세상의 이원론적 대비가 중심 구조를 이룬다. 이 작품은 삶과 세계를 파악하는데 있어 주체적인 '마음'의 인식 태도를 강조한다.

1, 2연의 동일한 통사구조와 연 배열 방식은 메시지를 반복하면서 심화하는 의도를 지니고 있다. 이와 같은 이원 대비적 구조의 단순한 시상 전개 방식은 시인이 애용하는 작시법이다. 이로 인해 독자는 시의 메시지를 간명하게 파악하여 술술 읽게 된다. 그러나 한편 너무 단순한 시상 전개 구조는 시상의 응집력과 밀도가 빈약하다는 혐의를 받게 된

다. 시인은 삶과 세계는 '사랑'과 '마음'으로 응시할 때 그 본질과 조우할 수 있다는 지극히 유심론적인 세계관을 표명하고 있다.

왜 사람들은
자기 안에 핀 꽃을
보지 못할까

밖에 핀 꽃보다
더 아름답고
더 사랑스러운
자기 안에 화사하게 핀 꽃을
왜 사람들은 보지 못할까

세상의 꽃은
아무리 이뻐도 금세 시들고
아무리 가꿔도 얼마 못 가
고개를 떨구는데
왜 사람들은 그런 꽃만
바라보는 걸까

자기 안에 화사하게 피어
그 향기 가득한데
왜 사람들은 그 꽃을
보지 못할까

혹여 그런 꽃 없다면

세상의 꽃 좇지 말고
아름다운
당신의 꽃을 피워야지
그래서 세상도
아름답게 물들여야지
왜 사람들은
자기 안에 핀 이쁜 꽃은
보지 못하고
밖에 핀 꽃만 보는 걸까

「왜 사람들은」 전문

이 시 역시 '마음'의 인식론에 대해 형상화하고 있다. 마음의 안과 밖이라는 공간의 대립성을 통해 이원론적 세계 인식을 드러낸다. 그리하여 시인/화자는 인지 주체자의 외부세계에 핀 사물로서의 꽃과 내면세계에 핀 관념으로서의 꽃을 대비시킨다. 화자가 중시하는 '꽃'은 물론 인지주체자의 내면에서 개화하는 것이다. 그런데 화자는 특히 사람들이 내면의 꽃을 인지하지 못하고 외부세계에서 피는 객체로서의 꽃만을 응시하는 태도와 자세에 대한 안타까움을 반복하여 토로한다.

화자는 외부 세계에 피는 꽃을 시간의 제약을 받아 시들고 마는 유한한 존재로 인지한다. 반면에 내면에 피는 관념으로서의 꽃은 외부의 사물로서의 세속적 꽃에 비해 더욱 아름답고, 더욱 사랑스러우며, 더욱 향기가 짙다고 인지한다. 나아가 자신의 내면에 그러한 꽃이 존재하지 않는다면 자아 존재의 향기를 풍기는 꽃을 피우려는 노력을 해야 한다고 주장한다. 사람은 자아의 향기를 품은 꽃을 피우려는 노력을 통해 세상을 아름답게 변화시키는 존재라는 것이다. 여기서 마음속에 피는 '꽃'은 인간적인 자아 존재의 성숙을 함의하는 관념적인 것으로 보인다.

이 작품 역시 동일한 통사구조와 연 배열 방식을 통해 시상 전개의 흐름을 원활하게 유도한다. 각 연 마지막 말미의 "--까"라는 설의형 종지는 각운의 효과와 아울러 단위 반복의 형태적 안정감을 성취한다. 아울러 의미론적으로는 화자의 내면에서 자아를 성숙시키지 못하는 사실에 대한 아쉬움과 안타까움의 정서를 반복하여 강조하는 효과를 획득한다. 이 시는 외부의 세속적 '꽃'과 자아의 내면적 성숙의 '꽃'을 대비하여 작품의 통일성과 집중성을 강화하고 있다.

아픔 보이지 않는다고
아픔이 없는 것인가
슬픔 보이지 않는다고
슬픔이 없는 것인가

드러나지 않을 뿐
가슴 찌르는 아픔이
몇 날 며칠 울어 재낄 슬픔이
마음 저 뒤안길에
애써 숨죽이고
때만 기다리고 있는데

눈에 보이지 않는다고
아픔이 없는 것인가
드러나지 않는다고
슬픔이 없는 것인가

낮에 별 보이지 않는다고
별이 없는 것인가

아픔 드러내지 않을 뿐
슬픔 숨죽이고 있을 뿐
아픔도 슬픔도
때가 되면
별이 된다는 것을

당신의 까만 눈동자에
반짝이는 눈물로
별이 된다는 것을

「아픔 보이지 않는다고」 전문

이 작품도 제목이 암시하듯, 시각적으로 보이지는 않지만 그래도 존재하는 본질에 대해 형상화 하고 있다. 시인이 시각적으로는 보이지 않지만 존재한다고 인지하는 본질은 "아픔, 슬픔"이라는 추상적인 정서이다. 화자는 심리적 실체인 아픔과 슬픔은 마음이라는 추상적 존재에 잠복해 있다고 강변한다. 그것은 마치 낮에 별이 보이지 않지만 실제로 존재하는 현상과 동일하다는 것이다. 이 작품에서 중요한 것은 아픔이나 슬픔의 정서가 "별"로 변용되는 상상력이다. 드러나지 않던 본질로서의 아픔과 슬픔의 정서가 변용의 과정을 거쳐 현상으로서의 별로 나타나는 현상학적 사유가 시적 위상을 확보한다.

한편 안정근 시인의 시를 통독하다 보면 '보다'라는 시각적 감각이 빈번하게 활용되는 특징을 발견할 수 있다. 앞에서 인용한 작품들에서 나타나듯이, 화자는 시종일관 "마음으로 보니" (「사랑 3」), "눈 감으니 보이네요" (「눈 감아요」), "왜 사람들은 보지 못할까" (「왜 사람들은」) "눈에 보이지 않는다고" (「아픔 보이지 않는다고」) 등을 통해 눈으로 "보는" 시각을 적극적으로 활용한다. 시인은 육안을 통한 시각적 바라봄과 마음을 통한 심리적 바라봄을 대비하여 구분한다. 그는 시각으로 바라보는 현상과 마음으로 바라보는 본질을 대비시키는 것이다. 그리하여 시인은 궁극적으로 피상적 현상/현실보다 심층적 본질/관념을 중시한다.

이 지점에서 시인의 사유는 하이데거의 존재론적 현상학과 만난다. 하이데거에게 사유의 궁극으로서의 존재란 본질적이며 근원적인 것이다. 그에게 존재란 비밀이 가득 찬 형이상학적 힘이며, 일종의 은폐된 신이다. 시인은 언어를 통해 본질을 드러내는 매개자이자, 영매이다. 안 시인은 눈으로 보는 현상 너머에 있는 본질을 보려고 노력한다. 그러기 위해서는 눈이라는 시각이 아니라 마음이라는 심리를 통해 현상을 관통해야 한다고 주장한다. 즉 안 시인은 달이라는 존재를 사유할 때는 달을 가리키는 손을 보지 말고 달 자체를 바라보아야 한다는 것이다. 이러한 점에서 안 시인은 순수주의자이며, 본질론자이다.

희한하게도
우리는
자기 얼굴보다
남의 얼굴을
더 많이 본다

자기 몸보다

남의 몸을
더 뚫어지게 본다

자기보다
남이 먼저 들어오고
자기 생각보다
남 생각으로
많은 시간을 쓴다

불행이 자기를
찾아올 때까지는 말이다

「희한하게도」 전문

안정근 시인은 앞에서 보았듯, 순수한 사랑에 대한 관심이 많다. 아울러 그는 인생에 대한 사색에도 주목한다. 그의 인생론적 사유는 일상의 직접 체험으로부터 출발한다. 시인은 사소한 일상 체험으로부터 삶의 정체성 혹은 본질에 대한 탐색으로 나아간다. 이 시 역시 "보다"는 감각이 중추 역할을 담당한다. 화자는 자아의 육체보다 타자의 "얼굴, 몸"을 바라보는 삶의 자세에 대해 부정적 인식을 지니고 있다. 이는 자아 존재에 대한 성찰보다 오히려 세상의 논리에 함몰되어 사는 현대인의 초상을 환기한다. 예컨대 시인은 타자의 생활윤리에 맞추어 사는 것보다 자아의 주체적인 삶의 자세를 긍정적으로 평가한다.

이는 인생을 살면서 자아 주체성을 강조하는 태도이다. 달리 말하면 자아 존재가 상실된 시대를 사는 현대인들에 대한 경고의 메시지인 것이다. 현대는 과학과 물질문명의 급속한 발전으로 인한 자아 상실의 시대이다. 이럴 때일수록 진정한 자아에 대한 성찰과 사색이 필요한 시대적 사명이 부각된다. 시인은 자아 존재에 대한 성찰을 통해 주체적 삶의 자세를 견지하기를 소망한다. 이런 태도 때문에 안정근 시는 경구 혹은 잠언과 유사한 특성을 지닌다. 그는 과학과 자본이 횡행하는 강퍅한 현대사회에서 삶을 맑게 정화하는 것으로 진정한 사랑과 순수한 마음을 강조하려는 것이다.

할 수 있는 것은
오직 바람에 흔들리는 것
그렇게 서럽게 서로 비벼대며
마른 소리 바람에 날리는 것

할 수 있는 것은
단지 햇살 등지고 반짝이는 것
그렇게 하얀 이삭 드러내며
거친 들판에 흔들리는 것

할 수 있는 것은
그저 무리지어 한 세상 견디는 것
그렇게 서로 마주하며
언젠가 그대 안에 자리하는 것

「억새」 전문

이 시는 "억새"라는 사물을 통해 인생 혹은 존재의 본질을 형상화하고 있다. 시 형식은 각 연 4행의 엄격한 동일 형태를 취하고 있다. 각 연의 통사구조는 "할 수 있는 것은/ ----하는 것/ 그렇게 ---하며/ ---하는 것"이라는 동일한 구조와 형태를 유지한다. 안정근 시에서 빈번하게 포착되는 이러한 시 형태의 구조적 동일성은 주제의 집중화, 이해의 용이성, 낭독의 수월성 등을 성취한다.

각 연에서 행위주체가 되는 것은 문면에 생략되어 있다. 그러나 우리는 각 연의 행위 주체가 "억새"임을 쉽게 알아차린다. 나아가 그 "억새"는 자연 사물로 단순하게 읽히지 않고 인간 존재로 환치된다. 예컨대 이 시는 "억새"의 묘사를 통해 인간에 대한 존재론적 성찰을 말하고 있다. 1연에서 존재/억새가 할 수 있는 것은 "바람에 흔들리는 것"으로 언표된다. 주어부에 나오는 한정조사 "--은"은 행위주체자의 능동성에 제약을 가한다. 그리하여 억새는 세계의 운명에 따라 수동적으로 "흔들리는" 존재로 표상된다. 2행의 "오직"은 억새의 피동적 존재성을 더욱 강화한다. 또한 "서럽게"는 억새의 비극적 운명을 환기한다.

2연의 억새는 "햇살 등지고 반짝이는" 존재이다. 역시 억새/존재는 "단지"라는 부사어를 통해 행위 주체성과 능동성에 제약을 받는다. 억새는 햇살을 "등지고" 있는 상태이기 때문에 비극적 운명을 내재한 존재로 암시된다. 억새가 존재하는 상황/공간은 "거친 들판"이다. 이는 화자의 세계 인식이 부정적 태도임을 보여준다. 1, 2연에서 "흔들리는" 억새는 본질적으로 갈등과 번민을 감당할 수밖에 없는 허약한 존재로 인지된다.

마지막 3연에서 갈등과 번민의 존재인 억새는 개인으로부터 집단적 관계의 존재로 변용된다. 황량한 세계에서 홀로 흔들리며 존재하는 억새는 "무리지어" "견디는" 행위를 통해 갈등과 번민을 극복하려 한다. 달리 말하면 홀로 겪는 수동적, 피동적 존재 양태를 집단의 구성원으로 수용하려는 태도이다. 나아가 그 개인적 외로움을 타자/"그대"와의 관계망 형성을 통해 초극하려는 것이다. 한편 이 시의 각 연 3행에 반복되는 "그렇게"는 현실에 대한 긍정적 태도와 운명의 수용적 자세를 드러낸다.

안정근 시인의 삶과 세계에 대한 태도는 수용과 긍정의 특성을 지닌다. 그는 세계를 부정적, 비극적으로 인식하는 경향이 약하다. 그의 시선에 세계는 불편하지만 살만한 공간으로 포착된다. 또한 그는 삶 역시 사랑하는 마음을 더불어 나누면 행복한 인생이 가능하다고 믿는다. 따라서 그의 시는 낙낙하고 여유롭고 담백한 분위기를 형성한다. 이러한 점에서 안 시인은 순수주의, 유미주의, 서정주의를 지향하며, 사랑을 중시하는 유심론자로 읽힌다.

> 사막의 별이
> 유난히 빛나는 것은
>
> 사막 한가운데 홀로 남겨진 채
> 죽음을 기다리는
> 늙은 아비의 초롱한 눈망울이
> 배인 까닭이요
>
> 높은 산의 별이
> 총총히 빛나는 것은
>
> 자식 잘되라고 정화수 떠놓고
> 밤새 빌었던 늙은 어미의 눈물이
> 스민 까닭이다
>
> 「별」 전문

이 시는 부모의 '사랑'으로 인하여 세계가 긍정적 공간으로 변용하는 상상력을 드러낸다. 이 시의 형태 역시 4연으로 되어 있으나, 의미론적 차원에서 1,2연과 3,4연 두 부분으로 변별된다. 각 부분의 통사구조는 "--이 빛나는 것은 —이 --인 까닭이다"의 서술구조를 두 연으로 배열한 것이다. 즉 각 부분의 첫 연은 결과의 의미를, 두 번째 연은 원인의 의미를 표상하는 구조를 지니고 있다. 안 시인의 시에서 형태적, 의미론적 대비는 매우 빈번해서 상투적으로 느껴질 정도이다. 어찌 됐든 이러한 대비와 대조의 시상 전개 방식은 형태적 안정감과 균형감, 의미론적 질서를 통한 이해의 수월성을 제공한다.

첫 부분은 1연에서 "사막의 별이 빛나는" 결과를 먼저 제시한다. 그리고 2연에서 그 원인이 "늙은 아비의 눈망울"이 투사된 것임을 말한다. 예컨대 인간의 마음이 "사막의 별"에 투영됨으로써 불모의 세계는 평화롭고 긍정적인 상태로 변모한다. 두 번째 부분은 3연에서 "높은 산의 별이 빛나는" 결과를 미리 제시한다. 그리고 4연에서 그 원인이 자식을 향한 "늙은 어미의 눈물"이 투사된 것임을 밝힌다. 즉 이 부분도 어미의 사랑이 "산의 별"에 투영됨으로써 변용되는 긍정적 세계상을 드러낸다. 부모의 사랑이 세계를 화평하게 변모시키는 동일화 과정은 순수시의 전형적 태도이다.

무거운
상아색 꽃잎

스스로
뚝뚝 떨구고

그 순결의 극치
처절하게 녹슬어

이른 봄 햇살
등지고

처연히
사라지는 꽃

「목련꽃」 전문

이 시는 존재론적 성찰을 매우 담백하고 간명하게 형상화 하고 있다. 즉 "목련꽃"의 소멸 과정을 압축적으로 묘사함으로써 존재의 죽음이라는 숙명을 선명하게 드러낸다. 이 작품은 비록 5연으로 구성되어 있지만, 기실 '목련꽃의 소멸'이라는 하나의 시상을 전개하고 있다. 예컨대 하나의 단순한 장면을 다섯 부분으로 나누어 연 배열을 하고 있다. 이러한 작시 의도는 단일한 압축 시상이 매우 쉽고, 간단하게 흘러가지 못하도록 하려는 것이다. 이러한 점에서 이 시는 어떤 현상의 순간 포착을 통해 본질을 드러내려는 순수시의 전형을 보인다.

1연은 목련꽃의 이파리를 묘사한다. 그 이파리는 "무겁다"는 중량감으로 인지된다. 이 중량감은 단순하지 않다. 이 무거움은 삶의 가혹한 운명으로 읽힌다. 그 운명은 무게감을 통해 낙하와 하강의 운동성을 내포한다. 목련꽃 이파리는 숙명적으로 낙하할 존재론적 특성을 지니고 있는 것이다. 모든 존재는 죽음을 예비하고 있기 때문에 "무거운" 삶을 영위한다. 한편 목련꽃 잎은 "상아색"으로 인지된다. 이는 비극적 운명을 지니고 있으면서도 아름다운 존재라는 역설적 상황을 암시한다. 어찌 보면 모든 존재는 소멸될 운명으로 인하여 아름다운 것이라는 모순성을 내재한다.

2연 "스스로/ 뚝뚝 떨구고"는 죽음이라는 운명에 대응하는 존재의 주체성과 자발성을 드러낸다. "스스로"는 소멸에 대한 주체의 능동적 대응 자세를 표상한다. "뚝뚝"이라는 의성어는 죽음에 대처하는 단호한 자세와 수용적 태도를 선명하게 드러낸다. 시어 "떨구고" 역시 소멸에 대한 존재의 능동적 태도를 강화하는 역할을 한다. 죽음/소멸에 긍정적으로 흔쾌하게 대응하는 존재의 자세가 간명한 시어들의 중첩으로 강화되고 있다.

3연 "그 순결의 극치/ 처절하게 녹슬어"는 목련꽃의 존재론적 본질과 현상의 이율배반을 극명하게 드러낸다. 화자는 목련꽃의 개화를 "순결의 극치"로 인지한다. 이는 존재의 가장 숭고한 순간을 긍정적으로 파악하는 은유이다. 그런데 존재의 순도 높은 삶의 경지는 시간의 경과로 인해 녹이 슬게 된다. 그것도 "처절하게" 시간에 굴복하는 것이다. 모든 존재의 숙명은 삶과 죽음의 양가적 측면을 지니고 있다. 그런데 이 시에서 삶은 '순결'로 죽음은 '녹슮'으로 은유되고 있다. 즉 지상의 모든 존재는 시간의 제약으로 인해 소멸해야 할 운명을 지니고 있다.

4연은 목련꽃의 소멸의 시간이 구체적으로 제시되고 있다. 그것은 사계절 중 시작을 환기하는 "이른 봄"이다. 이는 삶의 아쉬운 조락을 암시한다. 목련꽃/존재는 안타깝게도 겨울이 아니라 이른 계절에 "등지는" 소멸의 순간을 맞이한다. 5연 "처연히/ 사라지는 꽃"은 소멸하는 목련꽃을 응시하는 화자의 애달프고 구슬픈 심정이 반영되어 있다. 즉 처절한 소멸의 운명을 지닌 존재에 반응하는 화자의 안타까운 인지태도가 표상된 것이다. 이 시는 존재의 생성과 소멸의 과정을 "목련꽃"에 대한 정밀한 조망을 통해 간명하고 담백하게 드러내고 있다.

> 산다는 것은 푸른 슬픔의 대지에
> 저만치 작은 꽃 몇 송이 피우는 게다
>
> 그 넓다란 슬픔의 땅에
> 하얗고 붉은 꽃 몇 송이 피어
> 찬란한 햇살 아래
> 잠시 반짝이는 게다
>
> 그 슬픔의 도화지에
> 기쁨 몇 개 남기고 가는 게다
> 그 몇 송이 꽃
> 깊은 기억 속에 간직하고
> 막막한 슬픔의 대지로
> 돌아가는 게다

「산다는 것」 전문

이 시는 인생을 슬픔으로 인지하는 허무적 태도를 고백적으로 발화하고 있다. 시의 형태는 표면적으로 3연으로 되어 있다. 그러나 이면의 시상 전개 구조는 "산다는 것"을 주어로 하여 네 개의 서술부를 배열하고 있다. 즉 이 시의 서술구조는 주어부 "산다는 것은"(1연)에 대해 서술부 "피우는 게다"(1연), "반짝이는 게다"(2연) "남기고 가는 게다", "돌아가는 게다"(3연)를 대응시키고 있다. 시의 첫머리에 등장하는 주어부

“산다는 것” 즉 삶/인생의 의미를 서술부에서 다양하게 변주하고 있다.

첫 번째 인생의 의미는 “푸른 슬픔의 대지에/ 저만치 작은 꽃 몇 송이 피우는 게다”이다. 화자는 삶의 공간을 슬픔의 상황이라고 부정적으로 인지한다. 이 비극적 세계 인식을 바탕으로 삶의 의미는 소박하고 조촐한 개화로 은유된다. 특히 “저만치”의 거리감은 삶에 대한 관조와 달관의 분위기를 형성한다. 두 번째 인생의 의미는 “잠시 반짝이는 것”이다. 이는 삶의 유한한 시간성과 아울러 허무의 분위기를 환기한다.

세 번째 삶의 의미는 “기쁨 몇 개 남기고 가는 것”이다. 비록 인생의 본질이 슬픔일지라도 살면서 누리는 소박한 기쁨으로 상쇄되는 것이다. 이는 삶에 대한 낙낙하고 여유로운 태도를 부각한다. 네 번째 인생의 의미는 “막막한 슬픔의 대지로/ 돌아가는 것”이다. 이는 인생의 구조를 무로부터 시작하여 무의 원점으로 환원하는 것으로 이해하는 것이다. 시인은 인생이란 죽음을 예비하고 있기 때문에 슬픈 것이며, 이따금 느끼는 조촐한 기쁨으로 위안 받으며 살아가야 하는 것이라고 말한다. 이로써 시인의 인생관은 허무주의 색채를 강하게 발산한다.

죽어 가는 것들이
가을 단풍처럼
다들 아름다울 수 있다면

생의 마지막
그렇게 자기 색깔
도도히 드러내고
가을 햇살에

빛날 수 있다면
모진 풍파 견디고
한세상 살 만한 게 아니겠소

비록 한나절이라도
파란 하늘에
끝내 자기 색깔 드리운 채
당당히 빛날 수 있다면
거친 세파 이겨 내고
한세상 살 만한 게 아니겠소

노란 은행잎이건
빨간 단풍잎이건
참나무 연한 갈색 잎이건

자기 색깔 하나
맘껏 드러내고
가을 햇살에
도도히 빛날 수 있다면
이 한세상
거뜬히 살 만한 게 아니겠소

「가을 단풍」 전문

이 작품 역시 인생의 의미를 "가을 단풍"을 빌어 낙낙하게 표상하고 있다. 여기서 인생의 가치는 자아 존재의 정체성과 주체성을 발현하는 것이다. 즉 화자는 죽음에 이르기까지 "자기 색깔" 드러내는 소박한 삶에 만족하는 태도를 보인다. 이와 같은 삶에 대한 낙관적이고 긍정적인 자세는 "살만한 게 아니겠소"의 반복을 통해 강조되고 있다. 시인은 조락의 계절 가을에 들판의 낙엽을 바라보며 삶을 투사한다. 소멸의 순간 지나온 삶을 반추하는 것이다. 그리하여 모든 인생은 각자 나름대로의 삶을 영위하는 것에 의미를 부여한다. 물론 이 작품의 기저에는 삶에 대한 수용과 긍정의 낙관주의가 자리 잡고 있다. 안 시인은 인생에 대해 허무주의와 낙관주의의 양가적 태도를 지니고 있는 것이다.

안정근 시인의 시집 「詩앗을 심고」는 일상생활에서 우러나오는 순수 서정을 매우 간결하고 담백하게 직조하고 있다. 그가 주로 사색하는 테마는 인생, 사랑, 존재 등이다. 그의 인생에 대한 태도는 지극히 순수한 허무주의를 표방한다. 그러나 한편 그럼에도 인생은 살만한 가치가 있다고 읊조린다. 달리 말하면 인생은 비록 허무할지라도 조촐하고 소박한 기쁨을 향유하며 살아가는 것이라고 말한다. 그리하여 그의 시는 허무주의 이면에 낙관주의와 긍정주의 자세를 내장하고 있다.

시인에게 삶의 소박한 기쁨을 제공하는 동기는 사랑이다. 이 사랑은 거창하고 집단적이며 관념적인 것이 아니다. 시인은 삶의 체험에서 만나는 사랑의 감성을 맑고 투명하게 드러낸다. 사랑의 지향은 타자 특히 이성에 집중된다. 그는 이성을 사랑하며 느끼는 그리움과 슬픔과 기쁨의 정서를 꾸밈없이 발현한다. 아니 그는 사랑하는 마음 자체를 소중한 가치로 내세운다. 이 '마음'은 특히 '보다'는 감각을 통해 구체화 된다. 안정근 시에 가장 많이 등장하는 시어는 '보다'이다. 그런데 이 '보다'는 시각만을 이야기하는 것이 아니다. 이 '보다'는 알다, 생각하다, 사랑하다, 사색하다, 느끼다 등으로 변주된다. 결국 이 '보다'는 마음으로 이루어지는 소통을 함의한다.

안정근 시의 대표적 미학은 이해하기에 매우 쉽다는 것이다. 그의 시는 참말로 거침없이 술술 읽힌다. 그의 시가 하나의 주제에 집중하여 통일성 있게 전개되는 이유 때문이다. 이를 위하여 일상어 중심의 시어 선택이 이루어진다. 또한 시어의 중의성과 다의성을 과감히 배제하고 글자 그대로의 의미만을 중시한다. 나아가 현란한 수사학도 철저히 생략한다. 그는 시의 단일한 주제 또는 시적 대상을 독자에게 고시랑고시랑 친절하게 말하듯 제시한다. 특히 그의 시는 형태적 안정감과 균형감을 중시한다. 이는 동일한 통사구조, 반복적 연 배열, 대비적 시상의 구조화 등으로 성취된다.

결론적으로 안 시인의 시는 쉽고, 빠르고, 경쾌하며, 안정적이고, 균형적이다. 그의 시는 해독의 긴장감이 필요 없다. 그저 삶의 저간에서 느끼는 조촐하고 소박한 상념들을 간단하고 쌈박한 어조로 조잘조잘 풀어놓고 있다. 하여 그의 시는 담백하고 후련한 느낌을 자아낸다. 살아가면서 갑자기, 문뜩, 불현듯, 우연히 만나는 순수한 서정을 담채화마냥 지극히 소박하게 그리고 있기 때문이다. 그리하여 안정근의 시집 『詩앗을 심고』에는 인생과 사랑과 존재에 대한 맑고 투명한 시심이 마르지 않는 옹달샘처럼 퐁퐁 흘러넘치고 있다.

II-6 은은한 서정과 풍경 표상의 낙관주의

시인은 세계 혹은 시적 대상과의 관계를 통해 서정을 표상하려는 욕망을 지닌다. 달리 말하면 시인은 시적 대상에 자신의 감정, 생각, 주의, 사상, 느낌, 주장, 감각을 투사하여 서정을 표출하려고 한다. 궁극적으로 시는 자아와 세계의 교섭 관계를 형상화 하는 셈이다. 여기서 시인의 작시 성향에 따라 세계와 무관하게 자아 혹은 존재의 해명에 몰두하는 편이거나, 세계의 상황을 긍정적 태도 혹은 부정적 태도로 인지하는 경향이 있다. 예컨대 시인은 존재나 인간의 본질에 대한 궁극적 질문에 몰입하거나, 세계와 화해 혹은 불화의 관계를 맺는다. 화해의 관계는 화평한 세계 속의 자아에 대한 자족감을, 불화의 관계는 세계의 부조리에 대한 불만족을 표출한다.

세계를 긍정적으로 인지하는 시인은 주로 에로스의 감정을, 부정적으로 인지하는 시인은 파토스의 감정을 표출하는 경향이 있다. 전자는 주로 순수서정을 노래하는 서정주의 양상을, 후자는 주로 현실과 시대를 응시하는 리얼리즘 양상을 지닌다. 따라서 시는 크게 시인의 주된 관심사와 태도에 따라, 자아의 내면 정서 표출을 지향하는 서정주의와 자신이 몸담고 있는 세계의 상황을 조망하는데 목표를 둔 사실주의로 변별된다.

이점이 시인은 주로 자아의 내면 정서를 표출하려는 서정주의자이다. 그는 세계와 화평하게 조응하면서 삶과 인생의 자족적 태도를 노출한다. 세계 속의 자아는 긍정의 시선으로 삶의 행로를 헤쳐 나아간다. 말하자면 그는 세계와 따뜻한 화해의 관계를 형성하고 있다. 자신이 몸담고 있는 세계는 존재의 삶을 위하여 긍정적으로 작동한다. 그리하여 시인은 세계를 이리저리 배회하며 시선에 포착된 풍경을 은은하고 간접적인 묘사를 통해 형상화 한다. 그가 응시하는 세계의 풍경은 내면의 서정을 출렁출렁 물결치는 촉매로 작용한다.

이점이 시인은 풍경을 바라보며 세계와의 교섭을 도모한다. 그는 한없이 순수하고 어질고 긍정적이고 낙천적인 시선을 소유한 자연주의자이다. 과장하여 말하면 시인은 언제나 열정적으로 자연과 연애 걸고 있는 탐미주의자이다. 시인이 조망하는 세계는 낙낙하고 청량하고 상쾌한 표정으로 응대한다. 그리하여 시인과 세계의 교제는 대체로 공감과 교감의 형태로 드러난다. 시인과 자연이 상호조응하며 사랑을 나눌 때 세계는 흐뭇한 표정으로 열반의 경지에 도달한다.

올망졸망 일상이
배롱꽃잎처럼 떨어지는 여름 끝자락
매미들의 세레나데
노을을 짓고

음이온 스민 초저녁
또르또르 또르르~~~ 귀뚤이
유지매미 굴렁쇠를 이어받아
굴
리
고
바지랑대 걸터앉은 고추잠자리
유년의 꿈을 그린다

종일
지붕을 달구던 햇살도
분주한 농부의 손가락 사이로 빠져나가고
지난한 편린이 계절의 변곡점을 돌아
저마다의 꿈을
알맹이로 굳히는

잎 잎의 언어가 詩가 되는
메밀꽃 향기-

「가을 서곡序曲」 전문

이 시는 여름을 지나 가을에 다다른 계절의 풍경을 섬세하게 묘사한다. 가을의 서정을 맑고 투명한 시선으로 응시하는 이 시에는 시인의 낙낙하고 긍정적인 세계관이 함축되어 있다. 세계를 조망하는 시인은 부정적인 느낌, 뉘앙스, 의미를 배제해버리고, 가을로 이행하는 계절과의 교감과 화응의 자족감을 표출한다. 화자는 세계 속의 자아가 되어 자연의 변화상을 고즈넉이 응시하며 수용하고 있을 뿐이다. 세계는 순수와 이상을 제공하는 기제로 작동하여 화자에게 긍정적 수용의 태도를 갖도록 자극한다.

1연의 화자는 "여름 끝자락"에서 자연의 변화를 관찰한다. 화자의 일상은 그저 그렇게 반복되는 사소한 사건들의 집합이다. 그러나 화자는 일상을 "베롱꽃잎"의 낙하로 은유함으로써 사소함을 넘어 심미적으로 인지하고 있다. 또한 베롱꽃잎의 낙화와 노을의 낙조로 인한 하강의 이미지가 환기하는 소멸의 분위기는 칙칙하거나 우울하지 않다. 그 이유는 자연의 변화 섭리를 수긍하는 화자의 태도 때문이기도 하지만, 직접적으로는 낙화와 낙조가 "매미들의 세레나데"로 인한 것이기 때문이다. 예컨대 낙화와 낙조라는 자연의 변화는 '매미들'/생명체와의 교감을 통해 화평한 세계를 구축한다.

2연은 1연에서 구축한 평화로운 세계에 다양한 곤충들이 서로 협력하여 긍정성을 더욱 강화하고 있다. 우선 시간 배경부터 "음이온"으로 인하여 환경의 쾌적성과 건강성이 증강하고 있다. 이러한 환경세계의 공간에는 "귀뚤이"와 "유지매미"가 생의 찬미가를 협화음으로 탄주한다. 이들이 부르는 노래는 궁극적으로 삶에 대한 긍정의 태도로 보인다. 이들의 생의 찬미가는 "굴렁쇠를 굴리는" 놀이로 치환되어 있기 때문이다. 즉 이들의 삶의 노래는 즐거움의 속성으로 대변되는 놀이를 통해 긍정의 양상을 표출한다. 한편 "고추잠자리"는 "유년의 꿈"을 기억하고 환기한다. 여기서 '유년의 꿈'은 순수와 무한긍정의 의미소를 내포한다.

3연은 시선이 세계와 곤충으로부터 인간으로 이동한다. 저녁 무렵 인간의 환경은 자연과 교응하던 "농부"의 노동으로 인하여 시원하고 상쾌한 공간으로 변화한다. 시인은 농부들의 노동의 삶을 "지난한 편린"

으로 인지한다. 어찌 보면 여름날 농부들의 노동을 결실의 계절 가을을 소환하는 행위로 인지하는 것이다. 그리하여 마침내 계절의 "변곡점"을 통과한 가을에 농부들과 더불어 그 결실에 참여한 모든 생명/매미, 귀뚜라미, 고추잠자리는 자신들의 "꿈"을 "알맹이"로 대면하게 된다.

마지막 4연은 가을이라는 결실과 충만의 계절을 매우 함축적으로 표상한다. 여기서 "잎 잎의 언어"는 여름날 들판에서 무성하게 생육하였던 모든 생물의 삶을 내포한다. 여름 들판에서 무르익기 위하여 분투노력하였던 저들의 삶의 과정은 "언어"로 표출된다. 그런데 이 생명들의 모든 언어는 마침내 "詩"로 변용된다. 예컨대 저들의 지난한 편린이었던 삶은 순수하고 고귀한 이상적 결정체로 수렴되는 것이다. 나아가 그 결정체인 "시"는 다시 "메밀꽃 향기"로 은유된다. 즉 세계 속의 모든 생명체는 여름의 노동을 통과한 뒤 가을을 맞아 세계에 은은한 향기를 산포하고 있다. 이 시는 세계와 생명의 조화를 통해 이루어지는 화평한 열락의 경지를 섬세하게 포착하고 있다.

산사山寺의 새벽
하늘의 수를 읽어
햇살 키운
부처의 미소

꽃무릇 군무
낮을 품고 밤을 새며 망울진
신의 한 수
촉수의 꽃술

잎
잎이 피어올린
시간의 변곡점

너와 내가
선운사 바람 끝 손잡는
저물녘

별이 되는 연서

「꽃 · 잎 엔딩」 전문

이 시 역시 자연 사물에 대한 의미 부여를 통해 세계와 자아가 통전되는 경지를 형상화 하고 있다. 시인이 주목하는 자연 대상은 "꽃무릇"이다. 그 시적 대상인 "꽃무릇"은 "부처의 미소", "신의 한 수", "시간의 변곡점", "연서" 등의 은유를 통해 새로운 의미를 생성한다.

시적 대상에 의미를 투사하는 방식은 이 시인이 매우 즐겨 사용하는 작시법의 하나이다. 특히 그는 자연사물 중 "꽃"에 대한 관심과 애착이 지나칠 정도로 과잉하고 있다. 이 시집에 등재된 개별 작품의 제목에서 뿐만이 아니라 작품 내부에서도 "꽃"은 상상력의 촉발 요소로 혹은 상상력의 목표로 다양하게 작동하고 있기 때문이다. 시인의 자연에 대한 시선은 "꽃"에서 나아가 나무나 풀 등 자연 식물에 대한 관심과 애정으로 확장된다. 이러한 점에서 이점이 시인은 식물을 애호하는 친자연주의자로서의 면모를 확실하게 부각한다.

6연으로 이루어진 이 시는 연의 구성이 매우 단순하고 간결하게 형성되어 있다. 각 연 역시 대부분 묘사의 집중도를 위하여 시적 대상을 그대로 제시하는 즉물적 태도를 보인다. 이러한 묘사 중심의 시상 전개는 필수적으로 서술어 사용을 극도로 제한한다. 그리하여 화자가 포착한 사물을 있는 그대로 제시하기 위하여 주로 명사형 종지부를 채택하고 있다.

1연은 화자가 현재 존재하고 있는 공간과 시간에 대한 정보가 제시되고 있다. 화자의 현존 공간은 "산사"/선운사이고, 시간은 "새벽"이다. 화자는 시적 대상 "꽃무릇"을 "부처의 미소"로 은유한다. 그 은유는 시인의 세계관을 반영한다. 즉 시인은 "꽃무릇"을 통해 부처님의 일화에 깃든 염화시중의 미소를 떠올리는 것이다. 달리 말하면 사물의 겉모습이 아니라 본질을 직관하라는 가르침을 포착한 것이다. 여기서 화자는 다시 "부처의 미소"에 개별적 의미를 첨가한다. 부처가 "하늘의 수"를 읽어내는 것은 우주의 섭리로 독해할 수 있다. 또한 "햇살 키운" 부처의 미소에는 중생을 널리 이롭게 하려는 박애정신이 함축되어 있다.

2연 "꽃무릇 군무"는 부처의 가르침에 대해 공감하는 행위로 읽힌다. 이로 인해 부처와 세계는 긍정의 조화 상황을 연출하는 것이다. 3연은 다시 "꽃무릇"에 대한 묘사를 통해 의미 부여를 한다. 꽃무릇의 개화는 밤낮의 시간 즉 온종일 정성을 다하여 이루어진 성취의 결과이다. 나아가 꽃무릇은 "신의 한 수"로서 자생적인 노력 외에 어떤 절대자의 삶의 본질을 독해해낸 징표이기도 하다. 그리하여 꽃무릇의 "꽃술"은 신의 섭리를 읽어내는 혹은 소통하는 "촉수"의 기능을 담당한다.

4연은 꽃무릇 이파리의 역할에 주목한다. 꽃무릇의 꽃술을 피우기 위하여 개화 이전에 이파리들이 한 노동의 가치에 착목하는 것이다. 그런데 이 이파리들은 꽃술을 피움과 동시에 지기 때문에 "시간의 변곡점"으로 인지하는 것이다. 이는 이파리가 피었다가 꽃이 핌과 동시에 사멸하는 꽃무릇의 생태를 해석하는 것으로 보인다.

5연은 꽃무릇의 꽃을 피우기 위하여 부처, 신, 햇살, 낮과 밤, 잎, 바람 등이 서로 화응하여 이룬 역사임을 강조한다. 이 시의 시간 이행은 새벽에서 출발하여 저물녘에 이른다. 예컨대 꽃무릇은 하루 종일 자연의 여러 사물들과 협력하여 개화의 성취에 도달한다. 이러한 사물들 사이의 협력/조화/화응은 마지막 연에서 "별이 되는 연서"로 집약된다. 꽃무릇 개화를 위한 사물들의 관계는 연애의 긍정적 행위로 변용됨과 동시에 세계의 어둠을 불 밝히는 "별"로 상징화 되는 것이다.

햇살 한소끔
잠을 깬 너
수면水面을 튕기다

하늘빛 연못에
잉어떼 춤사위
감긴 태엽을 풀다

잎새들 함초롬 퍼즐 엮어
일렁이는 무늬 살
일광욕 중

목까지 차오른
파아란 구름 한 점

그 꽃, 술래가 되다

「수련」 전문

이 시는 정밀한 시선으로 "수련"을 통해 화평한 자연세계의 정경을 포착하고 있다. 시간 배경은 서정시의 본령답게 현재의 찰나적 순간으로 집중되고 있다. 공간 배경 역시 연못으로부터 하늘에 이르기까지 수직적 특성을 지닌다. 그러나 이 수직성은 시적 대상들의 움직임으로 인한 것이 아니라 화자의 시선 이동으로 말미암은 것이다. 예컨대 화자는 수련을 중심으로 시선을 확장하여 포괄적 공간 인지를 하고 있다. 이로 인해 수련은 자신의 존재성을 폭넓게 확산하여 존재와 세계 사이의 연계를 강화한다.

1연에서 "수련"은 따가운 햇살을 받아 "수면을 튕기는" 존재 의식을 발현한다. 여기서 수련의 존재는 햇살이라는 자연의 자극을 받아 존재 증명을 한다. 이는 모든 존재들은 타자와의 관계망을 통해 존속할 수밖에 없는 운명을 환기한다. 2연의 "잉어떼 춤사위"도 "연못"이라는 공존 공간에 수련과 더불어 생을 영위하는 기쁨을 부각한다. 여기서 "감긴 태엽을 풀다"는 시각적으로는 물결의 파문이 이는 이미지이다. 그런데 이 이미지는 중의성을 띰으로써 시의 밀도를 강화한다. 하나는 시간의 흐름이라는 속성 의미이고, 또 다른 하나는 장애 혹은 구속을 해체하여 자유를 확보하는 의미이다. 예컨대 수련과 잉어는 시간의 흐름에 구애받지 않고 자유를 구가하며 자신의 존재를 발현하고 있는 것이다.

3연은 다시 시선을 이동하여 수련을 응시한다. 수련은 수면에 넓게 편 잎사귀들을 "퍼즐" 즉 관계망으로 엮어 하늘의 햇살과 교감을 하고 있다. 지상과 천상의 관계를 통해 세계는 화합의 진풍경을 연출하고 있는 것이다. 4연에서는 심지어 하늘을 지향하는 수련의 욕망이 "목까지 차오른" 상태에 이른다. 이는 수련의 하늘 지향이 간절하고 극대화되어 있음을 암시한다. 수련이 지향하는 하늘은 매우 순수하고 청정무구한 상황으로 설정되어 있다. 마지막 연에서 수련의 꽃은 "술래"가 되어 하늘의 구름, 햇살과 술래잡기 놀이를 한다. 수련과 타자의 관계가 '놀이'로 설정됨으로써, 이 시는 무욕의 즐겁고 흥겨운 세계상을 선명하게 드러낸다. 따라서 이 시는 고요한 풍경 묘사를 통해 맑고 순수한 서정을 깔끔하게 형상화한 가편의 위상을 확보한다.

이점이 시인이 세계에 대한 긍정적 시선으로 순수 서정을 형상화한 시편들을 살펴보았다. 그는 세계 속의 자아에 대한 낙관적인 태도를 통해 교감과 공감의 정서를 반복적으로 노래한다. 예컨대 그는 세계/자연과 화평한 관계를 설정함으로써 자족적 태도를 노출한다. 한편 시인은 과거 유년의 삶을 반추하는 작업을 병행한다. 그가 회고하는 과거의 기억 혹은 추억은 매우 맑고 투명한 성격을 지니고 있다. 그는 자신이 통과해온 유년의 고향을 매우 흐뭇한 이상적 삶의 원형 공간으로 인지한다. 그리하여 유년의 체험은 순수 원형질적인 아름다움의 기억으로 재생된다.

수학여행

오동도 동백

툭- 지는 절개

방파제 파열음

신기루 저편

자귀꽃 열기

지워진 발자국

흰 그림자

안으로 난 길

물오른 수선화

「파스텔 톤 삽화」 전문

이 시는 여수 오동도로 떠났던 수학여행에 대한 기억을 매우 간명하고 절제된 어법으로 제시하고 있다. 특히 관계사를 모두 제거하고 실사만으로 이미지를 구현하는 방식이 독특하다. 이러한 작시법은 목월의 초기시 「불국사」, 「청노루」, 「윤사월」의 사물시를 연상케 한다. 이러한 시상 전개 방식은 시상의 연결에 여백을 의도적으로 매설함으로써 독자에게 상상력 창발의 공간을 제공한다. 체언형 실사의 집중적 사용은 묘사에 집중하고 있음을 증명한다. 즉 동사형 서술어 사용을 극도로 제한함으로써 역동성 대신 묘사의 선명성을 획득하려는 의도로 보인다.

시 제목 "파스텔 톤 삽화"에서 '파스텔 톤'은 기억이 몽환적이고 아름다운 특성으로 인지되는 것을 규정한다. '삽화'는 이 시의 기술방식이 묘사에 집중하고 있음을 드러낸다. 1행 "수학여행"은 기억의 범주를 확정한다. 즉 이 시에 묘사된 체험의 성격을 제시한다. 2행 "오동도 동백"은 수학여행지의 공간 배경과 아울러 초봄이라는 시간 배경, 그리고 화자의 시선이 집중되는 대표적 사물을 제시한다. 3행 "툭- 지는 절개"는 동백꽃이 지는 장면을 의성어를 사용하여 감각적으로 포착하고 있다. 뿐만 아니라 낙화 현상을 '지는 절개'로 의미 부여함으로써 세계와의 불화를 부각시킨다.

4연 "방파제 파열음"은 방파제에 부딪히는 파도소리를 환기한다. '방파제'는 이름 그대로 파도를 방어하기 위한 축조물이다. 이 방어의 구조물에 파도가 부딪혀 내는 소리는 다름 아닌 '파열음'이다. 즉 공격적인 파도와 방어의 기능을 하는 제방은 불화 관계로 적대적이다. 여기까지는 화자가 처한 현실인식을 보여준다. 예컨대 화자는 현재 시점에서 세계 혹은 타자와 불화관계에 놓여 있다.

그리하여 화자는 5행에서 "신기루 저편"을 응시한다. 예컨대 세계 혹은 타자와 불화 관계에 있는 현실을 벗어나 환상/상상의 세계를 지향하는 것이다. 그런데 화자는 자신의 몽상/환상/상상이 '신기루'의 속성을 지니고 있음을 간파한다. 가혹한 현실을 벗어난 화자는 몽상의 세계에서 "자귀꽃 열기"를 인지한다. '자귀꽃'은 자귀나무에 피는 꽃을 말한다. 그런데 자귀나무는 잎이 낮에는 활짝 벌려 있다 밤이면 합해진다. 이러한 속성을 은유하여 합환목(合歡木), 야합수(夜合樹)로도 불린다. 예컨대 부부 사이의 금슬을 함축한다. 화자는 몽상 속에서 타자와의 합일을 꿈꾸는 것이다.

그러나 화자는 다시 현실을 자각한다. 현실은 "지워진 발자국"이 존재하는 공간이다. 화자가 열망하는 타자 혹은 세계는 소멸의 상태로 인지된다. 나아가 타자는 실체가 소멸되고 "흰 그림자"인 기억의 흔적만 남아 있는 상황이다. 이처럼 현실 공간에서 타자/세계는 화자와 불화 관계를 형성하고 있다. 화자는 이러한 현실로부터 다시 몽상의 세계인 "안으로 난 길"로 진입한다. 그 몽상의 공간에는 "물오른 수선화"가 존재하기 때문이다. '수선화'는 그리스 신화에 나오는 나르키소스에서 유래한 나르시시즘의 어원을 환기한다. 예컨대 화자는 불화의 세계인 현실을 벗어나 자기애의 고독한 몽상의 공간에 머무르게 된다.

할아버지의 할아버지 적
뒤뜰 대밭 모퉁이 감나무
한 그루

빼꾸기
쪽빛 하늘을 이고
감꽃을 피울 무렵

땅바닥에 나뒹굴던
감또개 - 목걸이
동생에게 걸어주고

노을빛 익어가는 가을
초가지붕 위에 먹감 한 광주리
겨울을 나고

합죽한 할머니 양 볼에 영그는
옛이야기
처마 끝 고드름으로 길어나는
소야消夜의 노래

「홍시」 전문

이 시는 유년의 고향 공간에서의 화평한 삶을 추억하는 작품이다. 유년의 고향집 울안에 있는 "감나무"에 얽힌 맑고 투명한 기억을 형상화하고 있다. 감나무를 중심으로 한 해 동안 이루어지는 가족의 푸근하고 정겨운 삶의 정경이 긍정적이고 낙관적인 분위기를 형성하고 있는 것이다. 오밀조밀한 가족애의 풍경 묘사는 세계와 자아의 순수한 화평의 관계를 도드라지게 부각한다. 시인은 과거의 순수 원형 공간인 고향에서의 삶의 기억을 서정적으로 복원하고 있다.

1연은 이 시의 중심 소재이자, 가족의 응집력 역할을 하는 "감나무"에 대한 정보를 압축적으로 제시한다. 이 감나무는 "할아버지의 할아버지 적" 식목을 통해 이어져 온 가족사의 연원을 함축한다. 즉 누대에 걸쳐 가계를 이어온 통시성, 연대성을 환기한다. 한편 "뒤뜰 대밭 모퉁이"는 감나무의 거주 공간, 장소를 의미한다. '모퉁이'는 주변부에 해당하는 공간 특성을 지닌다. 이로 인해, 가족을 보호하거나 지켜보는 감나무의 존재 장소로 적합성을 보인다. "한 그루"의 수식어 '한'은 희소성으로 인해 시의 중심성을 획득한다.

2연은 봄철 감나무의 생장 환경을 제시한다. 그런데 "감꽃"을 피우는 주체는 감나무가 아니라 "뻐꾸기"이다. 예컨대 화자는 뻐꾸기가 쪽빛 하늘을 이고 감꽃을 피우고 있는 것으로 인지한다. 이는 세계내 존재들은 거대한 연쇄 구조를 이루고 있다는 범우주론적 사유가 반영된 것이다. 즉 화자는 자연 생태의 순환과 연대가 우주의 섭리임을 간파하고 있다. 하늘과 뻐꾸기와 감나무는 서로 상호의존성을 통해 존재 가치를 발현하고 있다는 생각이다.

3연은 이와 같이 평화로운 자연 공간에서 함께 더불어 공존하는 가족애의 풍경을 제시한다. 화자는 감나무에서 떨어진 "감또개"로 목걸이를 만들어 동생에게 선물한다. 이러한 행위는 가족 사이의 건강한 유대감과 따뜻한 친족감을 선명하게 부각시킨다. 4연은 풍성한 결실의 계절 가을에 이르러 맞는 풍요로운 삶의 광경을 흐뭇하게 그리고 있다. "먹감 한 광주리"의 소박한 수확은 낙낙한 삶의 여유와 충만을 환기한다.

마지막 연은 겨울밤 "할머니의 옛이야기"로 이루어지는 조손간의 화평한 가족 분위기가 표상되고 있다. 할머니의 "합죽한 양 볼"은 이가 빠진 형상을 드러내는 바, 코믹하고 흐뭇한 분위기를 형성하는데 기여한다. 특히 이야기하는 할머니의 표정을 "영그는"으로 감각하는 것은 먹감과의 연결을 통해 결실의 풍요와 충만을 부각시킨다. 나아가 할머니의 '이야기'는 '고드름'을 거쳐 '노래'로 전이 확장된다. 이는 세계내 존재들의 연쇄로 이루어진 세계의 조화상을 부각한다. 이 시는 유년의 고향을, 세계내 존재들의 화평한 연결로 이루어진 긍정적 공간으로, 추억함으로써 순수서정의 원형을 표상한다.

유년과 고향을 순수 원형 공간으로 기억하는 시인은 가족주의 상상력으로 진화한다. 유년의 공간에서 부모형제를 비롯한 식구들의 가족적 친화력은 천진난만한 삶의 필수 구성요소이다. 어찌 보면 이 시인의 긍정적이고 낙관적인 세계관은 유년의 화평한 가족주의에 근원을 두고 있는 것으로 보인다. 그는 평화로운 삶을 제공하였던 부모에 대한 고마움의 정서를 형상화하는데 집중한다. 육친에 대한 기억은 이제 추모시/추념시의 형태로 발현된다.

연지곤지 찍고
서방님 따라간 꽃가마

열여섯 살 큰며느리 자리
홀 시어미 꾸중을
친정엄마 품속인 양 울고

철부지 신랑 신부 소꿉장난 속에서도
사남 이녀
시절 따라 꽃망울 피우듯
일궈 놓고

불초 여식 열여섯 살 적
사팔세
초여름 어느 날 능소화 떨어지듯
툭

철없는 일기는
개망초꽃 수놓은 언덕배기에 피어난
파도 타는 그리움

산을 넘고
내 건너 바다로—
엄마의 열여섯 시집에
내 나이 열여섯 별리

찰싹찰싹, 그림자 키우는 사모곡

「능소화 밑에서」 전문

이 시는 돌아가신 어머니의 일대기를 통해 사모의 정을 형상화한 추모시이다. 어머니의 결혼으로부터 시작하여 저승에 이르기까지의 과정을 시간의 흐름에 따라 자식의 시선으로 그려내고 있다. 어머니에 대한 화자의 정서는 그리움과 안타까움과 여린 슬픔으로 표출되고 있다.

1-3연은 어머니의 삶을 결혼부터 자녀양육까지의 과정으로 묘사한다. 1연은 꽃가마 타고 시집가는 어머니의 설렘과 흥분이 환한 풍경으로 제시된다. 2연은 어머니의 가혹한 시집살이 과정이 사실적으로 그려지고 있다. 이른 나이에 시집간 어머니는 홀시어머니를 봉양하며 포용력으로 적응한다. 3연은 신혼부부 사이의 금슬과 아울러 "4남 2녀"의 자식을 양육하는 즐거움을 표출하고 있다. 예컨대 1-3연은 홀시어니를 모시며 자녀를 양육했다는 어머니의 삶을 개관하고 있다.

4연은 열여섯 살에 결혼한 어머니의 나이와 동일한 화자의 나이 열여섯 살에 48세의 어머니가 돌아가신 상황을 제시하고 있다. 어머니의 별세는 "능소화" 지는 이미지로 표상되고 있다. 이러한 인지은유는 어머니의 기억을 아름다운 '꽃'으로 변용시키는 효과를 성취한다. 또한 별세의 순간을 의성어 "툭"을 통해 매우 감각적으로 표상한다. 이는 화자의 어머니의 죽음에 반응하는 심리적 강도를 효과적으로 재생한다.

5연은 돌아가신 어머니에 대한 절절한 그리움의 심리를 선명하게 재현한다. 화자의 어머니에 대한 그리움은 "철없는 일기"를 통해 꾸준히 지속되고 있다. 나아가 "개망초꽃 언덕배기"에 잠들어 계신 어머니를 향한 그리움은 언제나 "파도"를 타고 있다. 이는 어머니를 추억하는 화자의 간절한 추념의 강도를 짐작케 한다.

6연은 세상을 떠난 어머니와의 이별을 공간의 격리로 인지하고 있다. 즉 화자는 어머니의 죽음을 화자로부터 공간이동을 통하여 떠나간 것으로 인지하는 것이다. 그리고 열여섯 나이의 동일성으로 어머니와 화자의 비극적 운명을 한층 강화하고 있다. 마지막 연에서 화자는 어머니를 향한 사모의 노래가 영원히 지속될 것임을 의성어 "찰싹찰싹"을 사용하여 감각화 한다. 이 시는 돌아가신 어머니를 향한 자식의 추념의 정서가 간명하고 곡진하게 표상되어 감동을 주는 작품이다.

당신의 메아리
귀 먹고 눈 먼 세상
따뜻한 곳에 내어 주고
품어
아름다운 몸빛입니다

바다가 마를 때까지
쉾도록
작은 가슴에 여울 치는 기도

시작은 끝으로
끝은 시작으로

계절의 성산聖山
묵어버린 시간 속에서, 당신의
뒷모습
벼랑 끝 이끼로 피어

하늘을 여는
나침반입니다

「오월-아버님 기일에」 전문

이 시 역시 돌아가신 아버지를 추념하는 추모시이다. 화자는 아버지의 기일에 자식의 입장에서 부정을 회상하고 고마움을 드러낸다. 1연에서 자식에 대한 아버지의 역할은 "아름다운 몸빛"으로 은유되고 있다. 예컨대 아버지는 자식에게 헌신하여 스스로 빛나는 존재가 된 것이다. 그리하여 아버지는 자식에게 "메아리"로 각인되어 죽어서도 영혼의 울림을 제공한다. 심지어 자식의 불가해한 삶의 구비마다 "귀, 눈"이 되어 인도함으로써 "따뜻한 곳"을 제공한다. 이러한 자녀 양육에 대한 아버지의 포용력은 자식인 화자에게 "아름다운 몸빛"으로 인지되고 있다.

2연에서 화자는 돌아가신 아버지에 대한 슬픔의 감정이 여전히 지속되고 있음을 드러낸다. 그리고 언제나 아버지에 대한 감사의 기도를 드린다. 아버지에 대한 추모의 정념은 시작과 끝이 순환 반복되는 영원한 상태로 지속된다. 나아가 화자의 아버지에 대한 기억은 "계절의 성산"으로까지 극대화된다. 아버지는 돌아가신 지 오래 된 시간을 극복하고 "벼랑 끝 이끼"로 피어나 자신의 존재를 지속적으로 현현한다. 마지막 연에서 아버지는 "하늘을 여는 나침반"의 은유를 통해 자식에게 새로운 세상을 인도하는 훌륭한 안내자로 표상된다.

이점이 시인은 일상의 소소한 즐거움과 행복을 긍정적으로 표출하곤 한다. 따라서 그의 시편들 중 새로운 장소와 공간에서 만나는 신선한 기분과 분위기를 형상화한 작품이 유난히 많다. 그가 만나는 낯선 세계는 정서 투사의 대상이 된다. 그러나 그는 정서를 표출할 때 직접적으로 희로애락을 드러내려 하지 않는다. 그는 자극적, 능동적 표출의 자세를 지양하고 간접적으로 은은하게 묘사의 형식을 통해 감성을 드러내려 한다. 하여 시인의 작시방식의 대표적 특징은 은은한 묘사의 정서 표출이 된다.

하늘에서
      소소소
    록록록
  소소소
록록록
땅의 입맞춤

중앙시장 모퉁이 돌고 돌아
반백년, 나그네 입맛 돋우는
주인집 아낙 찾아가는
신월집

때 묻은 벽지에
청상의 뒤안길
담채화로 번지고

깨복쟁이 일곱 친구 둘러앉아
농익은 야설로 한 바탕
웃음바다

비워진 막걸리 주전자가
여닫는 문소리에
어릴 적 우리 어머니 엥기는 손맛으로
궤좌상에 수채화를 그리다.

「비 오는 날의 수채화」 전문

이 시는 비 내리는 날 친구들과의 화목한 모임의 정경을 따뜻한 시선으로 형상화 하고 있다. 평화로운 세계 안에 화합하는 동무들의 즐거운 시간이 전개되고 있다. 그리하여 시인의 긍정적 낙관주의 세계관이 제목의 "수채화"처럼 맑고 간명하게 표상되고 있다.

1연은 하늘로부터 땅으로 내리는 비의 공간적 표상을 음소의 형태 배열을 통해 감각적으로 제시하고 있다. 예컨대 비 내리는 소리 "소록 소록 소록"의 수직적 배열을 통해 공간의 시각적 형태를 부각시킨다. 비는 하늘로부터 땅으로 내리는데, 그 사이 공중의 여백에 비의 소리를 음소 분해하여 채우고 있다. 이는 비가 하늘과 땅의 "입맞춤"을 자극하여 동일화 되는데 기여한다. 그리하여 화자가 인지하는 세계는 합일의 평화를 성취하고 있다. 이러한 형태미학의 발현은 이번 시집에 자주 발생한다. 형태를 중시하는 작시 태도는 묘사가 시인의 주된 시상 구현의 방식이기 때문이다.

2연은 화평의 공간 막걸리집 "신월집"으로 찾아가는 경로를 제시한다. 신월집은 오랜 역사와 전통을 자랑하는 공간이자 주인 아낙이 친절한 곳이다. 3연 역시 신월집에 대한 정보를 제공하고 있다. 신월집 공간은 오래 되어 허름하고 누추한 곳이다. 또한 주인 아낙은 일찍이 남편을 여의고 과부가 되어 "뒤안길"처럼 갖은 우여곡절을 겪으며 이 집을 운영하고 있다. 그러나 화자는 이러한 풍경을 "담채화"로 순수하고 긍정적인 태도로 인지한다.

4연은 유년의 친구들이 신월집에 모여 정겨운 모임을 갖는 풍경이다. 이들은 "농익은 야설"을 주고받을 정도로 친밀한 관계를 보인다. 그리고 이들의 모임 분위기는 "웃음바다"가 언표 하듯이 낭자짐한 절대 화평에 이른다. 마지막 연은 비 내리는 날 친구들과의 모임이 매우 성공적이고 행복한 순간임을 드러낸다. 바깥에 비는 소록소록 내리고 막걸리집 안은 정다운 친구들과 주고받는 정담으로 가득한 풍경이 그려지고 있다. 심지어 화자는 유년의 어머니의 모정을 환기할 정도로 이 모임에 몰입해 있다. 이 시도 천진하고 낙관적인 세계와 능동적으로 소통하는 순진무구한 마음이 선명하게 표상되어 있다.

건배
황금빛 술잔 얼음새꽃
산천을 깨우다

수줍은 영춘화
담장 너머
꽃단추 그네를 타고

산수유 꽃별
바이올렛 유성流星으로
봄까치꽃에 입맞춤

해풍에 빛바랜 바람꽃
노루귀, 바위 틈새
숨바꼭질
하루해가 저물다

벌 나비
색 담고 향기 품어
춤추는 신들의 정원

흘러
흘러
매향만리 꽃길 따라
벚꽃 삼백리

계절의 성산聖山
다투지 않는 꽃자리
화첩에 쉼표를 찍다

「봄 길」 전문

이 시는 봄을 맞이하는 신생의 기쁨을 산천에 만발하는 봄꽃들과의 조우를 통해 형상화 하고 있다. 화자는 봄의 자연 공간에 피어나는 다양한 봄꽃을 편집증적으로 관찰하며 생의 환희를 느끼고 있다. 이러한 화자의 태도는 세계를 긍정적이고 낙관적으로 응시하는 낙천주의 성향을 드러낸다. 그는 봄날에 피어나는 다채로운 꽃들이 포함된 자연세계를 묘사 중심의 "화첩"으로 인지하는 회화주의 면모를 드러낸다.

1-4연에 이르기까지 화자는 다양한 봄꽃들의 모습을 묘사한다. 1연은 "얼음새꽃" 즉 복수초(福壽草), 설련화(雪蓮花)의 개화를 바라본다. 그 꽃과의 만남의 기쁨은 "건배"로 표출되고, 꽃 모양의 인지는 "황금빛 술잔"의 형태로 이루어진다. 화자는 봄꽃들의 개화가 겨우내 잠들었던 자연 산천을 깨우는 것으로 인지한다. 2연은 "꽃단추" 모양의 영춘화(迎春化)가 만발한 상황을 "그네 타는" 홍겨움으로 인지한다. 영춘화는 한자가 의미하는 것처럼 봄을 환영하는 꽃이다. 화자는 봄꽃들의 개화를 보며 홍분과 설렘의 자세로 세계를 인지하고 있는 것이다.

3연도 산수유나무(구기자나무)의 꽃을 "꽃별"로, 바이올렛(제비꽃과)

의 꽃을 "유성"으로 인지한다. 이 산수유 꽃과 바이올렛 꽃은 "별"과 "유성"이 되어 "봄까치꽃(큰개불알꽃)"과 입맞춤을 한다. 화자는 이들이 서로 화합하고 동화되는 과정을 응시하고 있다. 4연은 바닷바람에 나부끼는 바람꽃(아네모네)과 노루귀(雪割草)가 "숨바꼭질"하며 노는 풍경을 그리고 있다. 이 역시 자연 사물의 현존을 놀이로 인지함으로써 생태현상을 즐거움으로 인식하는 긍정주의가 반영된 것이다.

5연은 봄꽃들이 만발한 자연 산천을 "신들의 정원"으로 인지한다. 이 정원에는 "벌 나비"가 참여하여 "색, 향기"를 꽃들에게 제공하는 역할을 "춤추는" 행위로 묘사한다. 즉 자연은 꽃들과 벌 나비의 상호조응으로 인해 평화로운 세계를 구축한다. 6연은 화자가 이 자연의 화응을 바라보며 매화향기 자욱한 "꽃길"을 따라 "벚꽃"이 피는 산천을 주유하는 광경을 드러낸다. 예컨대 화자는 봄날을 맞아 온갖 꽃들이 만발하는 재생과 부활의 세계에 긍정과 낙관의 자세로 동참하고 있다. 마지막 연에서 화자는 "다투지 않는 꽃자리"를 명시함으로써 봄날의 화평한 세계상을 더욱 강조한다.

이점이 시인은 방랑을 좋아한다. 그는 낯선 장소와 공간을 찾아 이리저리 배회하기를 즐긴다. 이번 시집에 등장하는 장소와 공간 명칭이 다수인 점이 이를 증명한다. 새로운 장소와 공간에서 발생하는 신선한 느낌과 분위기는 훌륭한 시적 자극이 된다. 그곳에서 만나는 자연 사물에 특히 민감하다. 그가 주목하는 자연물은 주로 꽃, 나무를 비롯한 식물류이다. 시인은 과도할 정도로 꽃에 경사되어 있다. 아름다운 꽃과 나무의 다양한 묘사와 이미지는 그의 시의 주요한 특징이다. 이런 점에서 그는 식물적 상상력이 특히 발달되어 있는 것으로 보인다.

한편 그는 낯선 장소와 공간에서 돌출하는 생경하고 신선한 감각을 정서 투사 대상을 통해 묘사한다. 특히 그는 서술방식에 있어 주로 묘사를 채택한다. 그는 언어로 풍경과 사물을 그려내는데 집중한다. 이로 인해 다양한 정서를 표출하는데 있어, 그는 직설적이지 않고 간접적이며 은은한 성향을 지닌다. 이와 관련하여 그의 시는 단정한 형태미학을 보인다.

시인은 세계와 사물을 긍정적이고 낙낙한 시선으로 조망한다. 그가 응시하는 세계는 화합과 조화를 이룬 평화로운 특성을 지닌다. 그의 시세계에는 불화, 부정, 부조리, 불평등이 존재하지 않는다. 그는 부정적 세계 인식을 철저히 제거하고 오로지 긍정과 낙관의 가치관을 형상화하는데 몰입한다. 그는 순수 서정시의 본령을 엄격하게 준수하는 편이다. 따라서 그의 시는 순수 서정을 풍경 묘사를 통해 간명하게 구축하는데 진력한다. 그리하여 이점이의 시세계는 긍정주의, 자연주의, 낙관주의의 특성을 드러낸다.

Ⅱ-7 소박하고 조촐한 삶에 대한 그리움의 서정

요즈음 '소확행'이란 단어가 유행하고 있다. 소확행은 "소소하지만 확실한 행복"을 일컫는다. 무라카미 하루키의 수필집 『랑겔한스섬의 오후』에 나오는 말이다. 하루키는 "갓 구운 빵을 손으로 찢어 먹는 것, 서랍 안에 반듯하게 접어 돌돌 만 속옷이 잔뜩 쌓여 있는 것, 새로 산 정결한 면 냄새가 풍기는 하얀 셔츠를 머리에서부터 뒤집어쓸 때의 기분"을 소확행의 사례로 들었다. 예컨대 일상생활에서 흔히 접하게 되는 조촐하고 소박한 생활의 감각을 중시하는 태도이다. 소확행은 현대를 사는 사람들의 삶의 가치관을 표증하고 있다.

이는 그동안 보편적으로 여겨왔던 물질적 풍요로움이라는 가치 추구에 대한 반동이다. 이전 세대의 삶의 행복은 적당한 직장에 들어가, 결혼하고, 집을 사고, 아이를 낳아 양육하는 것이었다. 그러나 요즈음 청년세대에게 이러한 삶의 좌표는 좌절과 절망의 동기로 작용한다. 신자유주의 경제체제와 세계화 시대의 거대자본으로 인하여 그들의 노동가치는 정당하게 존중받지 못하고 있다. 성취하기 곤란한 개인의 경제적 욕망 추구는 평범한 삶의 행로를 왜곡하고 방해한다. 이전세대에게 보편적으로 용인되던 물질적 욕망 추구라는 삶의 과정은 현세대에게 억압으로 작동한다. 그들은 본의 아니게 취업을, 결혼을, 출산을 거부당했다. 하여 자학적으로 스스로를 삼포세대라 부르짖는다.

이들은 결코 이루지 못할 물질적 풍요로움이라는 욕망의 좌절을 돌파하기 위해 우회한다. 그 빗겨감의 한 방식이 곧 '소확행' 추구이다. 그들은 거시적 담론으로부터 빗겨나 미시적 담론에 심취한다. 경기 침체의 영향으로 물질적 충만을 포기하고 소소하고 조촐한 행복을 추구한다. 뿐만 아니라 거대 자본 구조가 작동하는 일터에서 부속품으로 전락한 그들은 개인의 고유성이 사라진 시대를 살고 있다. 때문에 이들은 자아 곧 개인의 존재감을 확인하고 싶어 한다. 미래의 행복이 불확실한 시대를 사는 이들은 자아와 행복을 위해 '소확행'을 추구한다. 지극히 자족적인 삶의 태도로 왜소한 자아를 소박하고 조촐하게 위로한다.

황의춘 시인의 시집『하늘나라 우체통』은 이러한 '소확행'의 속성을 짙게 드러낸다. 우선 소재주의 측면에서, 시인은 일상의 다양한 체험과 사물과 사건에 주목한다. 그는 일상의 표피적인 감각을 형상화하는데 몰두한다. 그가 응시하는 것은 사회, 국가, 세계와 같은 거시적 구조가 아니다. 그 거대구조가 개인의 삶에 작용하는 메카니즘에 관심을 두지 않는다. 그는 자신의 소소한 일상을 섬세하고 차분하게 바라볼 뿐이다. 그의 시선은 일터, 거주 공간, 자신의 생체험이 일어나고 있는 기타 공간 등으로 제한된다. 그는 자신이 직접 체험하지 않은 관념이나 상황에 대해 심각하게 주목하지 않는다. 오직 자아 존재가 통과해온 사실, 상황, 사건과 같은 구체적이고 직접적인 체험을 시의 소재로 채택한다.

시인의 시적 소재가 되는 소소하지만 확실한 행복의 대상은 구체적인 삶의 체험이다. 그 체험은 과거로부터 현재에 이르기까지 스펙트럼이 넓다. 예컨대 시인은 걷잡을 수 없이 밀려오는 현대 문명과 급속도로 진행되는 과학의 발전으로 인해 삶의 진행에 혼란을 겪는다. 그 혼란을 질서 있게 정리하고 능동적으로 대처할 수 없을 때, 시인은 과거를 추억하는 양상을 드러낸다. 그가 온몸으로 통과해온 과거는 시인의 삶에 명확한 질서와 구조로 터 잡고 있기 때문이다. 과거를 소환함으로써 무질서한 현실과 어지러운 시대에 대한 불투명한 인식을 상쇄하려는 의도인 것이다. 시인에게 과거의 호명은 불확정적이고 불투명한 현실에 질서를 부여하는 기능을 한다. 과거/질서를 소환하는 행위는 그리움과 아련함의 서정으로 표출된다.

삶은 외줄 타기다

줄에 걸린 바람에
육탈肉脫이 시작되면

햇살 한 조각에
두엇 살점 내어주고

넉넉지 못한
초가살이도 내어주고

흰 뼈에 새긴
그리움도 내어주리

「초분草墳」 전문

황의춘 시인은 인생 혹은 삶의 본질을 사유하는 경향이 농후하다. 그는 언제나 사소한 삶의 표징으로부터 인생의 본질을 읽어내려 고투한다. 그가 탐구하고 주목하는 인생의 본질은 복잡하지 않다. 그는 삶의 의미를 추적하고 생성하는데 있어 관념적이지 않다. 그는 소박하고 간단하게 삶의 정체를 구축한다. 그는 삶의 다양한 체험에서 포착되는 생의 비의를 서정적으로 표상한다. 이러한 작업에는 소박하고 확실한 체험에서 건져올린 선명한 이미지가 빈번하게 활용된다. 그리하여 그의 시 형식은 비교적 단출하다. 순간적이고 파편적인 이미지의 정수를 현란한 수사 없이 담백하게 제시하기 때문이다. 이러한 작시 방식은 찰나적이고 순간적인 시상의 응축이라는 순수시의 원형을 드러낸다.

이 작품 역시 "초분"이라는 시적 대상의 환유를 통해 인생의 의미에 대해 형상화하고 있다. '초분'은 죽음의 환유이다. 시인은 삶의 의미를 드러내기 위하여 역설적으로 죽음에 대해 이야기한다. 이 시에서 삶은 죽음과 등치된다. 예컨대 삶은 축적하는 것이 아니라 철저한 비움에 의미가 있다는 역설이다. 이 시에서 삶 혹은 인생은 "외줄타기", "풍화작용", "내어줌"으로 제시된다. 먼저 "삶은 외줄 타기"로 은유된다. 이는 삶의 위태로운 상황을 제시함과 동시에 오로지 죽음을 향한 하나의 방향성을 암시한다. 그 지향성은 시의 제목 "초분"의 이미지 간섭과 이어지는 죽음이라는 시상 전개의 영향을 받아 확립된다.

이어 삶은 바람의 풍화작용을 통해 육탈되는 과정으로 인지된다. 즉 삶과 죽음은 등가적으로 인식된다. 인생은 바람이 내포하는 다양한 시련과 역경을 통과하는 과정이다. 마찬가지로 초분이라는 죽음의 과정도 삶의 과정으로 등치된다. 그 풍화작용의 귀결은 결국 "내어줌"으로 요약된다. 예컨대 죽음이란 사라짐, 비움, 없어짐이 아니다. 시인은 죽음을 자신을 타자에게 허여하는 것으로 파악한다. 내어줌의 대상은 "살점, 초가살이, 그리움"이다. 말하자면 한 존재가 죽는다는 것은 자신의 육신과 소유물질과 마음 등 모든 것을 타자 혹은 세계에 제공하는 것이다. 결국 이 시는 삶은 욕망의 축적이 아니라 욕망의 이전/전이라는 깨달음을 형상화하고 있다.

정착하지도 못하고
바람 따라 뒹굴다가
구석으로 떠밀린다

밤새 달빛이 쌓이고
무게에 납작 엎디다

「낙엽」 전문

시 「낙엽」은 존재론적 성찰을 간명한 이미지로 묘파하고 있다. 시인은 '낙엽'이라는 사물을 통해 인간 존재를 성찰한다. 그는 존재 속성을 방황, 주변부 의식, 왜소함으로 파악한다. 모든 존재는 정착과 안주를 소망한다. 그러나 욕망과 달리 존재는 안주 정착하지 못하는 상황이다. '바람'이 내포하는 시류에 흔들리며 자아 의지와 무관하게 이리저리 방황하는 존재인 것이다. 나아가 존재는 궁극적으로 중앙에 자리 잡지 못하고 구석/주변부에 떠밀리는 나약하고 왜소한 모습을 보인다. 그리하고도 인간 존재는 세월의 무게에 압도당하는 미미한 존재이다. 이 시는 인간의 존재 속성을 '낙엽'의 이미지를 통해 서정적으로 형상화하고 있다.

물
바람
사람
꿈쩍하지 않는다

침묵……
물안개 스멀스멀 기어 오고
물에서 발밑으로
정강이를 돌아 몸을 감싼다

풀잎에
또르르 굴러내린 물방울
뚝 떨어져 파음을 낸다
순간의 소음이다
세상의 시작이다

잡초마저 입을 닫고
웅크리고 있을 때
몇몇 물방울들이 뛰쳐나간다
길드는 것에 대한 거부다
동이 트기 전
익숙한 것에서 떠나자

빈 낚시 던지며
참회를 하자 곧이어
피라미 때가 쫓아오리니

「밤낚시」 전문

이 시는 "밤낚시"를 통해 인간의 실존 방식에 대한 상념을 시화하고 있다. 또한 선명하고 구체적인 묘사를 통해 고요하고 적막한 밤낚시의 풍경이 실감나는 서정성을 획득하고 있다. 나아가 탁월한 밤낚시 풍광의 묘사와 더불어 의미심장한 실존방식을 제시한다. 시적 화자는 익숙하고 권태로운 일상을 벗어나 고요한 밤 밤낚시를 하며 실존방식에 대한 깨달음을 얻는다. 그것은 "길드는 것에 대한 거부"로 적시되고 있다. 그런데 화자는 또 다시 밤낚시가 익숙해지려 하자 밤낚시를 벗어나 일상으로 귀환하려 한다. 어찌 보면 낯익음, 권태가 제공하는 일상으로부터 끊임없이 벗어나는 것이 진정한 삶의 방식이라는 역설적 행동이다. 심지어 익숙함에 길드는 것에 대한 거부를 넘어 참회까지 하자는 결연한 태도를 취한다.

세상을 헛살았어!
언제부터인가
옳은 것은 사라지고
빈자리
돈과 힘만 남았어

간혹
대쪽 같은 말을

토해내기도 하지만
세상은 해바라기만 키우고
가진 것 없는
골목 사람들이야
더 이상 기댈 곳이 없어
잃을 것도 없네

지라시가 난무하고
돈과 힘이 지배하니
두 귀 쫑긋 세워
오로지 한양으로

한양으로만 내달리고

「가면假面2」 전문

한편 시인은 자신이 몸담고 있는 세계와 현실에 대한 시적 형상화에도 일정한 관심을 보인다. 그런데 시인의 세계와 현실에 대한 인식은 즉발적이며 감각적인 특성을 지닌다. 그는 시대와 현실 혹은 세계에 대해 구조적이거나 분석적인 인식을 하려 하지 않는다. 그는 오로지 자신이 현실생활을 하며 보고 듣고 느낀 것에 대해 감각 그대로 반응한다. 예컨대 시인은 현실의 부조리와 고통을 고발하거나 개혁하려 하지 않는다. 그는 그러한 사회적 현상과 상황을 눈에 보이는 대로 제시할 뿐이다. 이로 인해 사회와 현실에 대한 토로는 넋두리나 푸념의 차원에 머물고 만다. 지극히 소시민적인 소극주의 태도를 노출한다. 이러한 태도를 긍정적으로 말하면 현실에 대한 따뜻한 응시라고 말할 수 있다.

그는 동시대를 사는 사람들의 삶을 소극적으로 관찰하고 소개하는 것에 만족한다.

위의 작품 「가면2」도 정의가 부재한 시대를 한탄하고 있다. 공동체를 유지하는 핵심 가치인 정의가 사라진 시대에 오로지 "돈과 힘"만이 위력을 갖는 병폐를 진단하고 있다. 특히 1연 첫행 "세상을 헛살았어!"는 화자의 가치 판단이 애매하다. 말하자면 그동안 세상과 현실을 정확하게 파악 인식하지 못한 것에 대한 후회인지, 아니면 그처럼 불공정하고 부조리한 세상에 능동적으로 대처하지 못한 것에 대한 후회인지가 불명확하다. 2연에서 화자는 세상과 현실에 대응하는 자들의 방식에 대해 자괴한다. 현실 대응 자세가 부조리한 현실과 세계에 대해 정의를 부르짖기도 하지만, 마침내는 현실에 타협하여 돈과 권력을 뒤쫓는 현실추수자의 양태로 드러나기 때문이다.

3, 4연에서 화자는 현실에 패배한 사람들의 절망에 대해 표명한다. 원래부터 돈과 권력 등 가진 것이 없는 사람들은 "기댈 곳, 잃을 것"이 없는 극한 절망의 상황에 놓여 있다. 그런데도 이들은 무기력한 상태에서도 어찌 할 수 없이 "한양"/중앙/권력을 향하여 몰두할 수밖에 없는 역설적 상황이다. 이 시는 겉으로는 부조리한 현실을 한탄하지만 결국에는 현실순응자의 패배한 모습으로 살 수밖에 없는 실존 양상을 '가면'으로 환유하고 있다. 말하자면 이 시는 각박한 자본주의 현실을 이중적인 태도로 살아가는 외롭고 쓸쓸한 현대인의 초상을 그리고 있다.

> 눈 내리는 밤이면 아름답다
> 도시의 골목길에
> 기지촌 슬레이트 지붕 위에

썩는 냄새 풀풀 나는 하수구에
함박눈이 펑펑 쏟아져 내리고

눈 내리는 밤이면 아름답다
쌓인 눈을 들추면
천식을 앓는 힘든 삶이 누워있고
녹슨 대문이 덜컹거리며
낮이 더 무서운 소년이 웅크리고 있어
새벽이 종종걸음으로 다가올 때
골목은 가래 뱉는 소리
연탄재 뿌리는 소리
먼발치 승용차 경적 소리
이불을 터느라 부산들 하지만

눈 내리는 아름다운 밤에
고단한 삶은 아무도 돌아보지 않아
함박눈에 취해
그냥 지나간다 이웃 동네 사람들도
거기 사는 우리들도

「함박눈 내리는 밤에」 전문

이 시 역시 현실의 고단한 삶의 모습을 서정적인 묘사로 형상화하고 있다. 다만 그 현실의 아픔과 좌절과 절망은 배경이 되고, 전면에 부각되는 것은 아름다운 설경이다. 이와 같은 시인의 심미적 태도는 현실을 고통이 아니라 견뎌야만 할 삶의 보편적 과정으로 인지하는 낙관적 태도 때문으로 보인다. 그렇지 않으면 현실의 삶을 긍정적으로 수용/수긍하는 현실추수 자세 때문이기도 하다. 그의 시는 고단한 현실의 삶을 그럭저럭 살아내는 소시민의 삶의 애환을 부정하거나 회피하지 않는다. 시인은 현실의 어려운 삶을 감정의 동요 없이 무덤덤하게 객관적으로 제시하려는 태도를 취한다. 이는 삶/인생을 긍정적으로 바라보는 시인의 낙낙한 사유의 품 때문으로 보인다.

화자는 눈 내리는 밤의 정경을 아름다운 것으로 인지한다. 꾀죄죄한 현실의 다양한 모습들을 하얀 눈이 일체화시켜 덮어버리기 때문이다. 함박눈은 "썩는 냄새"와, "천식을 앓는 힘든 삶"과, "낮이 더 무서운 소년"과, "고단한 삶" 등 모든 부정적인 현실의 광경을 지워버린다. 그 순간 현실의 고통과 좌절은 비현실이 된다. 그렇더라도 현실은 하얀 눈에 덮여 여전히 상존한다. 그러나 시인에게 눈이 덮인 세상은 그러한 고통과 좌절을 일시적이나마 망각하도록 하는 순간이므로 아름다운 풍경으로 다가온다. 이처럼 함박눈이 내리는 세상의 풍경을 심미적으로 바라보려는 태도는 "그냥 지나간다"는 언표를 통해 현실의 삶을 낙낙하게 수용하는 긍정적 세계관을 노정한다.

새벽이면 아무 일 없었던 양 떠난다.
각자 삶의 치열한 각축장
너는 선생이고
너는 회사원이고
너는 사장이다

동기 셋이 모여
저녁나절 선술집

침방울 튀며 살아가는 이야기를 했다
그래서 이긴 사람은 없어
소주가 넘어갈수록 목소리는 커졌지만

그저 웃고만 있을 뿐이다
술 한 잔 마신 죄밖에 더 있더냐
시절이 어떻고
사는 게 어떻고
어차피 다 같은 것이거늘

지글지글 익어가는 삼겹살에
때로는 마시다 놓은 동치미 국물에
가득 따라 놓은 소주잔에
목소리만큼 진동이 떨려도
결론은 없다.

창밖에 내려앉지도 못하고
바람에 흩날리는 눈처럼

「동기 셋이 모여」 전문

이 시는 동시대를 악전고투하며 살아가는 친구 셋이 만나 우의를 확인하는 정경이 제시되어 있다. 각자 직업이 다른 세 친구는 "삶의 치열한 각축장"인 현실의 삶을 위로하기 위하여 새벽에 이르기까지 술을 마신다. 그들이 나누는 대화는 삶의 방식에 관한 것이다. 그들이 치열하게 술을 마시며 내뱉는 결론은 자조적이며 패배주의적인 "그래서 이긴 사람은 없어"이다. 이는 현실의 부조리나 불공정성이 난무하는 직장생활에서 개선 혹은 변혁을 꿈꾸지만 역시 좌절할 수밖에 없는 정황을 암시한다.

특히 화자는 친구들의 사회/현실에 대한 개선/변혁에의 격양된 욕망에 동조하지 않는다. 그는 다만 조용히 웃고 있을 뿐이다. 그는 시시비비를 가리려 하지 않는다. 이러나저러나 "어차피 다 같은 것"이라고 자조하고 만다. 설령 시대와 현실에 대한 울분이나 격정이 "떨려도" "결론은 없다"는 뿌리 깊은 패배주의의 모습을 보인다. 화자는 가혹한 현실의 삶을 패배주의 모습으로 감당하는 전형적인 소시민의 우울한 초상에 다름 아니다. 마지막 연에서 현실에 뿌리 내리지 못하고 부유하는 화자의 삶의 태도는 "바람에 흩날리는 눈"으로 은유된다. 이와 같은 화자의 삶에 대한 방황의 자세와 좌절의 상황은 기실 가혹한 현실을 견디며 살아가는 현대인의 처지를 극명하게 제시하는 이미지이다.

야윈 달
나목裸木 위에 졸다

멀리
산그늘 짙어지면

뒤척이는
눈모시 바느질 소리

새는 밤
따라가는 깊이

「겨울밤 서정」 전문

한편 현실의 부조리한 삶에 저항하거나 능동적으로 대처하지 못한 화자는 현실과 시대로부터 당한 상처를 치유하기 위한 방편으로 과거의 기억을 소환한다. 시인이 호명하는 유년의 기억들은 평화로운 서정을 환기한다. 예컨대 시인은 각박한 현실과의 불화를 과거 평화로웠던 기억의 환기를 통해 화해하려 한다. 어찌 보면 황의춘 시인의 시적 본적은 이러한 서정시에 뿌리 내리고 있다.

인용시 「겨울밤 서정」은 고즈넉한 겨울밤에 대한 정밀한 응시를 통해 적막한 삶의 풍경을 제시한다. 1연은 아름다운 한 폭의 그림을 연상시킬 정도로 선명한 이미지를 드러낸다. 하늘에 떠있는 "야윈 달"/초승달 아니면 그믐달은 지상의 헐벗은 겨울나무와 평화롭게 조응한다. 천상과 지상의 대표적 구성소인 달과 나무의 만남은 평화로운 분위기를 연출한다. 특히 둘 사이에 이루어지는 관계는 "졸음"으로 드러난다. 이 졸음은 둘이 서로 융합되는 화평의 관계를 극화한다. 그리고도 "산그늘이 더욱 짙어지는" 시간은 더욱 깊어간다. 이는 초자연적인 시간의 흐름을 암시한다. 인간의 유한한 시간과 대비되어 자연의 시간은 무한히 흘러가는 것이다.

1, 2연의 고요하고 적막한 자연의 시공 묘사에 이어 3연은 인간의 풍경을 제시한다. 그 적막함 속에서 인간은 조용하고 겸허하게 삶의 행위를 "뒤척이고" 있다. 인간의 삶의 행위는 "눈모시 바느질 소리"이다. 눈모시는 눈처럼 하얀 모시 피륙으로 정갈하고 고귀한 이미지를 환기한다. 이 모시 옷감을 바느질 하는 소리는 매우 미약하여 거의 들리지 않을 정도이다. 그럼에도 화자는 이 정밀한 바느질 소리를 듣는다. 이는 물론 상대적으로 고요하고 적막한 분위기를 지닌 세계 덕택이다. 어찌됐든 여기서 세계와 인간은 또 다시 고요하고 적막한 풍경 속으로 용해

된다. 그러면서 "밤"은 머물러 있지 않고 새날이 열릴 것이다. 이 시는 인간의 고즈넉한 삶과 정밀한 세계의 화평을 섬세하게 조탁하고 있는 가편이다.

가늘게 선회하는
눈발

엎디어 밀리는
어둠의 끝
둑 넘어
뜨락에 내리면

툇마루
호롱불 사위어
매달리는 매화송이
삽사리
노니는 바람소리

토담집 사립 열어
사랑舍廊 깊이 누운
도타운 이야기
군고구마 냄새

나리는 눈
가늘게 선회하다

「산마을」 전문

이 시도 시인의 과거 유년의 공간을 서정적 시선으로 응시하고 있는 작품이다. 궁핍하고 곤궁한 삶이 이루어진 산마을의 정경을 낙낙한 긍정의 시선으로 포착하고 있다. 시인에게 유년은 비록 결핍과 고통의 시간이었을지라도, 기억의 과정을 거쳐 아름다운 상념으로 변용된다. 시의 시간 배경은 겨울이다. 그 겨울에 저녁이 오고, 밖은 가는 눈발이 나부낀다. 툇마루에 매달린 호롱불도 희미하게 사위어간다. 그러나 뜨락에서는 매화나무가 엄동설한을 견디며 묵묵히 꽃송이를 피워 올리고 있는 중이다. 마루 밑에서는 삽사리 강아지가 눈발을 바라보며 겨울바람과 한가로이 노닐고 있다. 이처럼 추운 겨울 저녁의 풍경은 매우 고즈넉하고 평화로운 분위기를 환기한다.

한가하고 평화로운 겨울 저녁을 맞아 "토담집"의 주인은 찾아오는 사람을 기다리며 "사립"을 열어두고 있다. 그리고 사랑방에 모여 앉아 군고구마를 함께 먹으며, 이런저런 정담을 밤이 이슥하도록 나눈다. 구수한 군고구마 냄새는 취각 차원에서 추억을 강력하게 환기하는 매개로 기능한다. 또한 "도타운"의 수식어는 그들 사이에 이루어지는 인정 교환의 강도를 짐작케 할뿐 아니라 화자의 그리움의 정도를 암시하기도 한다. 이러한 평화로운 정경을 위안하듯 내리는 눈발도 바로 착륙하지 못하고 이들의 주변을 "가늘게 선회한다" 역시 돌아갈 수 없는 과거 유년의 공간을 향한 화자의 그리움의 정서가 농밀하면서도 선명하게 교직되어 있다. 이처럼 시인은 과거, 유년, 고향을 향한 그리움의 서정을 통해 화해와 평화의 분위기에 젖는다.

함부로 손대려 하지 마라
형체도 없이 왔다 가는 것이다

늘 허망하고 아픈 가슴이더라
삶의 한 귀퉁이에 숨죽이고 있더라

나이 들었다고 자만하지 마라
언제나 네 가슴을 흔들어 놓을 것이다
거리의 쓰레기통에서도 튀어나오고
석양의 강가에서도 달려올 것이다
불 꺼진 골방 창가에 매달려서
언제나 귀찮게 흔들고

철없이 집중하려 들지 마라
흐르는 대로 내버려 두거라
뒤뚱거리며 살다 보면
애증과 갈등이 소용 없더라
소유하려 들지 마라
그것은 네 것이 아니니라
지나가는 바람처럼
사월의 라일락 향기처럼
지나가는 모든 사람의 몫이니라

사랑에 함부로 손대려 하지 말거라

「가지려 하면 달아나더라」 전문

시인은 현실과 시대와 역사에 대한 관심을 애써 무화시키려 노력한다. 일종의 현실 무관심주의자의 태도를 드러낸다. 그렇다고 현실 혹은 정치 혐오주의자는 아니다. 그는 오로지 부조리한 현실과 시대에 대한 관심을 서정주의를 통해 극복하려 한다. 이러한 서정주의 태도는 자아의 존재론적 성찰로 드러나기도 한다. 그는 자신이 몸담고 있는 세계에 대해서는 가치 판단을 중지한다. 예컨대 세계관을 확립하려 하지 않는다. 그는 다만 자신의 삶을 어떻게 운영할 것인지에 대해서만 주목한다. 즉 그는 인생관에 대해서만 확고한 자세를 정립하려 노력한다. 그의 인생관 혹은 삶의 자세 정립은 욕망의 절제 혹은 자유정신의 구가로 표출된다.

위의 시는 이러한 시인의 삶의 태도를 직접적으로 표상하고 있다. 제목이 표명하듯이 그의 삶의 자세는 소유 욕망의 절제로 드러난다. 그가 파악하는 인생은 공수래공수거의 허무주의이다. 따라서 물질적 욕망은 덧없는 가치가 된다. 인생의 과정에서 물질 소유 욕망은 덧없는 허망을 부추기는 기제이다. 또한 그는 경계해야 할 것으로 "자만"을 제시한다. 오만과 편견은 언제나 자아의 "가슴을 흔들어" 놓는 갈등 기제이다. 화자는 "--거라"는 명령형 어미를 반복 사용하여 자만에 대한 경계를 강조한다. 나아가 자만은 "애증과 갈등"을 유발하는 매체이기 때문에 더욱 금기시해야 할 것임을 표명한다.

화자는 물질은 개인이 소유할 수 없는 존재 속성을 지니고 있다고 생각한다. 그는 물질이 순환적 속성을 지니고 있기 때문에 모든 사람이 공동으로 사용하는 대상으로 인지한다. 따라서 물질을 소유하려 하지 말고 자연의 순환 논리에 맡겨 두라 요구한다. 일종의 무소유를 주장함과 동시에 순환 사용을 강조한다. 특히 물질에 대한 소유 집착을 버릴 것을 재차 강조한다. 나아가 "사랑"이라는 고귀한 정신 가치까지도 겸허하게 취급해야 한다고 주장한다. 사랑도 너무 집착하면 자칫 욕망의 차원으로 전락할 것을 두려워하는 것이다. 이처럼 시인은 욕망을 절제하여 자유로운 삶을 지속할 것을 자신의 삶의 지표로 삼는다.

나는 당신의 소유가 아니랍니다
잠시 곁에 머물 뿐이지요
햇빛과
바람과
먼지 같은 존재랍니다

그냥 자유지요

「욕심이구나」 전문

이 작품 역시 욕망의 절제와 무소유를 통한 자유정신의 가치를 형상화 하고 있다. 시적 화자인 "나"는 당신의 소유의 관계가 아님을 표명한다. 여기서 "당신"의 정체는 불확정적이다. 다만 화자인 "나"와 관계를 맺는 모든 대상을 포용하는 개념으로 인지된다. 예컨대 나와 관계 맺는 세계의 모든 인간, 사물, 가치, 정신 등을 포괄하는 의미이다. 그런데 인지 주체자인 "나"의 입장에서 세계의 모든 존재를 소유하려는 욕망의 절제가 전도되어 있다. 즉 세계의 모든 존재에게 구속이나 소유 당하지 않는 자아 존재의 주체성이 강조되는 것이다. 시인은 이를 "자유"로 정의한다.

화자는 "나"의 의미가 "당신" 곁에 잠시 머무는 존재임을 표명한다. "나"는 영원한 존재가 아니다. 언젠가는 소멸하여 사라질 운명을 내재한 순간적 존재이다. 따라서 "나"와 "당신"의 관계 역시 영원히 지속되는 것이 아니다. 언젠가는 헤어짐이 예비된 일시적 관계이다. 그러나

"당신"에게 "나"는 "햇빛"과 마찬가지로 관계를 맺는 시간 동안은 따뜻함을 제공하는 시혜적 존재이다. 또한 "나"는 "바람"처럼 무정형의 존재로서 스쳐 지나가는 인연이다. 아울러 "나"는 "먼지"처럼 일어났다 사그라지는 일시적 존재에 불과하다. 화자인 "나"는 이와 같은 은유를 통하여 "당신"에게 구속되거나 제한받지 않는 존재임을 표상한다. 궁극적으로 "나"의 존재 속성은 "자유"이다.

황의춘의 시는 조촐하고 소박한 삶에 대한 희구를 형상화하고 있다. 사회, 시대, 현실, 역사에 대한 거시담론보다 자신이 몸소 체험한 느낌과 정서가 주요 소재로 작동한다. 그에게 주요한 시적 소재는 삶을 관통하는 찰나적인 감각이다. 그의 시적 상상력은 소박하지만 확실한 체험을 선명한 이미지로 제시하는 경향이 농후하다. 그는 이러한 의도에 걸맞도록 단형의 시 형식을 즐겨 애용한다. 이는 그가 순수 서정시의 본령인 순간의 압축적인 심상 제시에 몰두하고 있기 때문으로 보인다. 그는 단순 소박한 이미지를 통해 차분하고 은은한 서정을 환기하는 것을 목표한다. 이러한 점에서 황의춘의 시는 전통 서정시의 맥락에 편입된다.

황의춘은 현실을 구조적이거나 분석적으로 이해하려 하지 않는다. 그는 다만 현실과 시대를 살아내는 사람들의 삶의 애환을 나지막이 읊조릴 뿐이다. 그에게 현실은 고통과 번민을 자아내는 원천이다. 그러나 그는 부조리하고 불공정한 현실에 대해 개선이나 개혁에의 의지를 드러내지 않는다. 그저 묵묵히 현실을 수용하고 수긍하면서 현실순응주의 혹은 현실추수주의 면모를 보인다. 그는 가혹하고 강팍한 현실을 견디며 살아가는 사람들을 따뜻한 시선으로 위로한다. 황의춘의 시적 특장은 현실을 바라보는 섬세한 관찰과 따뜻한 응시이다. 여기에는 우수 깊은 연민의 정서가 자리 잡고 있다.

황의춘은 건조하고 삭막한 현실을 살아가는 사람들의 모습을 낮고 조그만 목소리로 웅얼웅얼 넋두리 하듯 읊조린다. 그에게 현실은 부정해야 할 대상도 무시해야 할 그 무엇도 아니다. 현실은 가치 판단을 유보하거나 판단 중지해야 할 껄쩍지근한 그 무엇이다. 하여 그는 현실 속의 삶의 갈피갈피를 무덤덤하게 기록한다. 그 무덤덤함 속에는 연민과 페이소스가 짙게 깔려 있다. 그리고 그는 현실 생활의 태도, 방법, 자세 등에 대해 고민한다. 예컨대 그는 시를 통해 삶의 목표, 가치, 의미를 탐색한다. 그에게 시를 쓰는 일은 자아를 수련하고 자강하는 일이다. 그는 인생의 의미를 자유정신의 실현으로 보고 있다. 그러나 현실은 그를 자꾸 옭아맨다. 그리하여 그의 시는 현실로부터 벗어나고픈 욕망과 현실에 적응코자 하는 욕망이 길항함으로써 갈등을 드러낸다.

그의 시정신은 자유주의이다. 그러나 그 이면에는 허무주의가 드리워져 있다. 그의 시는 자아가 세계를 조정하거나 변혁할 힘을 지니지 못한다고 인정하는 데서 오는 허망함의 정서를 다분히 표출한다. 그는 세계와의 조화나 조정에 실패하는 원인을 세계의 문제로 탓하지 않는다. 그는 오로지 자신의 문제로 받아들인다. 따라서 자아와 존재에 대한 고민과 갈등이 작시의 핵심원리로 작동한다. 그의 시에 등장하는 자아는 현실에 대적하지 못하고 웅크린 채 살아가는 평범한 소시민의 우울한 초상이다. 예컨대 삶을 이루면서 겪는 진정한 자아와 거짓된 자아와의 갈등은 자아 탐색의 주요한 소재이다.

황의춘의 시는 현실에 잔뜩 주눅 든 소시민의 힘겨운 세상살이에 대한 좌절과 우울의 정서로 점철되어 있다. 그러나 한편 조촐하고 소박한 삶에 대한 희구, 과거 유년의 친자연적인 삶에 대한 추억, 진정한 자아를 향한 순수하고 끊임없는 모색, 자아의 왜소하고 옹졸한 삶에 대한 따뜻한 연민의 정서 등으로 소박하고 순수하고 선명하고 확실한 시심을 피워 올리고 있다. 황의춘의 시는 가혹한 현실에 치이며 상처 받은 소시민인 독자들에게 소박하고 조촐한 위안의 정서를 조곤조곤 건네고 있다.

II-8 지리산, 그 모성의 원형에 대한 지향

1. 소소한 일상에서 삶의 비의를 포착하다

시인은 대체로 섬세하다. 삶과 세계의 미세한 변화를 민첩하게 파악한다. 따라서 주변 사물이나 환경과의 관계에 예민하게 반응한다. 동일하게 반복되는 일상에서도 미세한 변화의 차이를 발견하곤 한다. 나아가 반복되는 일상의 표피 안에 잠복해 있는 의미를 포착할 줄 안다. 설령 각성을 요구하지 않는 권태로운 현상에도 독창적인 의미를 부여할 줄 안다. 무심하게 피었다 지는 꽃에서도 의미를 생성해낼 줄 안다.

이러한 시인의 섬세함은 관찰력으로부터 태동한다. 시인은 주변 사물과 세계에 대해 섬세한 촉수를 겨냥한다. 사소한 변화도 허투루 흘려보내지 않는다. 시인은 주변의 모든 존재와 세계를 애정 어린 시선으로 응시한다. 그리하여 일상의 세계에 편재된 삶의 비의를 날카롭게 포획한다. 특히 작고 여린 것들에 대한 관심과 애정이 다분하다. 작고 약하고 여린 것들은 우주의 기반을 구성하는 소중한 자원이다. 예컨대 시인은 모든 생명의 근원 혹은 원형에 지대한 주목을 표한다.

시인은 현대의 문명에 의해 상실, 소멸된 것들에 대한 무한의 그리움과 편리한 문명에 길들여져 순수한 인간성을 상실한 삶에 연민의 시선을 보낸다. 시인은 부박한 현대를 살아가면서 문명이 제공하는 인위성과 희미해져가는 순수한 자연성의 충돌을 안타까운 정서로 표출한다. 이 서로 충돌하는 인위와 자연의 대립이 시인에게 연민의 정서를 자극하여 서정시를 쓰도록 요구한다. 시인은 자신이 몸담고 있는 세계의 사물들을 유심히 관찰하고 조응하여 의미를 부여하고 생성한다. 시인의 일상은 관찰의 대상이자 의미 부여의 텃밭이다.

왕태삼 시인은 일상생활을 주마간산하지 않는다. 그는 소소한 일상에서 시의 정수를 채종할 줄 안다. 그는 자연 사물에 대해 무한 애정을 지니고 있다. 하여 그는 작고 여리고 소소한 자연 사물을 예리한 시선으로 관찰하길 즐긴다. 그는 자연 사물의 속성과 본질을 통찰하려는 욕망을 지닌다. 그는 자연 사물의 속성이나 본질을 삶의 비의와 연결하는 작시 방식을 즐겨 사용한다. 그 연결의 방식은 선경후정의 포맷이나 중첩의 방식, 또는 혼합(비빔)의 구성으로 드러난다. 그는 일상의 사물을 섬세한 시선으로 포착한 다음 삶의 찰나적인 깨달음과 결부시키곤 한다.

빛나는 눈동자
오늘도 잘 보라는 내 몸의 마침표
눈꺼풀로 하루를 닦는다

매미가 참나무 숲에서

생의 말복처럼 운명교향곡을 쓴다
투 두 둑
알밤들이 말줄임표로 구른다
은반의 달은 고요히 떴다 지고
풀잎이슬도 둘이 좋아 한 방울로 뒹군다

낮무대나 밤무대나
성의 없이 오르는 공연이
단 한 건도 없는 오늘
푸시시
태양이 먼 수평선에 하루를 씻고 있다

저렇게 황홀한 노을은
여명의 새벽도 높을 것이다

「눈꺼풀로 하루를 닦는다」 전문

시집의 표제시인 이 작품은 일상에서 일어나는 자연 현상을 매우 정밀하게 응시하고 있다. 시인은 소소한 자연 현상을 섬세하게 관찰한 다음 상상력을 통해 독창적인 의미를 부여한다. 그는 일상에서 일어나는 사소한 현상을 주의 깊게 관찰한다. 그리고 자신의 상상력 속으로 끌어들여 자신의 고유하고 개별적인 의미를 구축한다. 즉 그는 일상에서 만나는 체험을 간과하지 않고 소중히 여길 줄 안다. 말하자면 그는 사물과의 교유관계가 매우 원만하고 친밀하다. 사물과 세계에 대해 매우 다정다감한 편이다. 이는 왕태삼 시인의 심성과 똑같을 뿐 아니라 그가 사람과 관계 맺는 방식과 흡사하다.

시의 제목 “눈꺼풀로 하루를 닦는다”는 시인이 하루 일상을 매우 주의 깊게 관찰한다는 언표이다. 화자는 1연에서 자신의 “눈동자”를 “오늘도 잘 보라는 내 몸의 마침표”로 은유한다. 여기서 ‘눈동자’는 타자와 관계 맺는 창구 역할을 담당한다. ‘오늘도 잘 보라’는 소소한 일상을 섬세하게 관찰하라는 의미와 더불어 조촐한 일상을 소중히 여기라는 명령에 다름 아니다. 나아가 ‘눈동자’는 ‘내 몸의 마침표’이다. 이는 외부 세계의 사물과 시선을 통해 교유 혹은 접촉하는 것이 가장 소중한 일이라는 자각이다. 한편 외부 세계와 접촉을 하려는 의지와 그 일이 성공적으로 완수되었을 때, 화자의 ‘눈동자’는 ‘빛나게’ 된다.

2연은 화자가 눈동자를 통해 관찰한 세계의 풍경이 제시되고 있다. 화자가 주목하는 대상은 “매미, 알밤, 달, 이슬”과 같은 자연 사물이다. ‘매미’의 삶은 치열하고, 또 운명에 순응하는 모습으로 인지된다. ‘알밤’ 역시 소리 감각을 통해 삶에 대해 침묵하는 자세로 감지된다. 이 두 자연 사물은 ‘말복’과 ‘말줄임표’의 상상력을 거쳐 소멸의 과정에 있다. ‘달’ 또한 일정한 주기에 따라 생성과 소멸의 리듬을 반복한다. ‘이슬’도 서로 합체의 과정을 거쳐 시내, 강물, 바다, 구름, 이슬에 이르는 순환의 변화 양상을 보일 것이다. 예컨대 화자는 생성과 소멸이라는 자연의 순환 섭리에 따라 주변의 자연 사물을 응시하고 있다. 물론 화자의 시선에 포착된 것은 소멸하는 과정에 방점이 놓인다.

3연은 ‘오늘’이라는 한정된 시간의 범주 안에서 이루어지는 다양한 사물들의 삶의 광경을 응시하고 있다. 화자는 삶의 과정을 “공연”으로 인지한다. 이는 ‘삶은 연극이다’의 기본개념은유가 바탕에 자리 잡고 있기 때문이다. 화자는 2연에서 관찰한 존재인 “매미, 알밤, 달, 이슬”의 삶의 과정이 각자의 진정한 “성의”/열정으로 이루어지고 있음을 통찰하고 있다. 그 열정은 "태양"으로까지 전이되어 세계의 모든 영역으로까지 확장된다. 예컨대 화자는 자연 사물의 존재가 모두 삶의 존재 이유를 지니고 있으며, 각자 삶의 소명에 진력하고 있음을 포착한다.

4연은 화자가 응시하는 "노을"에 "황홀"의 의미를 부여하고 있다. 노을은 하루의 시간 영역에서 낮/노동의 마감을 내포한다. 태양이 존재하는 낮 시간에 세계의 모든 존재/사물은 각자 충실한 삶을 영위한다. 나아가 각자의 사물/존재는 서로 화합과 조화를 이루며 삶을 이룬다. 각자의 사물이 스스로 충만한 삶을 이루고 저녁의 휴식을 위해 '노을'을 맞이할 때, 그 '노을'은 세계에 '황홀한' 빛살을 흩뿌리며 하루를 마감할 것이다. 뿐만 아니라 "새벽"/미래의 세계도 역시 삶의 의미를 "높이"/긍정적으로 전개될 것이다.

① 빨간 수류탄
가을 허공이 매설해 놓은
(중략)
가지 끝에 잠든 탐스런 염문
(중략)
내 마른 혀를 울리는 원초적 사고뭉치

「석류」 부분

② 이제 보배로운 눈은
먼 산맥들의 족보도 넘겨보고
등잔 밑 풀벌레 소리도 담아낸다

「다초점 안경」 부분

③ 긴 북어처럼 현관에 들어설 때
소파 위에 잠든 싱싱 보드란 그대

「잔파」 부분

④ 고향 친구처럼
진실만 따라주는
슬픈 나의 동그란 보조개여

「막걸리집 주전자」 부분

작품 ①은 '석류'라는 자연 사물을 날카로운 시선을 통해 다양하게 은유하고 있다. 화자에게 석류는 "수류탄, 염문, 사고뭉치"로 변주되어 인지된다. 화자는 석류를 위험하고 불안한 존재로 성격화 한다. 석류의 수류탄 은유는 그 형태의 유사성에 근거하고 있지만 사실은 벌어져 알맹이가 떨어질지도 모르는 위태로움을 감지한 것이다. 또한 석류는 탐스런 염문이라는 은유는 석류의 존재 가치를 사랑의 속성으로 간파한 것이다. 이도 사랑이 훼손되지나 않을까 하는 염려가 바탕에 깔려 있는 것으로 보인다. 그리고 석류의 사고뭉치 은유는 화자에게 신맛으로 자극하는 식욕의 과다에 대한 불안의식이 자리 잡고 있다.

시 ②는 일상생활에서 겪는 시력의 감퇴현상을 극복하기 위하여 맞춘 "다초점 안경"의 체험기이다. 화자는 원시와 근시를 동시에 해결하는 다초점 안경을 쓰고 만족한다. 그 만족감과 행복감은 자신의 눈을 "보배"로 은유하는 데까지 나아간다. 그리하여 화자는 자신의 신체적 약점을 극복하여 세계와 평화롭게 소통한다. 예컨대 그는 자연의 거시적 조망과 아울러 미시적 관찰까지도 훌륭하게 수행한다. 그리하여 일상의 소소하지만 확실한 행복을 향유하고 있다.

작품 ③은 자연 사물인 “잔파”를 노래하고 있다. 아마도 투명한 유리컵 같은 데에 수경 재배하는 작은 파를 대상으로 삼고 있는 것 같다. 그러나 이 자연물로서의 시적 대상에는 화자의 마음이 개입되어 변주되고 있다. 예컨대 아내의 모습이 얼비치고 있다. 화자가 저녁에 과음하고 귀가했을 때 기다리다 소파에 잠든 아내의 모습이 투영되고 있는 것이다. 여기서 자아를 “　긴 북어”로 은유함으로써 세파에 시달린 가장의 모습이 환기된다. 또 아내를 “잔파”로 은유함으로써 해장을 도와주는 고마운 존재의 의미를 함축한다. 특히 “싱싱 보드란”의 수사는 그러한 화자의 마음을 여실히 드러내고 있다.

시 ④는 술집에서 항용 만나게 되는 낡고 헐은 주전자를 시적 대상으로 정서를 투영하고 있다. 여기서도 “막걸리집 주전자”라는 사물은 ‘고향 친구’와 ‘보조개’로 은유되고 있다. 시인은 주전자에서 고향 친구와의 진실한 우정을 읽어낸다. 그리고 찌그러진 주전자의 형태에서 보조개를 읽어낸다. 그런데 그 보조개는 “슬픈” 정서를 소지하고 있다. 이는 타자에게 진실을 제공하고, 자아는 낡고 훼손되어가는 현대인의 운명을 담지하고 있다. 즉 시인은 주전자로부터 인간사의 이율배반을 간파해내는 것이다.

왕태삼 시인은 일상에서 조우하는 사소하고 일상적인 사물을 치밀하게 관찰하고 또 섬세한 애정을 드러낸다. 그의 일반적인 작시방식은 이처럼 구체적인 사물로부터 출발한다. 시인이 표상하고자 하는 관념이나 서정을 사물이나 이미지로 묘사하는 것이 아니다. 그는 자신의 일상체험에서 시심을 길어내고 정서를 추출하는 방식을 선호한다. 이로 인해 그의 시는 구체성, 현실성, 일상성, 진솔성을 소박하게 구현하는 미덕을 성취한다.

2. 가족, 친지와의 유대감으로 평안하다

왕태삼 시인은 사람과의 인연을 소중히 다룬다. 그는 자신의 주변 인물들에게 부드럽고 따뜻한 친연성을 드러낸다. 시인은 주변의 인물들에 대해 면밀한 주의와 애정을 갖고 관계를 맺는데 성심을 다한다. 그는 그들과의 교류를 가혹한 현실을 극복하는 원료로 삼는다. 말하자면 그는 자신을 에워싸고 있는 사람들과의 관계를 평화롭게 유지한다. 그의 시편에 자주 등장하는 사람들은 부모, 아내, 자식, 친척, 스승, 기타 인물들로 다양하다. 그는 이들과의 관계에서 소소하고 조촐한 감정 교류를 즐긴다. 그 감정 교류로 인해 생성된 평화로운 느낌을 애호한다.

시인은 특히 부모에 대한 애정을 즐겨 형상화 한다. 그의 시편에는 자식의 입장에서 바라본 부모에 대한 애틋한 연민의 정서 혹은 사랑의 정서가 충만하다. 나아가 아내의 가정을 향한 헌신에 고마움을, 자신의 불성실한 남편의 역할에 대해 미안함을 토로하기도 한다. 또한 그는 자녀에 대한 웅숭깊은 애정을, 친지들에게는 추억을 통한 인연의 소중함을 드러내기도 한다. 그리고 사회생활을 하며 연을 맺은 다양한 사람들, 특히 스승과의 관계를 매우 진중하게 여기는 것으로 보인다. 하여튼 시인은 일상에서 만나는 사람들과의 관계를 매우 의미 있는 삶의 항목으로 간주한다.

이는 왕 시인이 가족주의에 깊이 침윤되어 있음을 증명한다. 가족주의는 한 개인이 자신의 삶의 가치를 가족의 행복에서 찾으려는 가치관이다. 동양에서 유교의 근본이념이 충효인 것은 가족주의와 국가주의를 지향한 것이다. 서양에서도 패밀리즘은 사회와 국가를 지탱하는 기본적인 가치관으로 자리 잡고 있다. 시인은 이와 같은 가족주의의 긍정적 기능을 충분히 이해하고 있다. 따라서 그는 가족이나 친족과의 유대관계, 자신과 인연을 맺은 사람들과의 친밀한 교류를 소중하게 여긴다. 그는 이들과 내밀한 감정의 교류를 통하여 평화로운 정서에 함몰되기를 기대한다.

푸른 잎 속마다
촉촉이 핀 동백립스틱
어머니
거울 속 젊은 입술이 보여요
하얀 눈가루 창가에 내릴 때
콕
내게만 찍어주며
소녀의 입술을 그려주던 동백립스틱
멍울멍울
애타게 달고서
당신의 생애는 한 번도
그린 적 없는 동백립스틱
올해도
붉은 웃음 슬피 포갠 채
투둑
또 지고 있나요
언제나 봄날을 눈앞에 펴놓고

「겨울동백」 전문

이 시는 겨울동백에서 "동백립스틱"을 연상한 다음, 다시 "어머니"를 떠올리는 상상력 체계를 보인다. 즉 이 시는 어머니의 젊은 시절로부터 추억을 환기해서 노년에 이른 현재의 어머니에 이르기까지 시상이 시간의 흐름을 따라 전개된다. 여기서 '겨울동백'은 어머니를 회상하도록 자극하는 촉매로 작동한다. 화자는 겨울동백에서 어머니의 전 생애를 차곡차곡 환기한다. 특히 화자가 응시하는 어머니는 사랑과 연민의 정서를 동시에 함축하고 있는 존재이다.

화자는 겨울동백을 바라보며 지나온 시간으로부터 "동백립스틱"을 발췌한다. 그리고 그 동백립스틱으로부터 어머니의 '입술'을 연상한다. 그 연상작용은 매우 친근하고 부드럽다. 립스틱과 입술은 매우 가까운 친연관계를 형성하고 있기 때문이다. 화자는 겨울동백을 바라보며 젊었을 적 어머니가 화장대 거울 앞에 앉아 립스틱을 바르는 모습을 떠올린다. 이어서 그는 하얀 눈이 내리는 겨울날 자신의 입술에 립스틱을 발라주던 장면을 회상한다. 이러한 풍경은 어머니와 자식 사이에 이루어지는 매우 화평한 추억의 한 자락임에 틀림없다. 예컨대 화자는 겨울동백에서 어머니와 나누었던 화평한 정서 교류를 읽어내고 있는 것이다.

그러나 화자의 어머니는 아름다움을 지향하는 여성의 본연을 챙길 여유가 없이 생활하였다. 화자는 어머니가 가사에 바쁜 나머지 립스틱을 사용하지 못한 것을 매우 안타까운 심정으로 토로한다. 화자는 그러한 연민의 심정을 "멍울멍울/ 애타게 달고서"라는 동백꽃망울의 이미지로 치환한다. 나아가 화자는 세월에 침식되어가는 어머니의 모습을 동백이 지는 광경으로 인지한다. 그러한 어머니의 존재는 "붉은 웃음 슬피 포갠" 동백꽃의 형상으로 의미 부여된다. 어머니의 삶은 '웃음'과 '슬픔'이 공존하면서, 대립하는 지경인 것이다. 이는 어머니의 실존의 의미를 모순어법을 통해 인간의 보편적인 삶의 속성으로 확장하는 결과에 이른다. 특히 마지막 행 "언제나 봄날을 눈앞에 펴놓고"는 어머니의 곤고한 삶의 우울한 감각을 긍정적인 희망과 기대의 분위기로 여운을 산포하는 효과를 불러일으킨다.

고사리손들은 잠든 지 오래
축문이 한 줌 재로 타오르자
음복하세요 제주 말씀에
퇴주잔을 공손히 나눠 마시며
벌교꼬막을 까먹고 탕국을 들이킨다
빈 대추나무에 주렁주렁 겨울비 걸리고
젯밥 뜬 친척들도
떡봉지며 적봉지를 각자 싸들고
향불처럼 사라지자
저리저리한 손주며느리가
명태포처럼 납작 엎어진다
관절염 걸린 시어머니가
솜이불을 내리고 보일러를 싸게싸게 올린다
생전 뵈도 못한
밤색 두루마기 시할아버지가
액자 속에서 너털웃음을 친다

「고단한 미풍」 전문

이 시는 한 가정의 제사 드리는 풍경을 제시함으로써 가족주의의 화평한 분위기를 형상화 하고 있다. 제사를 드리기 위해 모인 다양한 가족 구성원들에 대한 따뜻한 시선이 가족애의 전범으로 다가온다. 제사는 표면적으로 죽은 이에 대해 산 자들이 모여 추모하는 행사이다. 그러나 이면적으로는 추모를 위해 흩어져 살던 가족들이 한데 모여 가족의 정을 나누는 의미가 함축되어 있다. 제사의식을 통해 가족들은 혈육의 응집력을 제고하고, 나아가 인간애의 화평한 정서에 젖어 현실의 부박한 삶에 대한 위안을 성취한다. 이러한 의미를 지니는 제사는 가족주의의 대표적인 의식이다.

이 시는 제사의 광경을 매우 섬세하게 묘사한다. 어린 아이들은 제사가 시작되는 자정을 기다리지 못하고 단잠에 빠져 있다. 이윽고 제사의식의 종결부에 해당하는 축문을 소지하고, 어른들은 오순도순 제사상 앞에 모여 앉아 음복과 식사를 한다. 특히 "퇴주잔, 벌교꼬막, 탕국"과 같은 제사음식의 기본요소들은 제사의 뒤풀이 풍경을 흥겹고 정겹고 토착적인 분위기로 이끈다. 뒤풀이를 마친 가족과 친척들은 간간히 겨울비 내리는 어두운 밤 각자 귀가를 서두른다. 그들의 손에는 제사음식인 "떡 봉지와 적 봉지"가 들려 있다. 잔치 끝난 뒤의 쓸쓸한 분위기가 서로 나누는 제사음식으로 인해 상쇄되고도 남음이 있다.

이제 제사를 지낸 후유증과 그 해소방식이 흐뭇한 정경으로 묘사된다. 손주며느리는 제사 음식을 장만하느라 너무 수고한 나머지 제사가 끝나자 긴장감이 사라져 쓰러진다. 손주며느리의 피곤한 상황은 "저리저리한"이라는 감각적 묘사로 선명하게 제시된다. 뿐만 아니라 지쳐 쓰러진 모습은 "명태포처럼 납작 엎어진다"는 동작 은유를 통해 매우 구체적이고 실감나게 묘사된다. 이러한 손주며느리의 노고를 짐작하고도 남은 눈치 빠른 시어머니는 며느리를 위로하기 위하여 재빨리 보일러를 작동한다. 한편 가족들 사이의 서로를 배려하는 흐뭇한 정경은 액자속의 시할아버지의 너털웃음을 통해 더욱 고양된다.

왕 시인의 가족주의 시편들은 가족들 사이에 흐르는 배려의 정신과 공존의 의미를 직조하고 있다. 그는 부모에게는 효성의 자세로 사랑과 연민의 정서를 환기한다. 또한 아내나 자식들에게는 무한한 사랑의 정신을 구가하는 한편 가장으로서의 역할에 대한 미진함으로 인한 미안한 감정을 드러낸다. 그리고 주변 친척들에게도 가족주의의 따뜻하고 다정다감한 인간애를 보여주고 있다. 시인의 이러한 가족주의는 냉혹한 현실을 표랑하는 현대인에게 소박한 위안의 기제로 작동한다.

3. 자연 생태의 훼손에 대해 경고하다

시인은 디스토피아의 세계에서 유토피아를 지향하는 존재이다. 시인은 자신이 몸담고 있는 현실이나 시대에 대해 민감하다. 현실에 대한 고민이나 좌절감의 토로가 결국은 보다 바람직한 세계를 열망하는 것이기 때문이다. 인간은 사회적 존재이고, 자신이 삶을 영위하는 사회는 언제나 불편하고 불충족한 상태이다. 따라서 이러한 불만족의 세계는 언제나 인간에게 충격과 갈등을 초래한다. 시인 역시 사회와 세계의 왜곡, 부조리, 불합리에 대해 정확하게 직시하는 시선을 지니고 있다. 그 시선은 현상 저편에 잠복해 있는 진실을 꿰뚫어보는 직관력과 통찰력이다.

그리하여 시인은 자신이 살아내고 있는 지금/여기에 지대한 관심을 표명한다. 이 세계는 객관적으로 존재한다. 그러나 인간의 주관적인 인지 여부에 따라 세계의 모습은 각기 다른 양상으로 발현된다. 일반적으로 시인은 세계와 불화관계인 경우가 많다. 물론 이 불화의 지향점은 화해를 전제로 한다. 시인은 이상적인 세계를 꿈꾸는 존재이다. 시인은 자신이 거주하는 세계의 이상적인 상황을 추구한다. 이러한 자세와 태도는 시인에게 부여된 사명이자 숙명이다. 현실의 세계와 미래에 세계에 대한 고민과 갈등은 시의 영원한 주제이다. 미래의 이상향을 위하여 현실에 대한 철저한 응시와 고민이 필수적인 것이다.

왕 시인의 시편들에는 현실이나 세계의 불합리와 부조리에 대한 천착이 별로 보이지 않는다. 그의 이번 시집에는 일상의 소소한 기쁨, 후회, 반성, 성찰을 소재로 한 서정이나, 유년의 순수한 공간인 지리산 유역에서의 평화로운 삶의 추억, 다양한 장소와 공간을 방문한 다음 여행의 서정 혹은 자유의 정신을 구가하는 작품이 상대적으로 많다. 이는 아마도 긍정적이고 낙관적이며 낭만주의적인 시인이 성향 때문으로 보인다. 그는 현실이나 세계의 굴절이나 왜곡을 바라보기보다 자족적인 자세로 응시하는 경향이 강하다. 그는 평화주의자이기 때문이다. 그럼에도 세계와 현실에 대한 우려와 불안을 형상화한 몇 작품을 살펴보자.

이제 고래는 춤추지 않는다
검은 주검이 해변에 오르자
양심 구부러진 인간들이 모여든다

부검 결과
일회용 컵이 고래를 삼킴
새우 싸움에 고래등 터짐

이제 바다는 다문화 플라스틱 경연장
오대양 육대주 상표가 속속 참가하고 있다
바다 위로 매립되는 직립보행의 배설물들
나의 하이패스단말기도 너의 리모컨도 모였다
금세 5G 6G 7G폰도 앞만 보며 날아오겠지

자동으로 업그레이드하는 태평양 한바다

고래는 날이 갈수록 본다
바다의 궁궐 산호초의 화려한 신음을
치이이 치이이
컬러화면이 잿빛으로 꺼지는 오염의 소리를
이제
고래의 절망은 분수처럼 솟구쳐
소리 없는 검은 해일을 몰고 온다

그러나
고래의 주파수를 모르는
플라스틱 축제는 연일 야단법석 중

「태평양 난지도」 전문

이 시는 현대문명의 발전으로 인해 훼손되어가는 자연 환경에 대한 우려와 불안을 형상화 하고 있다. 플라스틱 남용으로 인해 오염되어가는 바다 생태환경에 대한 제시와 묘사가 구체적이고 선명하다. 특히 바다 오염의 현장을 태평양으로 설정하고, 그로 인한 피해자를 고래로 제시한 것은 대표적/중심적 이미지 활용의 의도가 엿보인다. 시의 제목 "태평양 난지도"에서 '난지도'는 쓰레기장의 환유로 읽힌다.

화자는 1연에서 "이제 고래는 춤추지 않는다"는 비극적 상황을 명제화 한다. '이제'라는 시간 부사어는 지금/현재라는 현실적 상황을 강조하고 있다. '춤추지 않는다'는 고래의 삶이 자연과 조화를 이루지 못하여 평화롭지 못한 상태에 처해 있음을 함의한다. 2행에 이르러 이러한 비극적 상황의 원인이 '고래의 죽음'으로 드러난다. 그런데 인간은 고래의 죽음을 애도하기는커녕 물질/고래고기 획득을 위한 욕망의 무질서를 보인다.

2연에서 고래의 죽음에 대한 구체적인 원인이 제시된다. 고래의 시체를 부검하여 보인이 제시된다. 고래의 시체를 부검하여 보니 태평양에 흘러들어온 플라스틱 제품들을 흡입한 것이 원인이다. 나아가 이러한 죽음의 원인은 속담 "새우 싸움에 고래등 터진" 격이라는 것이다. 작품의 맥락에 따른 이 관용구의 함축적 의미를 살펴보면 인간/"새우"들의 물욕을 위한 경쟁을 패러디한 것이다.

3연은 태평양의 오염된 실상과 미래 전망을 구체적으로 묘사하고 있다. 바다 오염의 주요 원인인 플라스틱의 부유 현상이 전 지구적인 범위에 걸쳐 일어난다는 경고이다. 또한 "직립보행"/인간의 다양한 문명 생산품들이 바다에 "매립"되고 있음을 강조한다. 이는 "배설물"로 치환됨으로써 화자의 부정적 시각을 드러낸다. 그런데 이러한 바다 생태 환경의 위기는 현실적인 문제임과 동시에 미래에도 지속될 수 있다는 전망을 보인다. "자동으로 업그레이드하는" 자연 생태 파괴의 위기는 인간의 무반성적인 행위의 결과이자 통제할 수 없다는 부정적 인식을 드러낸다.

4연은 인간의 무차별 쓰레기 투입으로 인한 피해자인 고래의 시각과 반응을 제시하고 있다. 고래는 자신이 살고 있는 환경세계의 심각한 훼손을 인지한다. 고래는 신화적인 세계의 화평한 분위기가 날로 부정적인 면모를 드러내고 있음을 자각한다. 그 인식은 "신음"으로 감각된다. 또한 바다 생태의 오염은 "치이이 치이이"라는 "오염의 소리"로 구체화되고 있다. 나아가 오염의 상황을 컬러에서 잿빛으로 변화하는 색채감각으로 인지하기도 한다. 그리고 생태환경의 오염과 훼손에 대한 고래의 "절망"은 "검은 해일"/자연재해로 인간에게 되돌려 준다.

그럼에도 인간의 과학 문명에 대한 과도한 탐닉과 이용은 후회와 반성 없이 지속된다. 고래의 위기를 경고하는 "주파수"를 "모르는"/알고도 모른 체 하며, 인간에 의한 자연 생태의 파괴는 연일 지속되고 있는 것이다. 이 시는 바다 생태의 플라스틱 오염을 소재로 피해자인 고래의 입장에서 자연 파괴의 심각성을 경고하고 있다.

바다엔 북극의 곰들이
유빙을 타고 난민처럼 밀려온다
산정엔 동면의 곰들이
선잠을 깨고 뛰쳐나온다
지구의 서느런 이마
겨울이 고열을 앓고 있다

「온난화」 전문

이 작품 역시 과도한 탄소 배출로 인한 지구 온난화 기후 현상을 경고하고 있다. 지구 온난화는 남극과 북극의 빙산을 녹여 엘니뇨와 라니냐와 같은 이상기후 변화현상을 야기한다. 시인은 온난화로 인해 자연 생태가 훼손 파괴되는 상황을 우려하고 있다. 이상 기후 변화로 인한 위기 상황은 "북극의 곰들이 난민처럼 밀려온다"는 설정으로 제시된다. 여기서 은유 대상인 '난민'은 정주할 공간을 상실하고 유랑하는 사람들을 말한다. 이는 온난화로 인해 생태 위기를 맞은 "북극의 곰들"이 처한 상황을 극적으로 표상한다.

온난화로 인한 이상기후 현상은 겨울 산에서 동면하는 곰들의 생태에도 위해를 가한다. 예컨대 온난화는 자연의 섭리에 충격을 주어 곰들의 평화로운 생태를 손상한다. 이러한 지구의 상황은 겨울을 맞아 "고열을 앓고" 있는 질병으로 인지된다. 시인은 자연 생태 파괴에 대한 우려와 경고를 통해 현실과 세계를 응시하고 있다. 시인의 이러한 자세는 기실 평화주의자로서의 사명의식 때문으로 보인다. 그는 이 세계가 자연의 이법에 따라 조화롭고 평화롭게 운행되기를 소망한다. 평화로운 세계를 꿈꾸는 시인의 현실 인식은 앞으로 더욱 심화되리라 기대한다.

4. 배회의 자유 혹은 유랑의 서정을 만끽하다

시인은 자유로운 정신과 영혼을 중요시한다. 매일 반복되는 일상의 삶을 이루며 관습화 되어가는 상투적인 인식을 경계한다. 시인은 언제나 새로움과 신기함을 추구하는 존재이기 때문이다. 그는 자유로운 정신을 통해 창의성을 확보한다. 시를 비롯한 모든 예술의 필수 덕목은 도식화 되어가는 인식의 각질을 벗겨내는 독창성이다. 이 독자적이고 고유하고 개별적인 독창성은 관습과 편견을 제거하여 삶과 세계를 새롭고 낯설게 보도록 자극한다. 시인은 고정적이고 도식화 되어가는 삶과 세계를 자신만의 독자적인 시선으로 응시하려 노력하는 존재이다.

시인은 고정관념이나 편견을 거부한다. 그가 바라보는 삶과 세계는 획일적이거나 고착되어 있지 않다. 그는 언제나 삶과 세계가 독자성과 개별성을 지니고 다가오길 희망한다. 시인이 모색하는 사유와 사색은 언제나 틀 지워지길 거부한다. 그는 불변고정의 세계와 상투적인 인식을 부정한다. 그는 자신의 인식이 바람처럼 자유롭고 유연하기를 소망한다. 이를 위한 실천적 방식 중의 하나가 여행이다. 여행은 일상으로부터 탈출하여 새로운 세계와의 만남을 제공한다. 인간이 낯선 세계와 만나 새로움을 경험할 때 도식적인 일상은 충격을 받고 신선한 감성을 분출한다.

왕 시인의 이번 시집에는 유난히 여행을 통해 성취한 서정을 다룬 시편들이 다수 포함되어 있다. 그는 단조롭고 속악한 일상을 벗어난 여행을 통해 새로운 서정과 만나길 좋아한다. 이는 평소 유연하고 탄력성 있는 그의 성품과 무관하지 않은 것 같다. 그는 새롭고 낯선 공간을 떠돌며 만나는 사물을 천진하고 호기심 많은 시선으로 포착한다. 낯선 세계와 만나 빚어지는 그의 시심은 순수한 동심을 동반한 낭만주의와 결부된다. 그는 새로운 공간을 유랑하거나 탐험하며 신선한 인식의 충격을 만끽하는 방랑자의 성격을 지니고 있다. 그러고 보면 그는 유랑과 배회에 중독되어 자유정신을 숭배하는 이교도의 면모를 지니고 있다.

막배가 떠나자
갯벌의 게들도 뿔뿔이 돌아가고
출렁이던 포구는 문을 내렸다
젊은 쌍들은
LED 전등이 환한 펜션으로 가고
나는 어느 언덕
빈집의 후박나무처럼 들어섰다
아 밤물결처럼 밀려드는 사랑
때론 그 사랑
괭이갈매기처럼 뱅뱅 내 곁에

시퍼런 파도소리를 뿌리기도 하지만
나의 끝없는 표류에도
늘 기다리는 우뚝 선 여인
벼랑을 달고 살아도
사랑을 부화하는 먼 남해의 섬
그녀는 머리를 비다듬고 날 기다린다

「매물도」 전문

이 시는 매물도를 여행하며 느낀 서정을 사랑의 맥락으로 비유하여 형상화 하고 있다. 매물도의 해변과 바다 풍경이 싱싱하게 살아 있는 것처럼 역동적이다. 섬에서 느끼는 단절의 외로움과 쓸쓸함의 정서가 따뜻한 사랑의 기다림으로 용해되고 있다. 시상의 흐름이 낯선 공간이 부여하는 감성의 물결을 따라 매우 부드럽게 흘러간다. 여행을 하며 느끼는 발랄하고 자유로운 사색이 훈훈하고 정겨운 감흥을 불러일으킨다.

1-3행에서 화자가 포착하는 사물은 "막배, 게, 포구"이다. 이들은 모두 바다와 인접성을 지닌 사물들로서 섬의 공간 배경을 활발하게 자극한다. 그런데 화자가 인지하는 이들의 행위를 드러내는 서술 동사는 "떠나자, 돌아가고, 내렸다"이다. 그리하여 화자가 인지하는 사물들은 모두 이별과 단절의 의미소로 범주화 된다. 이는 화자와 세계의 단절감을 드러내며, 화자가 소외의 정서에 매몰되는 원인으로 작용한다. 즉 화자는 매물도라는 섬에 당도하여 육지와의 단절감, 소외감 때문에 쓸쓸하고 외로운 정서에 젖어 있다.

4-8행은 비교의 구문을 통해 화자의 외로움이 심화되고 있다. 비교의 대상은 "젊은 쌍"과 화자 자신이다. '젊은 쌍들'은 젊음과 복수의 의미

소를 지니고 있는데 반하여 화자 '자신'은 젊지 않음과 단독자의 의미소를 지니고 대립된다. 나아가 두 비교되는 인물들이 지향하는 공간의 대립이 제시된다. '젊은 쌍들'은 "환한 펜션"으로 향하는데 반하여 화자는 "빈집"으로 향한다. 예컨대 지향하는 공간의 성격이 밝음/어둠, 충만/공허로 대립되고 있다. 섬에 이르러 공간의 단절로 인한 화자의 외로움은 거주해야할 공간의 성격으로 인해 더욱 강화되고 있는 것이다.

9-14행은 '빈집'에 머무는 화자의 상념이 제시된다. 외롭고 쓸쓸한 섬에 고립되어 있는 화자는 가없는 '사랑'을 회상한다. "밤물결"로 은유된 사랑의 성격은 강도와 반복성 측면에서 영원한 사랑을 함축한다. 예컨대 화자는 공간의 단절로 인하여 절연되어 있는 사랑의 존재를 더욱 실감나게 인지하고 있는 것이다. 또한 그 사랑은 이따금 "시퍼런 파도소리"를 부여한다. 이는 화자에게 다가오는 사랑이 항상 긍정적인 것이 아니라 간혹 불편함을 초래한다는 의미를 지닌다. 그럼에도 화자는 다가오는 사랑에 대해 확신을 하지 못하여 화답/화응하지 못한 채 "끝없는 표류"를 하고 있다. 그러나 "여인"/사랑은 화자의 태도와는 무관하게 "늘"/항구적으로 기다리는 자세를 드러낸다.

15-17행은 매물도와 여인의 이미지를 중첩/혼융하여 '사랑'의 의미를 몽환적 감각으로 수렴한다. "벼랑을 달고 살아도"는 삶의 이율배반적인 속성을 암시한다. 즉 매물도/여인의 삶은 항상 평화롭고 긍정적인 것만은 아니라 일정한 난관/곡절을 지니고 있다는 것이다. 이는 인생의 본질로 확장 가능한 의미 속성을 지닌다. 매물도/여인은 이러한 난관/곡절에도 불구하고 "사랑을 부화하는" 낭차짐한 포용의 자세를 유지한다. 그리하여 매물도/여인은 사랑의 확신을 하지 못하고 끝없이 유랑하는 화자를 기다리는 아름다운 인내의 자세를 견지한다.

오대산 통마름 골짝은
아침 새처럼 재잘거린다
세상은 메말라가도
백두대간 척수가 늘 흐르는

산목련 필봉에 서고
고추나무꽃 새댁향수 수굿한 그곳에
용문에 오르는 열목어 한 쌍이 산다

아침엔 화전에 산마늘 심고
저녁엔 벼루에 먹 가는
끝물이 다디단 당귀 같은 사람들

층층나무꽃처럼
소복소복 찾아오르니
청경우독晴耕雨讀을 접고
몽실한 돌배주를 남실남실 따라준다

「열목어 부부의 노래」 전문

이 시는 강원도 홍천군의 오대산 자락에 사는 지인을 방문한 감회를 그리고 있다. 산촌에 사는 부부는 "열목어 부부"로 은유된다. 열목어는 청정한 1급수에서만 자란다는 연어과에 속하는 민물고기이다. 따라서 이 은유는 자연에 동화되어 무위자연의 삶을 이루는 지인 부부의 삶을 함축한다. 화자는 자연과 합일하여 평화로운 삶을 보내는 지인 부부를 부러운 시선으로 응시하며 긍정적인 의미 부여를 하고 있다.

1연은 열목어 부부가 사는 오대산 골짜기 공간에 대한 생생한 묘사이다. 먼저 화자는 "오대산 통마름 골짝"의 풍경을 소리로 감각한다. 그 공간은 "아침새의 재잘거림"처럼 맑고 투명한 속성을 지닌다. 나아가 화자의 시선은 골짜기를 흐르는 계곡물로 이동한다. 화자는 세속의 상황과 산속의 정경을 비교하여 제시한다. 예컨대 세속의 상황은 건조하고 강퍅한 부정적 세계인 반면 산속의 상황은 "백두대간"의 맑은 물이 흐르는 비옥하고 풍요로운 긍정적 세계이다. 화자는 지인이 사는 공간인 청정한 자연의 세계를 긍정적 태도로 인지한다.

2연 역시 열목어 부부가 사는 자연 공간인 "그곳"을 매우 긍정적인 시선으로 바라보고 있다. 우선 그 공간은 "필봉"에 산목련이 피는 아름다운 풍경으로 제시된다. 또한 "고추나무꽃"의 순수하고 신선한 향기가 은은히 번지는 공간으로 드러난다. 이와 같이 청정무구한 자연의 공간에 사는 지인 부부는 "용문에 오르는 열목어 한 쌍"으로 미화된다. 즉 화자는 지인 부부의 자연 동화의 삶을 신화 속 동물인 용으로 변화하기 위한 진화적 입장으로 인지한다. 열목어 부부의 자연합일의 삶이 등용의 과정으로 표상되고 있는 것이다.

3연은 열목어 부부의 삶을 구체적이고 선명하게 묘사하고 있다. 열목어 부부는 낮에는 농경의 기쁨을 즐기며, 저녁엔 인생과 세계에 대한 공부에 심취한다. 화자는 이러한 부부를 "끝물이 다디단 당귀"로 은유한다. 당귀는 보혈작용을 원활하게 하도록 도와주는 산약초이다. 즉 열목어 부부는 '다디단' 복락의 세계에서 조촐하고 소박하고 담백한 자연동화의 삶을 이루며 인생의 기쁨을 향유하고 있는 존재이다.

4연은 화자가 지인의 집을 방문하는 과정과 열목어 부부와 만나 회포를 푸는 장면을 제시하고 있다. 우선 화자는 지인을 찾아가는 여정을 "층층나무꽃"의 소담스런 개화의 과정으로 표상한다. 이 은유는 지인을 만나러 가는 화자의 설렘과 두근거림이 시각적으로 선명하게 드러나는 효과를 보인다. 지인 역시 자신을 찾아온 친구를 맞이하는 기쁨을 표현한다. 지인은 자신의 일상을 모두 접고 멀리서 찾아온 친구를 위해 "돌배주"를 대접한다. 친구들 사이의 만남의 기쁨은 "남실남실" 흘러넘치는 술잔의 과잉으로 드러난다.

이 시는 산속에서 자연과 어우러져 무위자연의 삶을 이루는 지인을 찾아가는 여정의 기쁨을 노래하고 있다. 특히 지인 부부를 청정한 '열목어'로 은유하고, 순수하고 청량한 자연의 정경을 "산목련, 고추나무꽃, 당귀, 층층나무꽃"과 같은 다양한 식물의 중첩으로 구축한다. 시인은 다수의 기행시를 통해 일상을 떠나 느끼는 자유와 낭만을 만끽하고 있다. 그는 자유주의자이자 낭만주의자이기 때문이다.

5. 순수의 원형 공간, 지리산 자락에서 소요하다

왕태삼 시인의 이번 시집에는 특히 고향에서의 유년 추억이 매우 서정적으로 아름답게 표상되고 있다. 그의 고향은 지리산을 배경으로 마을 앞에 섬진강이 흐르는 구례이다. 그가 유년의 삶을 보낸 구례는 순수의 원형(archtype) 공간으로 인지된다. 그의 유년의 시선에 따르면 구례에서의 삶은 근심 걱정 하나 없는 맑고 투명한 공간으로 포착된다. 현재 성인이 되어 속악하고 권태로운 현실에서 부박한 삶을 이루는 입장에서도 유년의 고향 구례의 삶은 이상적인 순수의 원형 공간으로 추억된다. 특히 자연에 순응하며 서로 어울려 사는 가족의 평화로운 모습이 그림처럼 아름답게 제시되고 있다.

또한 구례는 모성의 원형으로 표상되기도 한다. 시인은 구례에서 유년의 농경 체험과 계절 경험을 빈번하게 이미지로 제시한다. 그리하여 그의 시는 향토적이고 토속적인 분위기를 짙게 환기한다. 시인은 사시사철 겪은 구례에서의 다양한 체험을 평화롭고 행복한 분위기로 인지한다. 예컨대 구례에서의 유년의 삶은 매우 원만구족의 성격을 지니고 있다. 구례에서의 유년의 삶의 풍경은 마치 어머니의 부드러운 품안을 환기한다. 그는 구례 공간을 화해적이고, 평안하고, 안녕하고, 평화로운 모성의 세계로 인지한다.

지리산과 섬진강은 그의 시의 주요 원천이다. 모성의 순수 공간으로 인지되는 지리산 자락에서의 유년의 삶은 질박한 현실의 속악성과 대비되는 이상적인 상태로 그려진다. 유년의 산촌 생활이 환기하는 안빈낙도의 삶은 영원한 노스텔지어를 자극한다. 시인은 크낙한 지리산이 주는 모성의 감성과 유유자적 섬진강이 주는 순수의 정서에 흠뻑 젖은 시세계를 펼쳐 보인다. 이러한 순수 원형으로의 지향은 가혹하고 강퍅한 현실로부터의 탈출구로 기능한다. 시인은 유년의 고향을 순수하고 완전무결한 이상향으로 표상한다. 그러고 보면 지리산과 섬진강은 왕시인 시의 발상지로 작동한다.

> 남촌 구례에는 집집마다 잼피*가 산다
> 샘에도 장꼬방에도
> 족보처럼 키우는 얼얼한 잼피 한 나무
> 은쟁반에 둘러앉은 아이들이
> 대대로 수수께끼에 빠지는 잼피 마을
> 똘똘한 알맹이는 버리고

빈껍데기만 왜 추리는 걸까

무화과 그늘 동그란 확독에
빨간풋고추 간장 밥알에 잼피를 탄다
달그락달그락 폿돌이 돌고돌아
아리아리한 총각김치가 태어나는 곳

약방의 감초같이
사계절 밥상에 늘 오르는 잼피
셋 고모도 넷 누이도
일등으로 따라가는 혼수품
한술 탄 둥 만 둥 해도
추어탕으로 둔갑하는 시래기국이 좋아라
스스로 원기 찾는 고립된 산촌이 좋아라

순한 구례는 알싸한 잼피향을 풍긴다
밥상이 가벼워
비린내도 역겨움도 없는 사람들
할아버지 따라 아버지도 산으로 갔지만
맵싸한 잼피는 남아서
자식들 밥상마다 신줏단지로 앉아있는

남촌 구례에는 뒷산앞산에도 잼피가 산다
산토끼처럼 코를 벌름거리며
아이들 산소 오르는 그 길에
새카만 눈으로 다글다글 기다리고 있다

* 잼피: 향신료로 쓰이는 '초피나무'의 구례 방언.

「남촌 구례에는 잼피가 산다」 전문

이 시는 유년의 고향 구례에서의 평화로운 삶을 '잼피'를 중심으로 직조하고 있다. 향신료 잼피가 주는 알싸하고 담백한 맛의 분위기가 시의 전편을 관통하고 있다. 시의 공간은 모성의 원형으로서의 이상적인 순수성을 확보하고 있다. 산촌에서 평화로운 삶을 이루는 남녀노소의 일상이 잼피를 중심축으로 하여 선명하고 구체적으로 묘사되고 있다. 마치 백석의 가족주의 시편이 환기하는 향토적이고 토속적인 분위기를 재생하는 것처럼 여겨진다.

1연은 구례 지역에서 흔히 자라는 잼피나무의 생장환경을 제시한다. 구례지역의 모든 집들은 식생활의 필수 향신료인 잼피를 수확하기 위해 집집마다 잼피나무를 기른다는 내용이다. 그 잼피나무는 샘가나 장독대에서 "족보처럼" 대를 이어 생장한다. 2연은 잼피나무에서 수확한 열매로부터 향신료를 채취하는 과정에 대한 어린아이들의 궁금증이 묘사된다. 세계에 대해 미성숙한 인지를 하는 아이들의 천진한 의문이 순수한 정경을 구축하고 있다.

3연은 "총각김치"를 김장하는 과정이 섬세하게 그려진다. '확독'에 총각김치의 양념을 제조할 때의 기본재료인 고춧가루, 간장, 밥알과 함께 잼피가루가 들어가는 상황이 제시된다. 그리고 '폿돌'로 양념을 골고루 갈아서 "아리아리한" 총각김치를 만들어내는 정경이 묘사된다.

4연은 구례 산촌에서 잼피가 상용되는 것을 묘사한다. 잼피는 일 년 사계절 내내 음식 조리과정에서 없어서는 안 될 필수적인 향신료라는 것이다. 심지어 잼피는 결혼하면서 신부가 지니고 가는 필수지참물이

될 정도로 일상적이며 중요한 것이다. 그리고 잼피의 양념으로서의 가치는 "시래기국"을 "추어탕" 맛으로 변환시킬 정도로 강력한 것이다. 화자는 산촌에서 잼피를 향유하는 삶에 대한 만족감을 충분히 드러낸다.

5연은 "알싸한 잼피향"이 풍기는 고향 구례를 "순한" 공간의 의미로 인지한다. 또한 고향 구례에 사는 사람들을 가난하지만 주어진 자연친화적인 삶에 만족하는 "비린내도 역겨움도" 없는 순박한 심성을 지니고 있는 것으로 이해한다. 이어서 화자는 구례 산촌에 터를 잡고 살아온 사람들이 순명에 따라 변화하지만 '잼피'만큼은 '신줏단지'처럼 지속성을 유지함을 토로한다. 이는 구례 공간이 시간의 흘러도 잼피의 영속성으로 인해 모성의 순수성을 유지하고 있음을 함의한다.

6연은 1연의 잼피나무의 생장환경을 반복하고 있다. 예컨대 남촌의 구례에는 여기저기 잼피나무가 산재해 있다. 산촌의 아이들이 조상들의 산소에 성묘하기 위해 오르는 산길에도 잼피나무는 어김없이 생장하고 있다. 이는 조상과 아이들이 잼피나무를 통해 삶의 환경과 속성을 공유하고 있음을 암시한다. 또한 잼피나무가 "다글다글" 아이들을 기다리고 있다는 것은 자연합일의 삶을 내포하고 있다. 동시에 잼피 열매의 군집성은 가난하지만 풍요로운 삶의 만족감을 함축한다.

지리산 자락 구례 공간에서의 이상적인 삶의 모습은 가족사에 대한 추억의 형상화로 다양하게 변주된다. 작품 「토지 고숙」은 구례군 토지면에 사는 고숙의 팔순을 맞아 느끼는 소회를 생동감 있게 묘사한다. "애환의 섬진강"으로 제시된 공간에서, 고숙은 화자에게 "탕약 같은 말씀, 감초 같은 마음"으로 "가난한 나의 유년에 몰래 온정"을 베푼다. 그리하여 고숙의 따뜻한 마음은 오늘도 여전히 화자의 마음 속에 "섬진강 잔수"로 흐른다.

시 「당숙모」 역시 지리산 속에 사는 당숙모의 부음을 받고 유년의 추억을 회상하는 작품이다. 화자는 어린 시절 혼날 짓을 하고 부모에게 겨나 찾아간 당숙모집에서의 기억을 떠올린다. 당숙모는 화자에게 "아가 아가 너 잘 되라 그란 거여" 달래며, "쟁반 위에 건네 온/차디찬 한 사발의 단술밥"을 제공한다. 이러한 기억을 화자는 당질에 대한 따뜻한 위로의 장면으로 재생한다. 시 「꿈속의 여인들」은 지리산 자락 천은사 계곡으로 화전놀이하러 간 동네 여인들의 화평한 소풍 정경을 아름답게 묘사한다. 당초, 고초보다 맵다는 시집살이로부터의 해방을 맞이한 여인들의 삶이 낙낙하고 낭차짐하게 제시되고 있다.

그대가 마약인 줄 몰랐다
나는 그리움이 떨어지면
금단증세를 이끌고 지리산 피아골로 가리
휘파람새 부르는 그곳에 오르면
바위틈마다 봄날을 물고 있는 피아골
한 알 한 알
그 황홀한 풍경을 따먹다가
차인 돌멩이처럼 비탈에 구르면
어느새 내 앞에 선 서어나무
연곡사 부도탑 깨어나듯
하얀 뼈나무로 우뚝 하늘에 솟았다
헌걸스러라 뿌리 깊은 풍모
자냥스러라 나부끼는 작은 잎새들
오래된 숲을 거느려
그 숲의 정령이 서린 그대는

빗나간 총알도 안아주던 시대의 가슴
산새들 날아드는 마천루
꿈속에 접선하는 내 영혼의 푸른 아지트여

「피아골 서어나무」 전문

이 시는 지리산 피아골의 자연 풍광을 매우 서정적으로 그려낸 가편이다. 지리산의 피아골을 사랑하는 대상으로 설정하여 아낌없는 그리움과 애정의 정서를 표출하고 있다. 이 시에 구축된 피아골은 그야말로 청정무구의 이상향으로 제시되고 있다.

화자는 완전무결한 속성을 지닌 '피아골'에 매료된 자신의 입장을 '마약'에 중독된 상황으로 인지한다. 그는 현실의 지난한 삶에 함몰되어 자아의 본질을 상실할 지경이면 피아골을 찾아가 원기를 회복하려는 욕망을 보인다. 그가 지향하는 피아골은 '휘파람새'가 울고, 언제나 '봄날'의 화평한 분위기를 드러낸다. 화자는 그러한 피아골의 풍경을 '황홀하게' 수용한다. 설령 피아골의 자연과 동화되지 못하였더라도 지리산은 너그럽게 모성의 품안으로 받아들인다.

피아골의 서어나무는 "연곡사 부도탑이 깨어나듯" 재생과 부활의 생명성을 지니고 있다. 또한 지리산 서어나무는 하늘과의 조응을 통해 더욱 숭고한 의미소를 함축한다. 그러한 서어나무의 '풍모'/모습을 화자는 "헌걸스러라, 자냥스러라"로 감탄하며 자랑스러워하고 있다. 나아가 서어나무 숲은 피아골의 '정령'이 스며 있는 신성한 공간으로 인지된다. 또한 한국전쟁 당시 피아골에서 일어난 전투의 상흔을 치유하는 시대적 의미도 환기된다.

서어나무 숲이 '마천루'를 이루는 청정무구한 피아골은 '산새들'도 날아와 완전한 자연합일의 세계를 이룬다. 화자는 유년의 지리산 피아골 공간을 '꿈속에서'조차 그리워하는 "영혼의 푸른 아지트"로 신성화한다. 이 시는 지리산 피아골의 서어나무를 중심으로 만상일체의 화평한 자연 세계를 매우 부드러운 운율을 활용하여 빼어난 필치로 묘파하고 있다. 시인이 추구하는 자연주의 세계관이 정밀한 묘사와 유려한 시상 전개를 통해 아름다운 공간으로 탄생한 것이다.

왕태삼 시인의 이번 시집 『눈꺼풀로 하루를 닦는다』는 첫 시집에 비해 환골탈태의 경지를 보인다. 일상으로부터 시심을 길어 올리는 과정에서 보여주는 섬세한 관찰력은 매우 뛰어나다. 이는 주변 사물이나 세계에 대한 천착을 통해서 성취되는 것으로 보인다. 그는 자신의 일상 주변에서 일어나는 소박하고 소소한 사물들의 운행을 조촐한 시상으로 엮어내곤 한다. 어찌 보면 삶과 세계에 대해 따뜻한 애정을 지니고 있기 때문에 획득하는 시심인지도 모른다.

그의 삶과 세계에 대응하는 자세는 근본적으로 낭만주의 성향을 지닌다. 그가 낯설고 신선한 장소를 배회하거나 유랑하며 느끼는 서정을 형상화하는데 집중하는 태도가 이를 증거한다. 그는 권태와 환멸을 제공하는 현실을 떠나 생경하고 발랄한 감성을 자극하는 여행을 즐긴다. 이 표랑하는 정신은 도식화, 규격화, 반복화, 상투화되기 십상인 삶과 세계를 자유주의자의 시선으로 포착하도록 부추긴다. 그의 삶과 세계를 응시하는 시선은 대체로 긍정적이고 포용적인 특성을 지닌다. 따라서 그는 세계와 불화관계보다는 화해의 관계를 맺는 태도를 보인다.

한편 그는 자연과의 합일이나 동화를 추구하는 자연주의자로서의 면모를 보인다. 그는 자연의 이법에 순응하여 삶을 이루는 자족적인 태도를 드러낸다. 그가 지향하는 자연합일의 세계는 유년의 고향 구례에서의 삶에 대한 기억이나 추억으로부터 도출된다. 그는 지리산과 섬진강에서 보낸 유년의 추억을 순수한 모성의 원형 공간으로 표상한다. 그곳에서 보낸 삶의 이력은 가족주의 테두리 안에서 토속적이고 향토적인 화평의 분위기로 승화되곤 한다. 이는 왕태삼 시인의 삶과 시를 추동하는 본질적인 연료로 작동한다.

몽상夢想몽상의 시학

지은이 양병호
펴낸이 김동원
펴낸곳 전북대학교출판문화원

초판 1쇄 인쇄 2021. 11. 15.
초판 1쇄 발행 2021. 11. 20.

전북대학교출판문화원 전라북도 전주시 완산구 어진길 32 (풍남동2가)
전화 (063) 219-5319~2
FAX (063) 219-5323
출판등록 2012년 8월 20일 제465-2012-000021호

값 18,000원

ISBN 979-11-6372-119-2 93800